邮票股市化交易实录

吴寿林　著

谨以此书献给参加钱币邮票电子化交易、在邮市淘金的我国第一批投资者及其后来者。

東華大學 出版社
·上海·

图书在版编目(CIP)数据

邮票股市化交易实录/吴寿林著. —上海：东华大学出版社,2015.6

ISBN 978-7-5669-0795-0

Ⅰ.①邮…　Ⅱ.①吴…　Ⅲ.①邮票—股票投资—基本知识

Ⅳ.①F830.91

中国版本图书馆 CIP 数据核字(2015)第 115376 号

责任编辑　胡小萍　吴川灵

封面设计　高　非

邮票股市化交易实录

吴寿林　著

东华大学出版社出版

(上海市延安西路 1882 号　邮政编码 200051)

新华书店上海发行所发行　句容市排印厂印刷

开本:710×1000　1/16　印张:14.75　字数:289 千字

2015 年 6 月第 1 版　2015 年 6 月第 1 次印刷

ISBN 978-7-5669-0795-0/F·068

定价:38.00 元

序 言

互联网加传统的钱币邮票收藏，即钱币邮票的电子化交易是我国资本投资市场一个全新的投资领域，借助文化产业大发展、大繁荣的东风，以南京文交所钱币邮票交易中心为龙头，这一创新型交易模式正在中国文化产权交易市场蓬勃兴起。以实物形态为主要交易方式的传统意义上的邮币市场，存在着信息不透明、品相不标准、交易不快捷、货款不安全等种种弊端，因而长期以来，邮币市场参与群体十分有限，属于小众化的投资领域。电子化交易平台的出现，是邮币投资领域的一场深刻革命，它彻底改变了邮币市场落后的交易模式，借助电子化、信息化、标准化，使邮币市场投资跃升到一个与股市比肩的、能够吸引千百万投资者的、大众化的投资领域。

透明、标准、安全、即时，以及兼顾交易所、经纪商、机构和中小投资者各方利益平衡，是全国钱币邮票电子化交易平台迅速崛起和发展的主因。在电子盘上，只要轻轻点击鼠标，交易就可即时完成，这种钱物分离的交易方式省去了投资者的点数、鉴定品相等麻烦，并解决了长期困扰投资者的资金和货物的安全性问题，因而这种交易方式从一开始就受到了投资者的普遍欢迎。

本书作者上海电力学院教授吴寿林长期浸润于邮市，对邮票收藏和投资进行过系统性的深入研究，著有《邮市淘金》等著作，并向大学生讲授“邮品收藏和投资”课程，因而对传统现货市场邮品交易的种种弊端有着深刻的认识。当钱币邮票电子化交易方式酝酿之时，吴教授就在各大钱币邮票网站上发表文章，对新生事物进行了大力宣传。在电子盘出现以后，他又迅速在南京文交所钱币邮票交易中心注册并开户，成为我国钱币邮票电子化交易平台的第一批投资者。

钱币邮票电子化交易方式完全是中国独创的一种交易方式，是一个新兴的投资市场，没有现成的规则和成例可以借鉴，一切都需要在创新中发展、在发展中创新。在这一过程中，作为钱币邮票电子化交易的龙头老大的南京文交所钱币邮票交易中心，自觉地担当起了创新的重任，不断地推出交易制度和规则，并不断地加以完善。作为最早宣传电子化交易模式、为电子化交易模式唱赞歌的我国第一批电子盘投资者的吴教授，用自己的智慧，以及对电子盘的执著，发表了大量具有真知灼见的文章。其中有些研究成果对南交所交易制度的建立,以及交易规则的规范和完善起了重要作用,因而被南京文交所钱币邮票交易中心官网长期置于首页。

本书是一部具有实录性质的专著,是著者对钱币邮票电子化交易的认识、建议,以及对某些藏品乃至整个行情的预测。既具学术价值,又有史料价值,既具实用性,又有前瞻性,是一部值得投资者认真阅读和借鉴的专著。本书由于是实录形式,著者的思想必然会受到现实条件的种种限制,因而出现判断失误实属难免。因此,读者在阅读时应注重过程和著者的理念,而不必纠缠于具体的细节,应从宏观上来把握全书的中心内容和著者的主要观点,只有这样,才能颇获教益。

价值投资的理念无疑是全书的核心内容,虽然初创阶段的电子盘经常会出现有违价值投资的现象,似乎只要庄家有实力,可以不必遵循价值规律。但任何投资品种,终究都会回归其自身的价值,不讲价值投资、不遵守价值规律的投资者终究会被市场所淘汰,相信钱币邮票电子化交易也必须遵循这一规律。随着电子盘上藏品的增多和投资群体的扩大,价值投资必然会在电子盘上得到体现,价值投资的理念一定会回归。

这是我国第一部专论钱币邮票电子化交易的专著,感谢吴教授为我国参与钱币邮票电子化交易的投资者提供了这样一部具有实战性质的著作,相信本书必然会得到投资者的青睐,成为钱币邮票电子盘投资者不可或缺的案头工具书和参考书。

中国银行间市场交易商协会金币市场专业委员会委员　俞吉伟

中国集币在线董事长

2015 年 4 月 12 日

目　录

绪论

邮品的股市化交易，也称电子盘交易，是邮市交易形式的一场伟大革命，它颠覆了传统的交易模式，使邮品交易由原来的不方便、不安全，以及兑现性差变得快捷、安全、兑现性好。在邮品的传统交易模式中，不懂行的投资者往往不敢参与邮品投资，要投资也必须请专业人士进行真伪、品相等方面的鉴别和把关，而且对于数量较大的投资，买卖过程需要花费较长的时间，这就限制了投资的参与人数和资金数量。在钱币邮票电子化交易平台出现前，虽然也可以在网络上挂帖交易，但由于没有第三方作资金和货物安全性方面的担保，主要靠买卖双方的道德自律，使交易过程中纠纷不断，坑蒙拐骗案例在网络交易中屡见不鲜。在社会诚信普遍缺失的今天，没有第三方担保钱款和货物安全的交易，存在制度性设计的缺陷，这必然会影响投资者的交易行为。为了确保钱款或货物的安全，买者要求先货后款，而卖者则要求先款后货，这就使网络交易无法做大做强。因此，在钱币邮票电子化交易平台出现以前，邮品交易处于手工作坊式的小打小闹的状态，无法作为一个文化产业进行有效的开发。

一

虽然在邮品的传统交易阶段也曾出现过 1987 年、1991 年和 1997 年的邮市 3 次大行情，但由于交易模式的落后和信息的不对称，使这 3 次邮市大行情均打上了时代的烙印，表现为行情时间短，行情结束后调整幅度大、时间长。特别是 1997 年的第三次邮市大行情，调整时间长达 17 年，直到“南京钱币邮票电子化交易平台”创建后，才拉开了第四次邮市大行情的序幕。

2013 年 10 月 21 日，对于中国邮币卡市场和邮市投资者来说，是一个非常具有纪念意义的日子，因为这一天，中国第一个钱币邮票电子化交易平台——南京文交所钱币邮票交易中心——首批藏品正式挂牌上线交易，它开创了我国钱币邮票电子化交易的先河，实现了钱币邮票交易由传统模式向“钱币邮品 + 电子化技术 + 金融”新的交易模式的转变。这一转变在我国邮品交易史上具有里程碑式的纪念意义，它告别了钱币邮品交易的小众化时代，进入了可容纳千百万投资者、年交易量可达千亿元甚至万亿元的大众普遍参与的时代。

在南京文交所钱币邮票交易中心的成功示范下，全国各地都争相建立钱币邮票交易中心，到目前为止，据说已建立和申请创建的有28家之多，除西藏和新疆等少数省区外，几乎每个省市都在申办。除南京文交所钱币邮票交易中心外，已经创办的有北交所（金马甲）邮币交易中心（北京）、北交所（福丽特）邮币交易中心（北京）、上交所邮币卡交易中心（上海）、南方文交所钱币邮票交易中心（广州）、江苏省文交所邮币卡交易中心（南京）、中南文交所邮票交易中心（长沙）、海西商品交易所邮币卡交易中心（青海海西）、华中文交所邮币卡交易中心（武汉）、华夏文交所邮币卡交易中心（大连）等。

作为由南京文化艺术产权交易所有限公司聚集国内钱币邮票界专业团队整合优质资源打造的钱币邮票交易平台的南京文交所钱币邮票交易中心，秉承股市交易理念，推行实物挂牌方式，采用T+0的交易模式，将发展文化产业与金融创新有机地结合起来，扩大了钱币邮票等藏品的市场流动规模，加快了流动的速度，使大众投资者的投资品种由目前的股票、银行理财、保险业务扩展到文化艺术品尤其是钱币邮票投资领域，扩大了钱币邮票的收藏群体规模，奠定了我国邮市大发展的基础，从此中国邮市投资真正进入了文化产业大开发的行列。南京文交所钱币邮票交易中心的成立，不仅实现了线上实物交易模式的创建，还将丰富和拓展诸如钱币邮票藏品集散中心、钱币邮票托管交收中心、文化收藏品类理财中心、钱币邮票学术中心、钱币邮票会展中心等功能，以实现对钱币邮票等藏品真正意义上的文化产业的全面大开发。

二

在全国所有已建成的邮币电子交易平台中，南京文交所钱币邮票交易中心是一个标杆性的平台，是全国钱币邮票市场价格的风向标。这不仅是因为其具有首创之功，更是缘于其不断地进行交易模式的创新和体制机制的创新。在困难面前，南京文交所钱币邮票交易中心的管理层没有被吓倒，而是锐意进取，创新发展，在不断的创新中，收获了一个又一个成功的果实。“板块塑造+品牌先行+赚钱效应+危机预警+资金进场+开户速率”是南京文交所钱币邮票交易中心管理层在电子盘创建和运行过程中所摸索出的一条成功经验。

现任南京文交所钱币邮票交易中心副董事长的汪新淮先生，最早提出钱币邮票电子化交易的概念和设想，是我国钱币邮票电子化交易之父；现任南京文交所钱币邮票交易中心和中南文交所邮票交易中心总经理的孔爱民先生，是钱币邮票电子化交易的缔造者，其在南京文交所钱币邮票电子化交易平台创建过程中的很多模式和制度方面的创新，成为其他钱币邮票电子化交易平台竞相模仿的典范，在今后相当长的一段时间里，无人可以超越；现任南京文交所钱币邮票交易中心和中南文交所邮票交易中心市场总监的马鹏程先生，是被媒体称为“中国邮票电子盘推广第一人”的市场先驱，从集邮爱好者、金银币收藏投资者华丽转身为市场开拓者和中国邮票文化产业创新理念与盈利模式的奠基人之一。

当然，还有很多为钱币邮票电子化交易平台作出不朽贡献的管理者，中国邮市发展史上将会镌刻他们不朽的名字。

创新是钱币邮票电子化交易平台成功运作的不竭动力，钱币邮票电子化交易平台是世界性首创，没有现行的运作模式可以借鉴，一切都需要管理者去探索，是一次真正的摸着石头过河之旅，一不小心，就会遭受灭顶之灾。因此，过河者必须抓住石头，一步一个脚印地往前走，才能不被湍急的水流冲走。在此过程中，还要依靠团队的力量，互相扶持，才有可能到达彼岸。这是一次艰难的旅行，将随时可能迷失方向。但南京文交所钱币邮票交易中心的管理层始终以发展为第一要务，以创新为经，以实践为纬，确定大方向后不动摇，不断编织着电子盘交易的美好图景。在这幅美好图景上，描绘着一个又一个投资神话。

投资神话之一，据2015年《南京文交所钱币邮票交易中心投资人协会新年贺信》透露，截止2015年2月9日南京文交所钱币邮票交易中心上线交易藏品有111个，市值突破140亿元，注册会员数突破10万人，覆盖了除台湾以外的全国各个省份，并以每天2 000人左右的惊人速度增长，注册经纪会员多达1 050家机构。

投资神话之二，电子盘上有增值100倍、200倍的藏品，甚至有增值300倍的藏品，三轮虎大版（交易代码602003）、集邮日型张（交易代码601011）、乒乓球银币（交易代码802001）已成为电子盘的标杆，超过万元的藏品已屡见不鲜。

投资神话之三，财富效应迅速发酵，至2015年春节前的最后一个交易日，综合指数为2 055.52，其中邮票指数为5 398.14，邮资封片指数更是达到了12 933.31。开市首日以100为基准点，标志着电子盘上的所有藏品已增值20多倍，其中的邮票平均增值近54倍，邮资封片平均增值近130倍。网络上有人自曝投资一万元获利百万元的投资神话并非空穴来风。

这是一个创造财富的所在，投资文交所，进军电子盘，在文化产业大开发中实现财富的几何级数增长，财富人生离您已经不再遥远。

三

南京文交所钱币邮票交易中心的成功，是管理层不断推出创新举措的结果，同时也是投资者大力支持、踊跃参与的结果，在赚钱效应的推动下，投资者蜂拥而入，推动电子盘藏品价格不断创出新高。在整个运作过程中，品牌先行的理念已深入人心。品牌先行包括3个方面：一是严把上市关，选择真正的精品上市，让上市品种具有升值的潜力；二是树立电子盘的标杆藏品，为电子盘所有藏品拓展上升空间；三是培育和发展品牌投资人，以起到顶梁柱的作用。

王福斌先生是最早支持钱币邮票电子化交易的实力投资人，对钱币邮票电子盘进行了拓荒式的开掘，居南京文交所钱币邮票电子盘交易三大支柱之首，目前线上持仓约4亿元。现担任南京文交所钱币邮票交易中心投资人协会主席。

徐军先生作为南京文交所钱币邮票电子化交易平台的品牌投资人，是南交所的三大支柱之一。综观徐总倾力打造的几个品种，有时细工慢活，但更多的是急风骤雨，大起大落。不管是实力多么雄厚的庄家，最后都会有资金捉襟见肘的时候，但徐总投资的几个邮品在不断创新高的过程中似乎有用不完的资金，究其原因：一方面是对邮品的控盘程度高，所以在拉升过程中消耗的资金少；另一方面在大开大合的过程中实现了资本的最少消耗甚至不消耗。这就是徐总的超人智慧，也是徐总作为大善庄品牌效应给其的最大奖赏。试想，为什么投资者不惧徐总做庄邮品的高价，跌下去总会有人接盘，这是因为投资者认准了只要跟庄徐总，总会有钱赚，这就是徐总不断能做差价，实现资金消耗最小化的密诀。

四

钱币邮票电子化交易平台催生了一个新兴的资本投资市场，在这一市场出现之初，就受到了邮友的广泛关注，好评如潮。作为长期关注邮市并置身其中的投资者，笔者从一开始对这一市场就十分关注，并在各大邮票网站上向邮友大力介绍和宣传电子盘，并利用向大学生授课“邮品的收藏和投资”的机会，鼓励大学生参与钱币邮票的电子化交易。笔者当时常说的两句话：一句是手上有邮票的收藏者，一旦上市就拥有了原始股；另一句是参加钱币邮票电子化交易的第一代邮民就是我国的第一批股民。并敏锐地感到，财富人生的转折点就始于钱币邮票交易的电子化。

第一句话很快就实现，邮品只要能托管上市，就马上出现翻倍甚至翻几倍的赢利，而第二句话在相当长的一段时间里却一直没有实现，而且第一批在南交所电子盘上投资的投资者都出现了不同程度的亏损，这是很不正常的现象，也不利于南交所电子盘的发展。因为只有托管者的赢利，没有投资者的收益，这个市场就难以为继，更遑论发展。笔者相信，这种现象不会长期维持，果不其然，南交所电子盘在低迷一段时间后，突然暴发，至2014年9月上旬出现了大多数品种均涨停的奇观，但暴涨行情未能维持多久，至9月18日，行情出现了大逆转，连续跌停使投资者损失惨重，这就是被邮市投资者戏称为南交所电子化平台上的“9·18事件”。

南交所电子化平台9·18事件的发生,决不是偶然的,除了市场本身要求调整外,也是与南交所管理层被胜利冲昏头脑、错误估计形势、调控措施失当有关。这一事件严重地打击了市场人气,使南交所电子盘陷入了空前的低迷状态。痛定思痛,此后管理层针对市场实际,出台了一系列有利于培育市场的措施,使南交所电子化交易平台又重拾升势,创造出一系列投资神话。

在投资市场,没有第一批投资者的大赚特赚,就不会有市场的大发展,股市、房市概莫如此,钱币邮票电子化交易的大发展也不能违背这一规律。文化产业大开发是增强我国软实力的重要举措,已成为国家层面的战略决策,是一项长期的战略任务。因此,在文化产业大开发背景下创办的钱币邮票电子化交易平台,将与文化产业的大开发战略相始终,其长期走牛是不言而喻的。

钱币邮票作为艺术收藏品,上涨百倍千倍很正常,不值得大惊小怪,自1997年第三次邮市大行情至南交所钱币邮票电子化交易平台创办、启动第四次邮市特大行情以来,在17年时间里几乎没有什么像样的上涨,少数邮品甚至出现了严重的下跌,相比工资和物价上涨几倍甚至几十倍,现在邮市所谓的暴涨仅是价值的回归,离真正的暴涨还相距甚远。当然,钱币邮票的电子化交易还有很长的路要走,在发展过程中不可能一蹴而就,出现调整甚至大幅下跌也在情理之中,因此作为投资者既要认清其上升的大趋势,也要时刻防范风险,具有风险意识。只有这样,才能不为一时的下跌而丧失信心,不为一时的上涨而冲昏头脑,时刻保持一个成熟投资者的正常心态,不为赢喜,不为输悲,做到手中有邮而心中无邮。

赢也缘份,亏也缘份,抱有这种心态的投资者,投资时就很坦然,内心也非常平静。

五

在大力宣传钱币邮票电子化交易平台的过程中,笔者在各大邮票网站上以吞寸木为笔名,发表了总计数百篇的帖子,现将这些帖子归类汇编,草成此书。

本书以实录的形式,实时记录笔者对钱币邮品电子盘交易的认识过程,以及对某些藏品的预测和推荐。为了保证原汁原味地展现笔者对文交所钱币邮票电子化交易平台的认识过程,以及对线上藏品和线下藏品的预测过程,除了某些错别字的修改和某些名称的统一外,所有被收录文章的内容甚至语气均未作丝毫改动,即使囿于水平和环境条件,事后证明是错误的观点与预测,也不改一字地原文发表。但对某些名称全书进行了统一,如"片红""错爱片"一律统一为"爱心错片",因为爱心错片是南交所钱币邮票电子化交易平台上的名称;"中金"以及与中金有关的名称统一为"南京文交所"或"南交所"或"南交所钱币邮票电子化交易平台",或其他类似的名称，这是因为当时笔者错误地将南交所钱币邮票交易中心的官网——江苏中金文化当成了交易所的名称，为了统一及便于读者阅读，不得不作出修改。相信这些方面的修改及统一不会影响内容的原汁原味性。

在体例和内容方面，全书采用统一归并、按类收录，并在同一类别下，按时间的先后顺序排列，以保证有序性和彰显认识过程。全书所收录的文章都是笔者在文交所钱币邮票电子化交易平台出现前后约两年时间里在各大邮票网站公开发表的，而且每篇文章都注明发表时间。大多数的文章涉及邮票股市化交易这一话题，其中包括对文交所钱币邮票交易中心及其电子化平台的评价和建议，对线上藏品的评价及价格的预测，但也有不少文章并不涉及电子盘，仅是对线下藏品的评价、推荐和预测。在邮票股市化交易的大背景下，这些线下藏品完全有可能成为线上藏品，因此对其的评价、推荐和预测不仅是必要的，而且有利于投资者正确选择藏品进行托管和投资。价值投资是使投资者立于不败之地的保证，尽管电子盘运行的初期并不体现价值投资理念，但君子不立危墙之下，因此坚持价值投资理念是本书的核心思想，不管是对线上藏品还是线下藏品的评价、推荐和预测都是基于这一思想。

囿于笔者的水平，对电子盘的认识肯定不够全面，有些认识也不一定正确，预测和推荐的藏品与事后的实际价格有些可能存在较大的差距。尽管如此，作为钱币邮票电子盘交易的实际参与者和见证者，笔者的这部实录性质的拙作，对投资者正确认清电子盘交易的发展趋势，以及在投资藏品的选择上如何遵循价值投资规律具有一定的参考价值。兼听则明，偏听则暗，投资者只有多听各方面的意见，才能使自己在诡谲的投资市场中不致迷失方向，使自己的投资永远立于不败之地。

投资是一门艺术，也是一门学问，特别是收藏品的投资更是如此，是艺术是学问就必须进行研究，而对于过程的研究是一切投资研究最重要的部分，也是最有用的部分。本书虽则未对文交所钱币邮票电子化交易平台作系统全面的介绍，如有涉及，也仅是一鳞半爪式的，但因是实录，更注重于过程，因此本书能给投资者提供钱币邮票电子盘投资的思路，对投资者正确认识电子盘，并在其中进行淘金会有一定的帮助。

六

本轮由南京文交所钱币邮票交易中心导演、电子化平台作为表演舞台的邮市第四次特大行情的大幕已经开启，随着全国雨后春笋般的文交所钱币邮票电子化交易平台的涌现，表演的舞台会不断地扩大，以容纳千百万投资者演出更为丰富多彩的财富人生喜剧。因此，从这个意义上说，南交所钱币邮票电子盘的投资神话仅是开始,以后还会不断创造,并被其他文交所电子盘不断地大量复制。演出刚刚开始,复制正在进行,让我们投身文交所,投资电子盘,进行一次财富人生的体验。

文化产业大开发战略,钱币邮票电子化交易平台的出现,为邮市第四次特大行情的发生、发展提供了强大的动力,我们正在经历一个前人从未经历过的造富时代,投资收益百倍千倍已不再是天方夜谭,而是一个实实在在的现实存在。作为一个与文化相关的收藏品投资的新兴市场,钱币邮票电子化交易的前途一片光明,前景无限美好,赚钱效应还会不断发酵,投资者现在进入电子盘是正逢其时。

第一编　邮票股市化交易的初步认识和分析

邮品的股市化交易，降低了邮品交易的门槛，使不懂邮品真伪和品相的人都能参与交易。不仅如此，本来在网上靠交易双方诚信作保障的交易方式改为以中介托管这种制度来保证，使邮品的交易更放心，更加有利于大众参与。

中国股市令第一批股民绝大多数都成了腰缠万贯的大富翁，可以预见，中国的第一批参与邮品股市化交易的邮民也必将步第一批股民的后尘，成为中国的富人。

邮品的电子化交易会吸引大量的场外资金进入邮市，供不应求，价格的被暴涨将是不可避免的。这种被暴涨能推动线下交易的火暴和价格的上涨，最终实现线上线下互相推动，实现邮品价格的全面暴涨。一旦有特大行情，在现有价格的基础上平均暴涨 20 倍是不难做到的，少数邮品能够达到 100 倍、个别邮品有上千倍的涨幅也是可以预期的。在邮市，只有想不到，没有做不到。这一点已被前 3 次邮市大行情所证明，而这一次，由于交易方式的革命性变革，邮市的上涨倍率将更大。

第一批参与邮品股市化交易的投资者就是我国赚大钱的第一批股民，现在拥有邮品的投资者就拥有了原始股，邮市的金娃娃和聚宝盆你已拥有或正在拥有。在一个邮市造富的时代，邮市投资者不想暴富也难，他们将进入一个被暴富的美好时光，即投资时没有暴富的故意却无意间意外暴富。历史又给了投资者一次千载难逢的机会，对于邮市投资者来说，迎接这一伟大时刻就是迎接财神，让我们每一个人不要错过这一发财的机会。历史注定了中国邮市会起爆于这一刻，也注定了邮市投资神话的来临。

爱心错片进入文交所的价格猜想

江苏省文交所钱币邮票交易中心（注：刚开始以江苏省文交所钱币邮票交易中心的名义申请，后因种种原因，合作方不得不进行变更，改为南京文交所钱币邮票交易中心，它与后来出现的江苏省文交所钱币邮票交易中心并非是一个概念）是邮市实现虚拟化交易的平台，为邮市大资金的进入开辟了一条通道。其开通和运行对邮市绝对是一个天大的利好。从试运行的入选品种来看，在品种的选择上注重题材和大众化，而对真正量少质优的品种并没有入选，说明平台运作的前期阶段还是倾向于稳健的操作理念，如用一个较为中性的词，就是"保守"，这无可厚非。在与马总的多次电话沟通中笔者非常理解平台运作的风险，以及运作者如履薄冰的谨慎心态。爱心错片是一个十分优秀的品种，量少易于控盘，而且大庄家王福斌是具有资金实力的明庄。本人曾与马总多次提到爱心错片的上市问题。一旦爱心错片进入交易平台上市交易，其价格必然暴涨。大题材、大庄家加上大运作，在实力庄家的强大控盘下，爱心错片的可流通量一定少之又少，一个上千枚的买家就可将爱心错片的价格推高一大截。在电子化的交易平台上，千枚万枚作为一个交易单位的买家是很常见的。因此凡是群体热捧的邮品，只要量少，价格一定会出现暴涨。笔者对爱心错片进入文交所交易平台的价格猜想是：暴涨暴涨还是暴涨。

2012－12－30 11:00:00

江苏电子化交易平台推动邮市上涨的3个因素

江苏省文交所钱币邮票电子化交易平台的建立，对邮市行情上涨是一个极大的推动。首先是交易便捷，交易资金和货物由于中介的保证而更安全，从而有利于大资金的参与，以前为了先款后货还是先货后款让很多本可以成交的买卖由于互相不放心而不成交，在电子化交易平台上这种情况就完全可以避免；其次是参与交易的群体会成倍或呈几何级数增长，电子化交易平台使邮品的交易由烦琐变得简单，钱物互换以及人与人面对面的交易将成为过去，尤其是一些惧怕交易买到假货的邮品交易门外汉会更大胆地参与邮市交易，在赚钱效应的驱使下将吸引大量场外资金进场；最后是一些大机构将参与邮品交易，电子化交易平台的建立为资金大鳄进驻邮市提供了可能。

邮市不像股市，邮市只要少量的资金就能炒到天上去。因此，上述的3个促使邮市上涨的因素只要实现其中的2个，邮市就会暴涨。现在的关键问题是，平台运作者不要过多地考虑自己的利益，在交易中介费收取方面要让利于投资者，可采取低于股市中介的收费标准，惟有如此，才能吸引习惯于电子化交易的股民参与邮市投资。

2013-01-02 11:02:00

邮市远航　坚冰已破

昨天上午接马总短信，江苏省文化产权交易所钱币邮票交易中心已获证监会批复。至此，邮币卡交易平台的运作障碍全部扫除，正式交易已水到渠成。这是邮市投资者盼望已久的特大喜讯，必将给邮市行情的发展注入新的活力，提供强大的动力。现在，邮市远航的坚冰已经打破，航船强大的发动机已经启动，邮市的春天将伴随着政府的文化产业大开发大繁荣战略，在邮市强大发动机的推进下，催生一轮特大行情。江苏省文化产权交易所邮币卡电子化交易平台的认证通过，使原横亘在邮币卡运作道路上的障碍彻底消除，充分说明国家对邮币卡交易的重视。这从一个方面表明了国家的文化产业大开发、大繁荣政策急需邮币卡交易大军的参与和加入。

前两天，见江苏省文化产权交易所钱币邮票电子化交易平台试运行停止后迟迟没有开启，笔者曾带着疑问咨询了马总。在电话中马总明确告诉笔者，证监会对平台的审核通过是迟早的事，他所依据的理由是政府文化产业的大开发、大繁荣战略。想不到仅过两天，就传来已获证监会通过的好消息。江苏省文化交易所邮币卡交易平台的运行，必将引发新一轮邮币卡投资热潮，不仅解决了交易过程中买卖双方因诚信危机而导致的交易难的问题，还解决了大资金快速、安全、有效进出的问题。平台就是中介，不论是个人或机构参与邮币卡交易，一切都可委托平台去搞定，这就省却了交易过程中的很多麻烦，使邮币卡交易变得快捷而又畅通，并使邮币卡的大额交易成为可能。更为重要的是，引进机构投资者后为大资金进入邮币卡市场开辟了通道，使邮币卡交易不再是小打小闹的买卖。

有邮友曾问笔者，平台何时开业。笔者的回答是：平台运作的所有障碍已经全部扫除，至于何时开业的决定权已完全由平台运作方自主决定。因开业所涉及的一些细节上的问题，何时开业的确切时间要以公告为正。江苏文化产权交易所邮币卡交易平台的即将运作无疑在市场掷下了一枚重磅炸弹，关心平台运作的邮友是越来越多，所涉及的问题也越来越多。有些问题恐怕平台设计者在设计此平台时根本没有考虑到，如港澳票的关税问题。但笔者相信，随着平台的运作，这些问题必然会解决，平台管理者和运作方一定会想方设法扩大邮市投资者的参与度，因为参与度和人气对于运作方来说就是效益。对此，运作方不会置之不理的。邮友现在唯一要做的就是捂紧筹码，手上没有筹码的要赶快抢夺筹码，别看这几天邮市下跌得厉害，但不知哪一天会突然掉头向上，难道在邮市中这样的事例还少吗？起跳前需要下蹲，这几天给笔者的感觉就是在做下蹲动作。

先知先觉者已经开始行动。邮市已成功探底 2 200 点，在此后的日子里定会缓慢回升。现距江苏省文化产权交易所邮币卡平台开业的时间越来越近，因此留给邮人的时间真的已经不多了，赶紧锁仓抢夺筹码，以迎接邮市行情高潮的到来。

2013－02－27 14:37:00

江苏文交所全面测试和开通在即

由于江苏省文交所钱币邮票电子化交易平台进行交易系统的升级，从 2013 年 1 月 24 日起，停止了公开测试。近期，平台运作方正在抓紧时间，全力以赴地做好第二次交易系统公开测试的准备工作。因此，邮币卡交易平台的再次测试和开通运作马上就要进行。刚才本人因客户端问题与交易所的技术人员通了电话，根据了解到的情况，再次测试和开通运作不会超过 4 月底。

江苏省文交所邮币卡交易平台的开通和运作，为大资金参与邮市投资提供了一个安全、便捷的通道，也为千百万民众参与邮品交易创造了条件。现在离江苏省文交所邮币卡平台的开通和运作仅一个多月的时间，时间紧迫，形势逼人。有人对文交所在推动邮市上涨方面的作用认识不清,这是他们不了解文化产业大开发战略的意义,以及当前通货膨胀对实体经济的冲击和破坏有多严重,也不了解在中国只要听党话就会发大财的道理。中国的国情是,只要是共产党想做的事情或者是贯彻党的指示而设立的资本市场,第一批吃螃蟹者必定都是腰缠万贯之人,第一批个体户、第一批工商户、第一批买房户无不如此。相信涉足邮币卡电子化交易的第一批投资者也不会例外。

3 月 17 日,笔者撰写了《邮市特大行情的暴发从今天开始》的帖子。有被人捧的,也有被人骂的。本次邮市行情指数在 3 月 14 日创下了 2 127 点的低点,大家可以回头看这一指数,到哪一天破了这一指数低点再骂笔者不迟。笔者坚信这一指数低点就是本轮邮市行情的低点,邮市行情将在文交所的推动下快马加鞭向前狂奔而去。

这几天邮市的涨跌值得引人深思,一方面是邮市利好频频,另一方面是邮市欲涨还跌,这是有人故意为之还是另有原因。笔者相信长期浸润邮市的投资者一定会有自己的正确答案。

文交所一旦开通运作,笔者真不知道邮市的这点羹能够喂饱几个投资者。机构投资者一旦进入市场,其运作的资金不是几万几十万元,而是上千万上亿元,在电子化交易没有出现以前,这上千万元的买卖谁也受不了,验货看品相有谁能吃得消,而在电子化交易平台上,买卖瞬间即可完成。因此,电子化交易的首批投资者一旦有钱赚,大资金立马会蜂拥而入,邮市上涨的通道就会打开,让我们盼望这一天早点到来吧。

2013 - 03 - 21 11:26:00

邮票下月文交所上市

刚才接南京文交所钱币邮票电子化交易平台的客服黄小姐电话,要求笔者注册,并告知:下月开始邮票的电子化实盘交易。这是有关邮票上市的最确切的信息。随着邮票的上市,邮人盼望已久的邮市的春天真的来到了。邮市这几天的加速上涨是对邮票上市这一重大利好的积极回应。

2013 - 09 - 07 14:26:00

邮品股市化交易　一个新纪元的开始

邮品的股市化交易，降低了邮品交易的门槛，使不懂邮品真伪和品相的人都能参与交易。不仅如此，本来在网上靠交易双方诚信作保障的交易方式改为以中介托管这种制度来保证，使邮品的交易更放心，更加有利于大众参与。大家一定记得我国的第一批股民个个发大财，可以毫不夸张地说，邮品股市化交易，将会制造出千百万个千万富翁，甚至亿万富翁。

根据邮品上市计划，南京邮币卡交易所年内的上市邮品为 10～30 种，明年才有可能至 50 种。作为单个邮品，不仅发行数量有限，而且上市数量必定大大少于存世量，这就会造成僧多粥少的问题，解决的惟一办法就是不断上涨。而且作为一个新生事物，主办方一定会想尽办法让其上涨，以吸引更多的人参与交易。因此，第一批参与交易的邮市投资者一定会获得超高额利润，第一批股民已经给我们作出了榜样。

随着交易方式的便利化和交易安全性的提高，以及参与群体的不断扩大，邮品交易的新纪元也将随之诞生。邮品作为投资筹码能做到钱与物分离，将以前的钱货交易变为钱钱交易（当然也可以选择钱货交易），而且买卖双方的诚信度不再成为阻碍邮品交易的拦路虎，邮品投资变得像股票投资一样安全，便捷。但由于邮票的限量发行和消耗，上市数量以及市值不及股市的千分之一，在强大的买盘面前，邮品的上涨甚至暴涨将是注定的。当然任何一个资本市场，风险是无时不存在的，但对于邮市的股市化交易来说，最起码前期或称之为初始期的投资者是安全的。既有暴利又相对安全，这样的机会对于人的一生来说不会很多，参与邮市的股市化交易应该是邮友目前的不二选择。

从江苏文交所钱币邮票交易中心的虚拟交易来看，赢利是巨大的，物别是 JP 雷锋片，从 1 元/枚上市在极短的时间里达到了 20 元/枚，上涨了 20 倍。因此，尚大师曾专门发帖讨论邮资片今后的收益率，虽然笔者不会完全认同，但有一点可以肯定，只要 JP 能上市交易，涨幅最大的一定是 JP。原因只有 4 个字，价低量少。尚大师在帖子中的一句话值得大家深思，尚大师说，场外今后参与邮品股市化交易的投资者都是门外汉，他们不会在意是生肖还是 JP，他们只会瞄准价低量少的东西

(大意如此)。JP不一定能达到尚大师的500元甚至1 000元一枚的高度,但缩量JP中大多数品种能消灭100元,有少数品种能达到二三百元应该是有可能的。

既然邮市投资的新纪元已经开启,你现在应该做什么呢?笔者给你一个字——抢。至于抢什么,如何抢?只能自己拿主意了。

2013-09-16 12:48:00

什么邮品可作为第一批上市邮品

南京文交所钱币邮票电子化交易将在下月正式开盘,这是邮品交易史上具有划时代的意义,开创了邮市交易的新纪元。为了保证电子化交易开门红,南京文交所钱币邮票交易中心必定精选第一批上市邮品。那末,什么样的邮品能入其法眼,作为第一批上市邮品呢?要回答这个问题,必须从南京文交所钱币邮票交易中心第一批邮品的上市数量、基本要求,以及操盘目的进行分析。

根据有关信息,南京文交所钱币邮票交易中心年内将上市10~30种邮品,明年将扩大至50种邮品。因此,估计第一批上市邮品不会超过10种。

由于上市邮品最低标准为200万元市值,一个投资者单个邮品的持有量能达到200万元市值的不会很多,而且由于南京文交所钱币邮票交易中心为了保证交易的开门红,一定会给投资者留下尽可能大的上涨空间,作为上市邮品的提供者,必定要牺牲一部分利益。因此,有意向上市的邮品未必是最好的邮品。虽然南京文交所钱币邮票交易中心可能采用捆绑式上市,即有几个投资者共同提供同一种邮品以满足200万元的上市基数的方式,但由于要牺牲提供者的利益,拥有好邮品的邮人不一定肯让自己的邮品打水漂。

南京文交所钱币邮票交易中心有自己的利益指向,其中保证电子化交易开门红和给第一批敢吃螃蟹者以实际的利益是其必须保证的两大目标,如果做不到这一点,邮品的电子化交易就是失败的。因此,投资者愿意提供邮品上市是一回事,南京文交所钱币邮票交易中心精中选精又是一回事,这样一来,第一批上市的邮品可能会不足10种,有可能是5~8种。

接下来的一个问题是,哪种邮品有资格跻身第一批上市邮品?根据上述分析,综合考虑各类邮品的数量、优劣,以及对投资群体的吸引力和可能的参与度,笔者以为,发行年份在20年之内的次新邮最有希望进入第一批邮品交易序列,其中发行量适中的小版将成为第一批上市邮品的主角。在0304小版中,最起码有两个品种入选,这两个品种必定是量稍大价格相对较低的邮品。在三轮生肖中,能够入选的应该是猴生肖,至于是猴大版、猴小版,还是猴赠版、猴小本,不得而知。JP如果有邮品入选,一定是雷锋片或毛泽东片。在即将上市的邮品中,笔者只预测上述5种邮品。

实际上,爱心错片最适合上市,大庄家王福斌拥有近5万枚爱心错片,按目前的价格,市值在500万元以上,完全可以牺牲一部分利益,拿出200万元上市。而且爱心错片只有10万枚的存世量,爱心错片前期的良好表现已经证明这是一个具有巨大上升潜力的邮品,一旦上市,必定会吸引更多的投资者。

邮品上市即将开始,寻宝行动也将随之展开,对于投资者来说,能拥有上市邮品中的任何一款,并持有相当的数量,你就拥有了令人羡慕的财富。

2013-09-20 9:53:00

被暴涨的邮市将给南交所邮品股市化交易带来大麻烦

黄猴有可能被选上。据可靠消息,由于仓库没有租借到,邮资片不可能作为第一批上市邮品。第一批上市邮品只有邮票,一切体积较大的东西都不是第一批上市的理想邮品。雷锋片和毛泽东片肯定与第一批上市邮品无缘。

由于规则设置的问题,南京文交所钱币邮票交易中心不可能立马将规模做大,今年年内最多上市30种邮品,而且市值有限。上市数量不足会造成严重后果,那就是邮品被暴涨,南京文交所钱币邮票交易中心的一种上市邮品可能会被一个买家全部买走。因此,暴涨是免不了的。要做大,只有放松交易限制,尽快让更多的邮品上市,被暴涨的情况才能改观。一旦上市的邮品被暴涨,南京文交所钱币邮票交易中心就危险了。被暴涨有时是可怕的,因为无法控制暴涨,最后可能会引起政府的干预和禁止交易,这绝不是危言耸听。

欢迎网上讨论,骂人的小人请远离。

2013-09-24 08:45:00

邮市原始股

再过一个月,南京文交所钱币邮票交易平台就要开张营业了,邮品的上市脚步日益临近。邮品的股市化交易开创了邮品交易的新纪元,这是邮品交易方式的根本改变,是邮品交易史上一个划时代的事件。其对邮市的巨大影响现在还不能精确预测,但有一点是必须肯定的,那就是邮市将步入一个新的天地,投资群体的扩大和交易的安全顺畅为邮市的大发展创造了条件。邮市这种革命性的交易方式的改变预示着邮市暴涨的真正开始。

中国股市令第一批股民绝大多数都成了腰缠万贯的大富翁,可以预见,中国的第一批参与邮品股市化交易的邮民也必将步第一批股民的后尘,成为中国的富人。原始股是股市获取暴利的代名词,在股市交易的初期更是这样。因此,这几天邮市某些邮品的暴涨和异动不排除是先知先觉的邮人寻找原始股的结果。近几天名画系列产生了异动,尤其是洛神赋图的大涨让人大跌眼镜。在最近一个月中,这种由寻找邮市原始股而出现的某个邮品的突然上涨将会经常发生。其实,随着邮品股市化步伐的加快,邮人手中的所有邮品都将是邮市原始股,都是聚宝盆金娃娃。

2013 - 09 - 27 06:41:00

南京文交所钱币邮票交易中心
第二批上市邮品猜想

南京文交所钱币邮票交易中心的第一批上市邮票仅有洛神赋图一种,很让人失望。但这并不代表南京文交所钱币邮票交易中心对邮票上市的不重视,钱币与邮票相比,只要不是傻子,不会有人将宝押在钱币上。邮票由于近几年没有像样涨过,加上规模要比钱币大,参与的人数比钱币多,必然会成为南京文交所钱币邮票交易中心全力运作的主要品种,这一次南京文交所钱币邮票交易中心选择的品种主要是钱币也是无奈之举。笔者分析不外于缘于两方面的原因:一是库房容量有限,选择价高体积小的钱币更有利于缓解库房不足的困扰;二是贵金属钱币比邮品更能保证品相。

在第一批邮品推出并交易一段时间以后,第二批上市邮币品种将会马上推出,与前一批币多于邮的情况相反,第二批推出的品种将会邮多于币。根据南京文交所钱币邮票交易中心选择洛神赋图的思路,第二批所选择的生肖邮品很有可能是鸡小版,名画系列中肯定还有邮品入选,如果仓库问题解决,发行量适中的邮资片将成为南京文交所钱币邮票交易中心的首选邮品,最有可能入选的是雷锋片、主席片和爱心错片,0304 小版也应该有邮品入选,但绝对是价低量适中的邮品。

至于为什么说鸡小版会入选,请各位看看南京文交所钱币邮票交易中心选择洛神赋图就会明白。洛神赋图的两大优势是价低量少。在十大名画系列邮票中洛神赋图比清明上河图和步撵图都要少,但价格比清明上河图还要低。因此,从中不难看出,价低、量相对小是南京文交所钱币邮票交易中心选择邮品的标准。只要南京文交所钱币邮票交易中心仍按这一思路选择邮品,鸡小版应该比猴小版更有可能成为第二批上市邮品。发行量几乎相同的两个生肖小版是没有理由价差 3 倍以上的,如果你是南京文交所钱币邮票交易中心的专家,还会选择猴小版吗?

2013 - 10 - 04 09:38:26

电子化交易将推动邮市全面火爆

尚铂喜先生发表的《电子龙头洛神赋图》的帖子对南京文交所钱币邮票交易中心的第一批惟一的上市邮品洛神赋图作了大胆的预测,由此引来了市场围观。笔者认为尚兄所分析的情况是存在的,这就是上市邮品由于数量有限,没有及时跟进,引起价格的被暴涨。但从长远看,因为邮市比价效应的存在以及受量价比铁律的制约,加上投资人在投资过程中邮识的逐渐丰富,网上交易价格会逐步向网下实际价格靠拢。当然邮品的电子化交易会吸引大量的场外资金进入邮市,供不应求,价格的被暴涨将是不可避免的。这种被暴涨能推动网下交易的火暴和价格的上涨,最终实现网上网下互相推动,实现邮品价格的全面暴涨。一旦有特大行情,在现有价格的基础上平均暴涨 20 倍是不难做到的,少数邮品能够达到 100 倍、个别邮品有上千倍的涨幅也是可以预期的。在邮市,只有想不到,没有做不到。这一点已被前 3 次邮市大行情所证明,而这一次,由于交易方式的革命性变革,邮市的上涨倍率将更大。

2013－10－04 09:59:18

南京文交所钱币邮票交易中心上市邮品生死劫

南京文交所钱币邮品交易中心上市邮品的选择关乎其电子化交易的生死存亡。邮品的电子化交易是文交所的一项重要内容,但从艺术品交易所的开办情况,关门的也不在少数,之所以难以为继,一个重要的原因就是爆炒人们不认可的东西,使价格严重脱离价值,并有假货冲击。因此,南京文交所钱币邮票交易中心要做大做强邮币市场,在选择品种上必须坚持量价比的同时,还要注意品种的防伪性。就邮品选择来说,要力求生门,避免死劫。

一是价低量适中的生,价高量大的死。量价比是收藏市场的铁律,任何一种交易方式都必须受这一规律的制约,邮品的电子化交易也不例外,过分脱离邮市大盘的对个品的炒作都是注定要失败的。

二是防伪性好的生,防伪性差的死。南京文交所钱币邮票交易中心虽然有一大批邮品鉴定专家,但在假货充斥的今天,即使像金猴这样的邮品,也有四五种假货版式,因此辨别真假和鉴定品相是南京文交所钱币邮票交易中心最重要也是最繁重的工作。可以说,南京文交所钱币邮票交易中心以后出问题一定是出在假货上。因此,必须选择防伪性好的邮品上市。防伪性最好的邮品有 3 大类,即:贺年封片;丝绸邮票;镂空版邮票。南京文交所钱币邮票交易中心可以选择贺年封片中的爱心错片,丝绸邮票中价较低量适中的丝绸三、丝绸五,以及镂空版式中的君子兰小型张、杨柳青小版和鼠小版作为上市邮品,以加强邮品的防伪性。

三是体积小的生,体积大的死。邮品的体积与库房成正比,南京文交所钱币邮票交易中心的库房不会很理想,特别是上市邮品扩大以后,库房一定更为紧张,要解决这一问题必须要有资金。因此,在相当长时间里,体积小的邮品会得到南京文交所钱币邮票交易中心的青睐。

2013－10－06 20:59:28

洛神赋图推土机式上涨说明了什么?

近来,作为南京文交所钱币邮票交易中心唯一上市的邮品洛神赋图,这几天连续推进式上涨,丝毫没有停下来休息一下的意思,有人在网上惊呼,将此现象称为推土机式上涨。笔者没有一版洛神赋图,但对洛神赋图的上涨是由衷的欢呼,这是邮市交易模式革命性变革后给邮市的大红包,它将惠及所有参与邮市投资的投资者。这个大红包的派送刚刚开始,有些投资者开始有点急不可耐了,他们根本不知道洛神赋图会涨多高,以前的熊市思维还在左右着他们的买卖行为,因此当洛神赋图稍有上涨,他们就急不可耐地卖出,生怕错过了出货的良机,结果都在较低的价位纷纷卖出。笔者的一个同事也想卖出,当时笔者就坚决地说:“洛神赋会涨得让你看不懂。”洛神赋还会大涨,在年内定会看到100元/版以上甚至120元/版以上。

有人可能会说,那你为什么不投资洛神赋图。本人如要投资洛神赋图,应该有非常好的条件,大家可能知道,笔者的好朋友王亮先生一直是十大名画系列邮票的积极提倡者,而且身体力行。如果投资,笔者早就会投资洛神赋图了。但笔者不后悔,笔者认为,一切的投资在品种的选择上,是输是赢,以及赢亏多少都是缘份,既然当时没有选择而错过就说明你与该邮品没有缘份。

但没有洛神赋图,不等于你手上没有其他邮品。只要你手上拥有邮品,你总会收到大红包,可能还是一个特大红包,因为好戏一定在后头,我们所拥有的筹码在量价比的优势上可能超过洛神赋图许多倍,随着南京文交所钱币邮票电子化交易平台上市邮品的扩大,你手上的邮品也将成为金娃娃。

在当今情况下,拥有筹码就是拥有财富,请别把筹码丢在地板上。洛神赋图的前期卖家们就是把筹码丢在地板上的投资者,当洛神赋图涨至100元/版的时候,相信前期的卖家们一定有很多人会后悔不迭。

2013-10-07 19:45:39

邮品股市化交易　一个邮市造富时代的开始

中国邮市自成市以来,大的行情就已经发生过 3 次,即 1987 年、1991 年、1997 年的第一、第二、第三次大行情。这 3 次大行情以平均涨幅 5 倍、10 倍、15 倍的骄人利润昭示了邮市是最富投资魅力的市场。第四次邮市大行情以何种形式展开,在何种程度上展示其暴利的面容,邮市投资者翘首以盼。

今天,谜底已经揭开,造富运动的发动机是邮品的股市化交易平台。邮品交易方式的革命性变革,使邮市的参与群体性,以及交易的安全性和便利性都发生了翻天覆地的变化。邮品交易方式由市场钱货交易、网络钱货交易的第一和第二阶段,向更为高级的第三阶段——邮品的股市化交易迈进。在市场钱货交易阶段,地域的限制使交易的便利性成为邮市发展和做大邮市的拦路虎,绝大部分的交易只是集中在京沪两地及其周围地区,参与的群体有限;在网络钱货交易阶段,诚信的缺失使交易的安全性成为邮市发展和做大邮市的拦路虎,绝大多数的投资者在交易时心里并不踏实,卖货的要求先款后货,买货的要求先货后款,参与的资金有限,参与交易的群体也有限。这两种交易方式由于交易只在买卖双方间展开,邮品真伪的鉴别和品相的鉴定主要依靠买卖双方自身的邮识,因此交易过程中的纠纷不断,而且还出现坑蒙拐骗和人间蒸发事件,使邮品的交易始终处于低层次难以做大的尴尬境地,因而参与的资金极其有限。

南京文交所邮品股市化交易平台的建立,使邮市摆脱了低层次难以做大的尴尬境地,提供了做大做强邮市的广阔舞台,邮市真正的造富运动也由此开始。邮品的股市化交易,采用第三方托管的形式,使钱货交易变为钱钱交易,邮品只是作为筹码成为钱钱交易的中介。作为中介,邮品只是一个标识物,并不出现在买卖双方的现场,而是被封存在仓库里。邮品交易中钱物的分离是一个巨大的进步,由于钱物的分离,使邮品的交易变得简单、便利、安全:一是不懂邮品真伪和品相的人不依靠任何人也能放心地投资邮市,使交易变得十分简单;二是网络交易使天南海北的人只要有电脑、有网络即能完成交易,而且因省略了钱—货或货—钱的转换,直接实现了钱钱交易,使交易变得便利、通畅;三是由于第三方参与交易过程(托管),使交易的安全性大大提高,以前的坑蒙拐骗和人间蒸发事件从此将绝迹。

第一批参与邮品股市化交易的投资者就是我国赚大钱的第一批股民,现在拥有邮品的投资者就拥有了原始股,邮市的金娃娃和聚宝盆你已拥有或正在拥有。在一个邮市造富的时代,邮市投资者不想暴富也难,他们将进入一个被暴富的美好时光,即:投资时没有暴富的故意却无意间意外暴富。

2013 - 10 - 12 20:16:03

邮品上市会有效遏制恶炒发行期内新邮

今年,市场流行恶炒新邮,从年初的蛇生肖开始,接连不断地恶炒新邮,使市场失血严重,邮市行情步履维艰。这几天互动网上都是发行期内的新邮交易,让人深恶痛绝。恶炒发行期内的新邮,这个市场不可能有起色。但这种现象将很快会得到改变。由于南京文交所钱币邮票交易中心的上市邮品规定为2009年以前的邮品,因此发行期内的邮品绝不可能在南京文交所钱币邮票交易中心上市。随着南京文交所钱币邮票交易中心上市邮品的增多和赚钱效应的出现,恶炒新邮的现象将成为历史。只有不去恶炒新邮,邮市才能健康发展。

2013 - 10 - 13 10:37:02

高价猎杀　凑足数量让03小版尽快上市

南京文交所钱币邮品交易中心最低的上市门槛是单一品种市值200万元,为了凑足这200万元,东方鹤先生甚至想出了互换邮品的办法。其实,目前的03小版价格太低,加上03小版有好多品种都是某一板块的龙头,因此就单一邮品来说,在目前阶段涨至500元/版也没有市场不认可的。凑足上市数量只有一个办法,就是出高价收购,对03小版进行猎杀。出高价收购能达到两个目的:一是增加某一邮品拥有的数量;二是提高其市值。例如你手上有1万版的崆峒山小版,按目前170元/版的市场价格,还不到上市的市值要求,但如将市场价格提高至200元/版,就达到了上市要求。当然,一个邮品要上市,庄家最起码要拥有五六百万元的市值，否则是在为他人做嫁衣。因此，可将价格提高至500元/版。当然收购价不能一步登天，这有一个被大众接受和认可的过程。但目前像蜗牛爬行式的收购，一是收不到货，二是你手上货物市值的增加速度也太慢，如是为了上市而收购，请加大力度收购，尤其要开出高价收购。

03小版能够尽快上市，对邮人和南京文交所钱币邮票电子化交易平台来说都是一大福音。南京文交所钱币邮票交易中心在选择上市邮品时，必须坚持量价比原则，选择价低量少的邮品上市，因为邮品最终的价值应符合收藏品市场物以稀为贵的原则，一切脱离量价比的炒作都是不能长久的。作为上市邮品，也逃脱不了这个规律。

03小版是新中国邮品中的地量邮品，任何邮品的上涨都无法绕过03小版价格的制约和比照关系。过度脱离03小版价格体系的任何邮品的炒作终将会受到市场规律的惩罚，南交所钱币邮票电子化交易平台的运作也必须遵守量价比铁律。

2013－10－13 18:55:59

南交所上市邮品对邮市的巨大推动作用

南交所上市邮品对邮市是一个巨大的推动，这从洛神赋图被选为上市邮品后开始连续上涨中得到证明。实际上，邮市中在量价比方面比洛神赋图优秀的邮品不胜枚举，而洛神赋图之所以脱颖而出，成为众星捧月之势，完全是因为南京文交所钱币邮票交易中心要上市的缘故。

随着南京文交所钱币邮票交易中心第二批第三批上市邮品的公布，邮市必定会翻江倒海，出现很多像洛神赋图一样疯狂上涨的邮品。由于邮市中的比价效应，上市邮品的上涨一定会带动同一板块具有相同量价比邮品的上涨，从而形成邮市万马奔腾的局面。

南京文交所钱币邮票交易中心应马上实现上市邮品的电子盘交易，现在洛神赋图已经大大超过清明上河图，如果没有上市这个因素，洛神赋图的价格是绝对无法超过清明上河图的。因此，真的非常担心因上市邮品迟迟无法在电子盘上交易而使洛神赋图越来越脱离邮品的整个价值体系，无法实现上市邮品的开门红，从而使南京文交所钱币邮票交易中心的整个上市计划受挫。希望南京文交所钱币邮票交易中心尽快实现邮品的网上交易。万事开头难,有些事情只要去做,困难就会迎刃而解。

2013－10－17 22:08:50

中国邮市将起爆于这一刻

2013年10月21日9时30分,中国邮市史上具有划时代意义的时刻将被永远定格在这一刻,因为这一刻,南京文交所钱币邮票电子化交易平台正式上线交易,从而开创了邮品股市化交易的先河。

这是一个具有划时代意义的巨大变革,从此邮市将告别小打小闹的作坊式的交易方式,迈入了便捷、安全的电子化网络化交易时代。交易方式的革命是投资市场发展的最为强大的推动力,也是吸引千百万投资者参与投资、壮大和发展市场的前提条件。

邮品的股市化交易方式将改变邮票的投资人队伍格局,壮大邮票的投资人队伍,使原本不敢进入邮市投资者行列的投资人不再退避三舍。在赚钱效应驱动下,投资者队伍将迅速扩大,资金将蜂拥进入邮市。

历史又给了投资者一次千载难逢的机会,对于邮市投资者来说,迎接这一伟大时刻就是迎接财神,让我们每一个人不要错过这一发财的机会。历史注定了中国邮市会起爆于这一刻,也注定了邮市投资神话的来临。

2013－10－18 21:47:13

建议南交所尽快选择JP上市

南京文交所钱币邮票电子化交易平台对邮品上涨所产生的巨大威力在洛神赋图上已得到了充分的验证。正因为如此,对于南京文交所钱币邮票交易中心来说,选择什么样的邮品上市不仅对自身的收益会产生重大的影响,而且更为重要的是关系到平台运行的安全和持久。要想让人们通过平台放心地参与邮市投资,必须让投资者认可平台的运作机制,尤其是认可平台运作的价格。也就是说,运作的邮品涨也好,跌也好,必须给投资者一个充足的理由。

南交所上市邮品如果线上和线下的价格相差太过悬殊,必然会让投资者退避三舍,交易就会陷入困境。要想既要使南交所电子盘上的交易十分红火,又要被线下交易的投资者接受(指线下交易的价格尽可能接近线上交易的价格),南交所必须选择量价比低的邮品上市,洛神赋图的上市之所以成功,就是因为洛神赋图在整个十大名画系列邮票中具有较低的量价比。

在目前整个邮品系列中,JP 的量价比优势是其他邮品板块所无法比拟的,而且 JP 板块的上涨与其他板块几乎不会有比价牵制。JP 的最大优势就是低价,目前一元多一点的低价 JP 上涨的潜力巨大。JP 的量不大,特别是缩量 JP 的量只有一二百万枚,而且 JP 以箱为交易单位,一箱就是 1 000 枚,区区的一二百万枚的 JP 单一品种如果除以 1 000,其量就少的可怜。JP 至今只发行了 182 个品种,整个板块的总市值还不如一个量大的邮票的总市值。因此,如果选择 JP 上市,将是南交所之福,邮人之幸。

但选择 JP 上市,南京文交所钱币邮票交易中心必须准备足够大的仓库,这一点,目前可能很难做到。但为了自身利益和整个平台安全持久地运行,南交所必须尽快解决仓库问题,好在 JP 一直作为邮市中的垃圾不被人所重视,加上体积大,一直被认为是连小偷都不要的邮品,因此不必考虑一定要将 JP 放在银行的金库里。总之,为了南京文交所钱币邮票电子化交易平台的顺利运作,请尽快选择 JP 上市。

2013 - 10 - 20 20:46:50

第二编 邮票股市化交易的再认识和再分析

南京文交所钱币邮票电子化交易平台是引爆本轮行情的导火索，也是不断推动本轮行情持续上涨的发动机。巨量市值的邮市已无法用常规的方法撬动，必须有大平台大资金去运作。南京文交所邮品的股市化交易方式在消除邮市交易中的不安全、不方便、不通畅等弊端以后，为千百万人投资邮市、为大资金安全顺畅地出入邮市提供了一个大平台，邮市的做庄和投资可以在瞬间完成，再也不是想买买不到，想卖卖不掉。邮市投资的快捷性、安全性必定会引来千百万投资者，必定会引来大资金参与其间，只要有赚钱效应，邮市的投资者就会蜂拥进入邮市。

南京文交所开创的线上交易平台为千百万投资者和大资金入驻邮市准备了大舞台，随着文化产业和投资市场的不断开拓，这个大舞台也会不断扩大。线上平台的交易方式已颠覆了现货市场的交易理念和投资方式，由于平台交易适合于大资金的快出快进，在做庄和出货的过程中，筹码的收集和分散均可即时完成，而且市场的波动将会加剧，因此长期投资的理念可能已完全不适合邮市投资。

在新的交易方式下，邮市必定要经历一场革命性的变革，这场革命性的变革将彻底颠覆以前邮市所建立的一切观念和经验。投资者不能用老眼光看待电子盘交易这样一个新兴市场。在一个新兴市场中，超涨是必然的，也是必须的，股票市场刚形成时超涨也相当严重。只有让投资新兴市场的投资者赚足了钱，才能做大做强这一市场，才能吸引更多的资金进入。

投资电子盘，必须有创新思维，必须打破常规。谨小慎微的投资者，不适合玩电子盘。请跟上电子盘运行的节拍，请你抛弃习惯性思维方式，用超常思维来看待电子盘，具有超常思维的智者，一定会在电子盘上赚取大钱，获取超额财富。

大平台　大通道　大收益

南京文交所钱币邮票电子化交易平台是引爆本轮行情的导火索,也是不断推动本轮行情持续上涨的发动机。本轮行情上涨之迅速,力度之强大是大多数邮市投资者所始料未及的,目前的邮市遍地是黄金,只要投资就会赚钱。南京文交所对于邮市投资的意义,可谓是大平台,大通道,大收益。

一、大平台

南京文交所钱币邮票电子化交易平台是邮市投资的大平台,并以此为中心,将原本分散的各大市场、各个网站的邮币交易整合为一,形成线上和线下交易共同发展、功能强大的交易平台。这几天南交所开盘交易的实践已证明了某些人的短视行为是极端错误的。这几天由于南交所开盘交易,使市场和各大网站的买卖十分兴旺,邮市呈现繁荣景象,特别是这几天出现了连续大幅上涨,在一个星期左右互动网指数狂涨600多点,其中有两天分别上涨133点和147点,而且在大幅上涨以后不回调,这是自1997年第三次邮市大潮以来从未有过的现象。由于邮市股市化交易的特殊性,南京文交所钱币邮票电子化交易平台不可能包揽所有的交易,其中上市筹码的收集必须通过市场和各大网站交易才能完成,在邮市活跃度提高以后,市场中邮商的业务和各大网站的交易量不是少了而是大大增加了。这几天的交易实践已经证明了某些人所担心的平台开通以后邮商和各大网站的业务量将急剧下降是多余的。由于交易平台采用的是逐渐征集上市邮品、并对已经上市的邮品逐渐增补筹码的方式,随着上市步伐的加快,必将呈现市场实物交易和各大网站买卖两旺的景象。

二、大通道

南京文交所交易的便利性,正在吸引全国民间和机构投资者的资金迅速进入邮市,原来阻碍投资者进入这一市场的所有顾虑和担心全部不复存在,邮市本身的缺陷得到了完全的弥补。邮市是所有投资市场中最为暴利的市场,这已被邮市的3次大行情所证明,但由于邮市本身实物交易的缺陷,大资金不敢进来,或者说即使进来也很难出去,因此收集筹码和分散筹码变得异常困难,由于大资金和民间资本对邮市望而却步,邮市投资都是小打小闹。南京文交所钱币邮票交易中心对于邮市投资者、特别是对于大资金来说，无疑是邮市的大通道，人们再也不用担心筹码的收集和分散，大庄家的筹码通过挂牌交易做到一次上线，收集筹码更是省却了验货、保管等种种麻烦，而且收集筹码也变得轻而易举。平台虽然有一次交易只能买进同一种上市邮品的5%的规定，但由于实行的是T+0的交易规则，收集筹码变得异常迅速、安全。

三、大收益

南京文交所钱币邮票交易中心对于邮市行情的推动，主要是使邮品的价值得到了迅速回归，在文化产业大开发的背景下，目前的邮品价格被严重低估。邮品的股市化交易形同股市，但又与股市交易有着本质的不同。主要表现在两个方面：一是股票可以增发，而邮票无法增发，而且每一种邮品进入文交所交易平台的数量一定大大少于发行量，而且随着上市邮品价值的提高，必将刺激收藏者的收藏热情。因此，在文交所上市的一部分邮品将回归成为大众收藏品；二是邮品种类和总市值的有限性必将引发邮市的暴涨，笔者在南京文交所钱币邮票交易中心成立之初就曾发文指出，现在拥有邮票的人就是拥有了原始股，就是拥有了聚宝盘，当时很多人认识不到这一点，这几天上市邮品连续封几个涨停板已经证明了这一预见的正确性。大收益包括两个方面：一是参与线上交易的投资者会获得大收益；二是现在拥有邮品的人会获得大收益，而且这部分人是真正在邮市获取暴利的人。因此，不要将自己的筹码丢在地板上，要敢于捂货善于捂货。

2013-10-29 07:35:13

大平台　大资金　大行情

自1997年行情至今，邮市沉沦了16年，其间虽有几次小打小闹的小行情，但都不成局，没有像样的行情。究其原因，是邮市没有可供千百万投资者放心投资的大平台。目前邮市的市值总量已与历史上的3次大行情暴发时的市值总量不可同日而语，即使是与距今最近的1997年这一次行情相比，目前邮市的总市值是当时的10倍左右，要撬动邮市，暴发行情，以前的小打小闹已无法引爆和推动行情向前发展，因此每次行情在启动以后很快就会熄灭。

建立一个符合邮市实际情况的操作平台关系到邮市行情的持续长久充分的发

展,关系到邮市行情的顺利展开。回顾邮市的前3次大行情,基本上是在信息不对称、物流不畅通的情况下发生的,庄家在做局某个邮品时就利用了这一因素,使邮市的实物交易能一路做局引爆行情,并能推动行情不断向前发展。1997年行情以后,通信和物流的相对通畅使庄家再也不能用老办法做大做强邮市行情,这十几年我们看到的是不断有邮商从人间蒸发,这些做庄的大邮商不是被人塞死,就是资金链断裂。也就是说,通信的发达和物流速度的加快对传统邮市的运作并未带来好处,相反使邮市的大庄家伤痕累累。

巨量市值的邮市已无法用常规的方法撬动,必须有大平台大资金去运作。南京文交所邮品的股市化交易方式在消除邮市交易中的不安全、不方便、不通畅等弊端以后,为千百万人投资邮市、为大资金安全顺畅地出入邮市提供了一个大平台,邮市的做庄和投资可以在瞬间完成,再也不是想买买不到,想卖卖不掉。邮市投资的快捷性、安全性必定会引来千百万投资者,必定会引来大资金参与其间,只要有赚钱效应,邮市的投资者就会蜂拥而入。

要推动一个市值巨大的邮市上涨,必须要有强大的资金持续注入邮市,任何资本市场的上涨都是由资金推动的,邮市更需要资金的不断涌入,因为邮市相对于其他市场来说,上涨的幅度更为巨大。南京文交所这一邮市行情运作的大平台在本轮行情中一定有其非凡的业绩,我们拭目以待。

2013-11-24 08:23:07

线上量小邮品很抗跌

在这次南交所钱币邮票电子化交易平台灾难性的狂跌中,量小的崆峒山小版及其他一些量小邮品非常抗跌,而一些发行量大的如步辇图和洛神赋图等则像断了线的风筝一个劲地往下掉。这充分表明,量价比占优的邮品特别是量价比占优的量小邮品十分抗跌。文交所在选择上市邮品时一定要记取这一次教训,选择量价比占优的邮品上市。可以预见,像崆峒山小版这种量极为稀少的邮品,随着托管数量的进一步加大,现货交易一定会越来越少,现货交易的价格随着流通量的减少会越来越高,从而有效支撑线上的交易价格。投资者不要听信某些人的忽悠,在线上交易时尽量选择抗跌性好的量价比占优、特别是量价比占优的量小邮品进行投资。买进发行量仅 40 万版的崆峒山小版，会让投资者很放心。

2013 - 12 - 11 11:33:55

转变观念　推动邮市战略转移

世界上的事情有时会让人感到不可思议，任何一件事情总会有正反两面，这就是所谓的上帝在关闭一扇窗的时候，必然为你打开一扇门。最近，中央的反腐已经影响到邮品产品票和礼品册的开发，使新邮一片风声鹤唳，2013 年年册也已经打折销售，并严重拖累次新邮和老邮的价格。市场总是对利空和利好出现过度反应，邮市也不例外。实际上，禁止公款购买邮票礼品册和产品票没有那么可怕，其负面影响也没有那么大，但在市场的过激反应下，使这一利空消息无限放大。邮市现已进入重大战略转折期，需要邮市投资者更新观念，以加速推动邮市完成重大战略转移。

礼品册的开发，邮市主要走的是分散沉淀的战略，这几年邮政在开发礼品方面是动足了脑筋，这其中的公款消费让邮政近几年活得很滋润。邮政的“大少爷”经营作风已路人皆知，邮政不思进取、躺在公款消费上做礼品开发而不注意培养集邮者和发展青少年集邮已使中国集邮事业后继乏人。现在国家让邮政在礼品册开发上断奶，邮政再用这种思想经营邮票无疑是自寻死路。也就是说，国家的政策会倒逼邮政进行改革。

在礼品册开发严重受阻的情况下，邮市早已为大家开启了一扇门，这就是南京文交所邮币投资平台的建立。如果说，礼品册产品票的开发走的是分散沉淀之路的话，那末文交所邮品交易的股市化运作走的则是集中上市之路，由于文交所平台实现了快捷、方便，以及有利于大资金出入的功能，使邮市投资者的筹码收集与分散可在一瞬间完成，这对吸引大资金进入邮市具有绝对的好处。因此，文交所的建立真正开启了邮市投资的新纪元。在短短的两个月时间里，仅托管在南京文交所的 4 种上市邮品的筹码就达到上百万版，这种筹码的集聚速度是产品票礼品册开发年代所无法比拟的。进入文交所的邮品仅是投资的筹码，因在托管时投资者要付出相应的费用，因此一般情况下，不会有人提货，从而使这部分邮品成了真正的筹码。随着托管进入文交所的邮品越来越多，使现货市场的筹码变得越来越稀少，在物以稀为贵的收藏铁律的驱动下，现货市场的价格必然会出现上涨，从而实现线上与线下交易价格的联动。

随着文交所赚钱效应的出现，必然会激发有识之士抢滩文交所的热情，文交所会像雨后春笋般地涌现，据说上海文交所将于今年6月正式挂牌。随着挂牌的文交所越来越多，行业间的竞争也必将会出现，届时竞争邮品筹码的高潮必将来临。只有到这时，手上拥有筹码的邮市投资者才叫“牛”。

文化产业大开发政策必将惠及邮市。走收藏沉淀之路使邮品增值不是文化产业大开发惠及邮市的主要内容，开启邮品投资的新纪元，将邮品作为致富的筹码才是文化产业大开发惠及邮市的基本途径。邮市已经进入了文化产业大开发的快速通道，这一切皆由南京文交所钱币邮票交易中心所赐。

让我们改变观念，迅速适应已经变化了的邮市，实现由以收藏为主转向以投资为主的邮市战略的转变，使邮市投资产生更大的效益，集聚更大的财富。可以预见，在今后的邮市投资市场，亿万富翁必定会在文交所中产生，而绝不是现在拥有邮票筹码的投资者。

2014-01-02 10:52:47

分清加快托管和加快上市对线上交易的不同作用

加快托管是指对已有上市邮品的托管，而加快上市是指增加新的上市邮品，这是完全不同的两个概念。对市场也有完全不同的两种效果。加快托管对线上交易和推动邮价上涨有好处，只有将已上市的邮品的筹码尽最大可能地集于文交所的库房中，使现货市场的货物几乎达到稀有的程度，根据物以稀为贵的原理，必定会使现货市场的价格出现上涨。线下市场的上涨必然会推动线上市场更强烈地上涨，形成良性循环后会更好地推动线上价格的上涨。而加快上市则会得到相反的结果，上市邮品的增加必然会分散资金，从而导致线上价格的进一步下跌。道理就是如此的简单。

2014-01-04 17:21:23

2014 年线上交易将成为邮市主流

南京文交所钱币邮票交易中心在 2013 年 10 月 21 日开创了邮币线上交易的新纪元，这是一次邮币交易史上的革命性变革，其意义开创了中国老百姓致富的又一个 10 年，这就是文化产业大开发使邮币投资者致富的 10 年。改革开放后的中国出现了一大批富人，这些富人的第一桶金来源于已经过去的 3 个 10 年，即 1980 年至 1990 年的第一个 10 年，个体户致富的 10 年；1990 年至 2000 年的第二个 10 年，工商户致富的 10 年；2000 年至 2010 年的第三个 10 年，炒房户致富的 10 年。历史注定了中国必然会进入第四个致富的 10 年，这就是 2010 年至 2020 年的邮币卡收藏者和投资者全面暴富的 10 年。

回顾历史，上述已经获得财富的 3 个 10 年，参与者都有一个共同的特点，这就是听党话跟党走。只要听党话跟党走，财富就会源源而来。第四个 10 年的致富者也必须听党话跟党走。现阶段，党号召文化产业大开发大繁荣，属于文化产业又能够适合大众参与的市场就是邮币卡市场。

南京文交所开创的线上交易平台为千百万投资者和大资金入驻邮市准备了大舞台，随着文化产业和投资市场的不断开拓，这个大舞台也会不断扩大。据说北交所已获得批文，上海文交所也将在今年 6 月份开业，好消息一个接着一个，让邮市投资者或准备参与邮市投资的人很是振奋。南京文交所依仗首创之功，而北交所和上海文交所占据地利之便，龙虎斗的好戏即将开演。龙虎斗所凭借的实力就是邮币卡筹码。因此，筹码大战已经箭在弦上。一旦筹码大战硝烟弥漫，市场上可怜的这一点邮币卡的资源会被迅速瓜分完毕。

2014 年的下半年，邮市交易的主战场是在文交所的线上交易平台，现货市场的功能将彻底退化，仅成为线上交易平台的补充，只起到为线上交易收集筹码的作用，邮币卡的价格将由线上平台主导。文交所的增多和上市品种的扩大，现货市场的货源终将会枯竭。

线上平台的交易方式已颠覆了现货市场的交易理念和投资方式，由于平台交易适合于大资金的快出快进，在做庄和出货的过程中，筹码的收集和分散均可即时完成，而且市场的波动将会加剧，因此长期投资的理念可能已完全不适合邮市投资。考虑到文交所的托管,持货者需要花费不菲的成本,估计会很少有人对所投资的邮品提货回家,因此文交所对邮币卡筹码一定是处于不断的集中过程中。也就是说,邮币卡已进入了由分散消耗到集中托管锁定筹码的新阶段,这是文交所线上交易给邮市带来的革命性颠覆性的伟大变革,这一变革将对邮市产生深远而深刻的影响。

有人还不明白这一点,因而将反腐造成的产品票和礼品册的滞销的利空因素无限放大。实际上,产品票和礼品册的开发走的是沉淀消耗之路,这种消耗方式尽管对邮币卡价格的上涨有推动作用,但速度太慢,而由托管锁定筹码的消耗方式,会对邮品货源造成迅速的掠夺,这从南京文交所已上市的几个邮品筹码集中度中可见一斑。

邮币卡筹码大战一定会在今年下半年发生,手上有余钱的投资者可以备货在家,瞄准价低、量少、质优的邮品,坚定地猎杀你所心仪的筹码,一定会有不菲的收益。

2014－01－12 16:24:44

买跌不买涨

乍一看,想必大家一定认为笔者把题目写反了,因为市场都是买涨不买跌,买跌不是把自己套进去吗?但市场就是很奇怪,买跌赚得钱一定比买涨赚得多的多,特别是邮品在电子盘上交易,买跌赚钱的机会更大。笔者每天关心的不是哪一个品种涨,而是哪一个品种跌,尤其是大跌的品种,笔者就会坚决买进。今天是步辇图跌,笔者就坚决买进步辇图。步辇图44元/枚真是便宜,前期套牢的人不计其数,等到高位套牢的人解套,现在买进的人一定赚很多。

电子盘交易,线上的所有品种仅仅是筹码而已,因此只要是低价的品种就会有人买进,崆峒山小版和猴小版之所以成交很少,就是价高的原因。越是低价的东西越有人买。这几天,几个低价品种成交量都非常大,而且随着线上盘面的日趋好转,低价品种的成交量和活跃度只会越来越高。15元的三版一角涨一倍到30元不会有人感到价格有多高,但崆峒山小版和猴小版涨一倍一定让人不敢再买进。同样是一倍,为何产生不一样的效果,这就是低价效应。因此,在一轮大行情中,赚得最多的不是所谓高价的精品,而是低价的垃圾。

观察每天电子盘上的成交价，有一个现象表现的特别有规律，就是每种邮品都是涨涨跌跌，很少有邮品一直跌，也很少有邮品一直涨。究其原因主要有两个：一是投资者目前的信心不足，不敢将一个邮品往上做；二是电子盘 T+0 的交易方式加剧了线上品种的涨涨跌跌。

明白了上述的道理，相信大家不会再认为笔者把题目写反了。买跌不买涨，坚决买进低价品种是你的明智选择。

2014-01-16 20:07:40

2014 年资本大鳄将鲸吞邮品　逐鹿邮市

南京文交所的邮品股市化交易，不仅给邮品提供了一个快捷安全的交易平台，而且为资本大鳄进入邮市提供了机会和条件。随着北交所和上交所，以及其他还不知名的各个交易所的相继开业，邮品线上交易将进入中原逐鹿、割据争霸的时代。2014 年对于邮市来说，注定是一个不寻常的年份，资本大鳄将鲸吞邮品，逐鹿邮市。

首先，北交所和上交所线上邮品交易的开业，将改变南交所目前独霸的局面，对邮品的股市化交易定会产生深远的影响。南交所开创了邮品的电子化交易的先河，但由于其自身设计的缺陷，投资者对其有颇多的不满，而且南交所以老大自居，不思进取，对投资者的一些合理建议置之不理。北交所与上交所开业以后，竞争的格局必定会在服务投资者方面做得更好，差异化邮品交易也必定使上市的邮品种类更多，原来由于交易规则方面的原因，受到限制的一些小市值邮品也将有机会在南交所上市。

其次，地区交易的格局也将形成，虽然理论上说一个投资者可以同时拥有南交所、北交所、上交所的交易权，但线上交易的地区格局还是无法改变的，由于考虑邮品托管入库的便利性，投资者必定会选择其中的一个交易所作为主要的运作平台，这样地区交易的格局就会自然形成。届时，南交所就失去地理优势，因为全国最大的邮市在北京和上海，绝大多数的投资者会选择北交所和上交所进行投资和运作。

第三，以收藏沉淀为主的邮品交易将进入以投资集聚为主的时代，由于邮品托管，投资者要支付鉴定费和挂牌费，因此除非有特殊需要，投资者在线上交易一般都不会提货回家,这样,入库的绝大部分邮品都会永久地锁定在库房里。也就是说,邮品一旦托管,筹码就会被永远锁定。随着一次次托管,现货市场的邮品将会越来越少,在物以稀为贵规律的作用下,现货市场必然会涨价,从而产生联动效应,形成良性循环,推动线上和线下价格的联袂上涨。

上述的 3 个方面除了创造赚钱的机会、形成巨大的赚钱效应外,还为邮市投资者参与股市化交易提供了可供选择的平台和机会,有利于大资金入驻邮市。大资金入驻邮市的通道更为畅达,交易的对手更多,赚钱的机会更大。要有大鱼和大鸟,必须先有大海和大森林,线上平台就是大海和大森林。因此,线上交易的平台越大,越多,资本大鳄也会越多。一个资本大鳄逐鹿邮市的格局即将形成。

2014 - 01 - 18 08:53:24

邮市好戏即将开演

明天电子盘将迎来春节后的首日交易,由于春节停盘了 7 天,加上 7 日、8 日因双休日连续两天停盘,因此明天电子盘上的所有品种将全盘皆红,将有二三个品种会被封在涨停上。在春节前赚钱效应的激励下,春节后的第一个交易日将有大量资金入场,预计成交量会在 5 000 万元以上,买到即赚到,这就是目前电子盘的真实写照。上述预言明天能否应验,让我们拭目以待。

2014 - 02 - 06 15:02:48

4 交易所将遥相呼应　筹码大战一触即发

文交所的相继上线,必定会做大做强整个邮市,筹码大战已经开始。笔者在南京文交所钱币邮票交易中心建立伊始所说的两句话一定会实现。笔者曾说:“参与股市化邮品投资的第一批投资者就是我国的第一批股民,而投资者拥有的邮品一旦上市就是原始股。”从南京文交所的实践来看,笔者所说的第二句话已经实现,第一句话正在实现。北交所和南方交易所钱币邮票电子化交易平台均在 3 月中旬上线，上海交易所邮币电子化交易平台也正在紧锣密鼓地筹备，加上已经运行的南京文交所，这4个平台遥相呼应，一台邮币疯狂上涨的大戏就要拉开帷幕。什么是山雨欲来风满楼？春节期间的上涨就是这种状况的真实写照。拥有邮品就是拥有原始股，目前的状态是买到即赚到，场外资金正在源源不断地流入邮市，一场抢夺筹码大战的人民战争即刻就会打响，让我们拥有筹码，拥有财富。笔者一直向自己的学生说，一个人一生中赚大钱的机会屈指可数，只有极少数人抓住了赚大钱的机会，而大多数人总是与这种机会擦肩而过。当财富的大门又一次向你打开时，你是否做好了进入的准备并开始捷足先登。坚定地尽一切力量抢夺邮市筹码是你拥有财富，实现财富人生的不二选择。

2014－02－09 15:00:56

市场需要赚钱效应

与大多数投资者的愿望相反，春节后电子盘是一路下跌。究其原因，是南交所钱币邮票交易中心的宣传工作没有做好，入场资金并没有想象中的大。由于电子盘没有赚钱效应，加上春节后交易费恢复到千分之三，使成交量萎缩，由春节前的最高4 500多万元的成交量一下萎缩至昨天和今天的3 000多万和2 200多万元。除了电子盘上少数几个品种解套外，如步辇图、世博币等高位进入的投资者还被深套着。市场需要赚钱效应，不知南交所的管理者们有什么高招。南交所的问题还是出在宣传上，现在没有几个人知道邮币品种可以在电子盘上交易。

2014－02－10 15:48:20

筹码大战　这一波行情有多大

由于邮品的电子化交易，邮市真正进入了筹码为王的时代，笔者所说的上市邮品就是原始股已经在南京文交所钱币邮票交易中心成为事实。一旦确定为上市邮品，立马就会变得金贵起来。随着文交所越来越多，必将会迎来一场前所未有的筹码大战,届时,各个文交所为了抢占先机,必定在电子盘上争相上市,抢夺筹码,手中有邮品的投资者就是一牛人。

在电子盘产生之前,做庄某一个邮品确实风险很大,因为庄家不知道收进来的货能不能顺利出货,要是出不了货,做庄就会失败。有了电子盘以后,庄家可以申请上市,将货挂在电子盘上,按照目前电子盘运行的实践,没有一个庄家不是大赚特赚的。如果你有2 000万元,你会做什么?到市场收邮票去,并将收来的邮票挂在电子盘上,包你大赚特赚;也可以直接上电子盘交易,南交所封闭2个月不再托管,2 000万元足以控盘一种邮品,包你大赚特赚。

元宵节还没有到,这几天邮市就先热闹起来了,今年不是一般的热闹,也不是热闹几天就会完事的,随着北交所、南方交易所和上交所邮品电子化平台的相继建立,一场邮品筹码大战的好戏已经开演。因此,这波行情有多大,真不好说,可能大的让你无法想象。

2014-02-13 20:48:43

南交所电子盘5 000万元后才有行情

今天南交所钱币邮票电子化交易平台的成交量达到了5 000万元。笔者曾经在跟帖中说过,成交量突破5 000万元,标志着电子盘行情的真正开始。笔者所说的元宵节后大涨甚至暴涨的预言将得到实现。元宵节后第一个交易日,市场很给力,有些品种出现了大幅上涨。在投资品种方面,可重点关注步辇图,作为名画系列邮品中的优秀品种,步辇图目前的价格严重超低,可全力买进,等待步辇图的大涨。同时可继续关注世博币和三版一角等低价品种。投资者要切记瞄准低价品种投资,因为只有低价才能为投资者带来丰厚的利润。

2014-02-17 15:38:24

电子化交易平台对邮市的影响和作用

电子化交易平台由南交所钱币邮票交易中心首创，在全国已成燎原之势，近来北交所、南方交易所和上交所已向社会公告建立电子化交易平台的时间表，北交所已于本月 26 日公告了首批上市的 30 种邮品目录。

一、邮品电子化交易平台是适应国家文化产业大开发战略需要而设立的一个创新平台，其对邮市行情的推动作用是显而易见的，这种作用将是长期而广泛的。

二、电子化交易平台由创建时的上市邮品脱离总价值体系的暴涨必然受制于量价比规律。

三、电子化交易平台是一把双刃剑，在推动邮市行情发展的同时，必然会出现一些负面的影响。

由于时间关系只列出论述提纲，等有空再对这些问题作详尽的论述。

2014 - 02 - 28 08:00:12

电子盘的黑色星期二

今天南交所电子盘暴跌，在 18 个品种中，除三轮虎大版微涨 0.67%（不排除庄家护盘）和收月兔微涨（收月兔仅成交一枚）外，全线暴跌，跌停的有乒乓球，跌幅超过 5% 的有 6 个品种，分别是三版一角、步辇图、洛神赋图、三轮猴、扇银龙、扇银蛇。今天是电子盘的黑色星期二，这是南交所自电子盘开盘以来的单日最大跌幅，而且这一次暴跌是在前期连续阴跌的情况下发生的，因此几乎所有的投资者均被悉数套住。

这次暴跌，是南交所由封闭托管到有消息重新上市导致的。封闭托管本身是个可笑的做法，本人在前几天曾就说过，电子盘封闭托管解禁之时，就是电子盘暴跌之日，现在托管还没有启封，只不过有消息说星期六确定上市的邮品，但市场就是那么敏感，因此今天的暴跌是南交所违反市场规律、人为干预市场的恶果。电子盘封闭运行本身是个可笑的做法，这种画饼充饥的做法不仅白白失去了抢占市场的大好时机，而且害了很多投资者，使很多投资者血本无归。这次暴跌对电子盘的伤害是巨大的，今天的黑色星期二阴影，将长期地留存在投资者的记忆中。

痛定思痛，电子盘管理方必须按市场规律办事，不要尽出馊主意。只有将成长性好的品种用上市意向目录的形式公之于众，并一次推出30种至40种品种，采用征集托管上市的方法，一旦托管邮品达到200万元市值即刻在电子盘上挂牌交易，再也不能按以前那样的搞法，一次推出二三个品种，宣布以后形成狂炒，到挂牌之时已经透支了电子盘的利润，使电子盘的投资者承担极大的市场风险。

这次暴跌既是坏事又是好事，如果管理者从中吸取教训，这对后期市场的运作无疑是有利的，如果一意孤行，那后果一定相当严重。

2014-03-04 15:39:11

投资者要防止被大行情扫地出门

本轮邮市行情到底有多大，行情延续的时间有几年？要回答这些问题，必须考虑电子化交易平台这一新的交易方式对邮市行情的推动作用。在新的交易方式下，邮市必定要经历一场革命性的变革，这场革命性的变革将彻底颠覆以前邮市所建立的一切观念和经验。因此，如果仍用老观念、老经验去考量已经改变了的邮市，势必会对行情作出错误的判断，会被大行情扫地出门。

面对邮市的放量大涨，市场上有一种声音开始按捺不住，认为天量天价，邮市在暴出天量后行情就到顶了。殊不知什么叫天量，互动网2 000多万元的成交量在以前可能是天量，在电子盘诞生后的今天，根本不算什么量，1亿元大概也不算什么量。因此，现在不是投资者恐慌的时候，而是全力杀进邮市的时候。在邮市的起步阶段被淘汰出局，你说冤不冤。

电子盘的诞生会极大地推高行情的顶部，在这场革命性的变革中，我们无法言顶，更无法预测邮市的顶在哪里？因为对于邮市行情的一切老经验、老观念都会在电子化平台面前失灵，都不管用。

电子化交易在极大地推高行情顶部的同时，会极大地延长行情的跨度，这次行情经历的时间有多长，是1年、2年，还是3年，没有人能回答这一问题。一个新生事物的出现，只要不是昙花一现，必定有其一段很长的成长期，邮品的电子盘也不例外，在其成长期，邮市的行情决无熄灭的道理。因此，本轮行情的长度可能也不是常人所能想象的。

电子化交易方式有力地推进了邮市行情的发展，电子化交易平台的不断推出以及邮品的不断上市和托管，都将有力地推进行情的高度和长度。为了防止被大行情无情地扫地出门，投资者应该十分珍惜手中的筹码，如本人等一批老的投资者，我们已经当了十几年的仓库保管员，在特大行情到来之前，绝无将自己辛苦保管的黄金当成垃圾卖掉的道理，即使卖不到金子价，也要卖到银子价。

2014－03－09 08：25：20

大思维　大行情　大赢利

有些人被邮市行情17年不起吓破了胆，因此稍有一点赢利就跑得比兔子还快。这些人在这轮邮市特大行情中注定了不会有多少赢利，并很容易搞坏自己的投资心态，其操作手法很有可能是逆向的，即在行情初起阶段拼命卖货，而在行情结束阶段拼命买货。到行情结束时被套住的可能就是这部分人。

在投资市场，比较流行的一句话是天量天价，这是投资者血泪教训的经验总结，完全是市场铁律。但什么样的量算天量，这要具体情况具体分析，而且要根据改变了的情况分析，不能凭老经验吃饭。本次邮市行情互动网交易量达到2 000万元时，有人就说邮市要下跌了，所据的理由就是成交已达天量。当时笔者就说，在文交所电子化交易平台不断开设，邮品不断上市的背景下，2 000万元根本不算什么量，可能1亿元也不算什么量。果然不出笔者所料，在互动网成交量创下了2 000万元后，邮市指数又大踏步地上涨了300多点，并且还没有明显止步的迹象。如果邮市投资者没有用新的观念指导自己的投资行为，恐怕邮市在创下指数3 000点之前，早将邮品抛售一空。

投资观念决定投资赢利，因此作为邮评人士，在特大行情到来之际，必须向邮市投资者灌输自己所悟出的新的投资理念，以形成市场共识，在顺应邮市行情规律的前提下，推动邮市特大行情稳步健康地向前发展。

根据笔者对行情的判断，认为邮市现阶段仍是起步阶段，到邮市指数达到

4 000点时，才有可能进入邮市的主升浪。邮市主升浪的指数区间大约为4 000点至8 000点。本轮邮市行情的顶点大概在12 000点左右。经历的时间大约在4年左右，绝对不超过5年。

只有大思维才有大行情，只有大思维才有大赢利。思想决定行动，观念决定赢利。让我们不为经验束缚，不为小利遮眼，坚持邮市投资的"捂"字诀和"抢"字诀，以实现赢利的最大化。

2014－03－14 09:07:05

投资者要适应邮市的交易模式并寻找机会

邮市投资已分为线上和线下两种形式，其中线上交易又有两种模式，即南交所模式和北交所模式。作为线上和线下形式，实物交易和无纸化交易在吸引资金方面有着明显的区别，因而投资者的投资理念和炒作模式也必然会跟着改变。线上交易的精品意识正在日益淡化，而庄家的实力才是价格上涨高度的有力支撑，虎大版和建国钞让投资者领略了大庄家的丰采。因此，线上交易品种的量要适中，过小的量难以吸引大资金进入。南交所和北交所是完全不同的两种线上交易模式：北交所的无限托管在初期会造成线上交易的不畅，这主要表现为交易量不理想，交易价格难以脱离线下价格，但随着托管量的增加，尤其是某一邮品被托管的量超过市场存量之时，势必造成线下交易价格的上涨，从而推动线上交易价格的上涨，从这方面说，现在北交所交易的投资者心里比较踏实；而南交所的封闭式运行会使上市邮品的交易出现量增价涨的喜人形势，但这是虚假的繁荣，由于其价格严重地脱离了线下价格，使投资者的投资行为变得战战兢兢，因为投资者不知道什么时候放开托管。一旦放开托管，高价邮品的暴跌就是其必然的下场。

丝绸邮品是一个由特殊材质制作的邮品系列，而且随着丝绸原材料价格的上涨和丝绸制作上的工艺要求，造成了丝绸邮品制作成本的上涨，国家邮政局已停止了丝绸邮品的发行，因此丝绸系列已成为一个断代的邮品系列，而丝绸六成为丝绸邮品的关门票。正因为这些特殊的原因，丝绸邮品是各个文交所抢夺上市的主要邮品，目前丝绸四已经在北交所上市，丝绸六南交所将在近日上市，丝绸五已成为南交所的征集上市邮品，相信丝绸三和其他丝绸邮品也会上市。丝绸邮品特别是丝绸三至丝绸六量适中，价格又低，非常适合于大资金进入。目前北交所的无限托管模式难以使丝绸四有什么出众的表现，但南交所上市的丝绸六必定有一次出色的表现，让我们拭目以待。

2014－04－07 08:48:10

市场传来"邮币融通"特大利好

《量石综述》今天突然曝出特大利好消息称："交易中心忽然传出推出邮币融通产品试点业务的消息。也就是说，只要是南京电子盘的会员，以后将有可能凭借南京电子盘的资产进行抵押融资（额度30万元，年利率10%～12%），业务初期将在南京本地试点，成熟后推向全国"。这是一条爆炸性的消息，已经引起了邮市投资者的广泛关注，对于邮市来说，属于中长期的特大利好。如果此消息属实，将会给邮市带来巨量的增量资金，推动邮市升空的第一级火箭已经铸就，在赚钱效应扩散下，推动邮市上涨的更多级火箭会越来越多，历史注定了2014年的邮市是一个不平凡的邮市。

这一重大利好对邮市的影响将在明天南交所电子盘交易中有所反应。

2014－05－09 21:10:43

小市值邮资片是电子盘价格飙升的原动力

江苏文交所已实现了连续9个涨停，价格飙升，市场一片惊呼。其实，这种结果是其选择小市值邮资片上市的必然结果。

邮资片的小市值特征是上市后价值重估、价格飙升的重要原因。多家文交所上市同一种邮资片，会使邮资片的价格走向极致。由于小市值及分割包围，所有邮资片均应采取完全放开托管的形式，大可不必像其他邮品因担心托管量大而采用封闭的形式。因此，邮资片的上市会打破目前电子盘与现货市场价格严重脱节的困境，实现电子盘和现货市场价格的联动。随着现货市场货源的极度减少，邮资片现货市场的价格超过电子盘并非是天方夜谭。在今后，邮资片因收藏和做产品申请提货一定不是什么新鲜事。

笔者一直说，电子盘要上市量少精品，因为只有量少精品，会同时受到来自现货市场和电子盘投资者的青睐。在这里笔者要更正一下，小市值邮品才是电子盘价格飙升的原动力。

2014－06－01 08:47:50

文交所的量少精品战略

江苏文交所所有上市品种均已达到 10 多个涨停，涨幅都在 2 倍以上，有的甚至出现了 3 倍以上的涨幅。究其原因，我们发现，江苏文交所的上市品种均有一个特点，均为量少精品。缩普的量本身就很少，江苏文交所选择的又是缩普中的量少精品，因此这些品种不涨都难。

有人说，这是庄家控盘的结果。此话也对也不对。所谓对，量少的东西庄家确实能控盘，庄家要拉升一个邮品，如果控不了盘，还能上涨吗？正因为江苏文交所上市品种的量极度的少，有实力的庄家才能把品种做上去。所谓不对，是因为说此话的投资者忽略了一个根本问题，江苏文交所上市品种是按 50% 申购的，庄家上市时要拿出一半的数量用于申购。也就是说，在散户手中也有与庄家相同数量的上市品种，如果这些筹码最后都在庄家的囊中，只能说明散户对上市品种的巨大涨幅估计不足，定力不够，同时也说明了庄家对上市品种有着坚定的信心。

那末，庄家的信心从哪里来？一是庄家本身的实力，二是所选择的品种一定是量少精品。只有庄家绝对控盘的品种，才能给庄家以充分的信心。

江苏文交所的成功在于精选品种：一是选择了低价的邮资片；二是选择了邮资片中量本身就非常少的缩普。选择量少精品上市，文交所就没有后顾之忧。上市量大品种，文交所就有后顾之忧，因此往往采用封盘的形式。封盘给电子盘带来了很大的隐患。首先是线上和线下差价太大，使投资者交易时心里不踏实，难以吸引社会资金进入电子盘。其次是由于封盘，上市品种在现货市场的表现不佳，给投资者的印象是上市一个死一个，难以起到电子盘对邮市行情的推动作用，而造成的负面影响对邮市投资者信心的杀伤力非常巨大。

由于上述的种种原因，笔者认为，在文交所开创阶段，最起码在一二年时间内，应该实施量少精品战略，对上市邮品必须是好中选优，量越少越好。为什么南交所的崆峒山小版抗跌性好，而三轮猴小版和三轮虎大版就跌得很惨？答案只有一个，就是量。

建议文交所的老大——南交所赶快选择邮资片中的量少品种，如爱心错片、长征片、JP152、JP147、诗歌节片等上市，以尽快抢占邮资片的制高地。

2014－06－05 20:24:17

邮品上市将颠覆传统的收藏和投资观念

物以稀为贵，是传统的收藏和投资观念，并由此引伸出种种化多为少、为稀的做法，近年来玩组号、玩变体的做法从钱币引入了邮品，例如红军邮四珍、五珍的玩法，以及爱心错片中组号、特殊号、中奖号和各种变体的玩法，都由钱币延伸而来。这种做法确实在沉淀邮品中起到了很大作用。例如爱心错片，如果没有组别、特殊号、中奖号，以及各种变体，收藏者只要收藏一枚即可，而现在要满足收藏，必须收藏十几枚甚至几十枚，这无疑扩大了邮品的消耗。

邮品的电子化交易，由于与实物形态的分离，使上述的趣味收藏和投资被彻底淡化，人们在电子化平台上交易，已不再关注邮品的实际形式，注重的仅仅是邮品的价格是涨了还是跌了。一旦要求上市托管，拥有者也不再对邮品的上述特征太在意，例如对红军邮的托管，人们已对单枚、半版，甚至整版的概念都有可能被彻底模糊，因为不管是单枚，还是半版、整版，托管时的计量单位都是枚，并不能因为是整版的价格就贵，这与传统现货交易大相径庭，在传统现货交易市场，人们普遍接受的观念是整版整包的邮品，其价格要高于散票散版，连号的要高于不连号的。

在东方鹤先生对红军邮的收购中，这种变化得到了淋漓尽致地表现，红军邮的半版甚至整版与散票价差无几，有时甚至没有差别。这是邮品上市以枚（有时为版）作为计量单位带来的对人们收藏和投资观念的冲击和颠覆。

即将上市托管的爱心错片，原先对组号、特殊号、变体的关注也将被彻底淡化。笔者虽有爱心错片情节，但在整理过程中，在决定哪些爱心错片托管时，早已对爱心错片的特殊号和变体不感兴趣，关注点仅仅是哪些爱心错片的品相符合文交所的要求以及托管的数量，以前辛苦整理出来的牛蹄印、鲜花版、美人痣将全部被送入南交所托管，以前被笔者奉为至宝的黑蜘蛛爱心错片，也只留出了一个10枚连号和7枚黑蜘蛛鲜花版，其余的60多枚黑蜘蛛爱心错片也准备一并拿去托管。仅有的5个原刀本来准备全部拿去托管，但对其中的美人痣原刀实在难以割舍，在已经被混入准备托管的爱心错片中又被艰难捡出，因有错爱情结，想给自己曾经的收藏留下一个值得纪念和回忆的东西。

邮品的上市对邮品的收藏和投资观念的冲击具有颠覆性，这是好事还是坏事，时间将会证明一切，愿人们从邮品功利的追求中回归收藏的本真，在手中多留下一些值得拥有的邮品。不管是曾经拥有的爱心错片中的变体还是原刀，一旦拿去托管，就可能永远失去，即使以后提货，也要不回你原来的东西。因此，上市很美好，也很纠结，作为一个真正的收藏者，上市托管将是一个痛苦而有艰难的选择。笔者相信这种痛苦和纠结会慢慢淡化，时间将会消磨一切，习惯终将成为自然。

2014－06－11 22:23:59

邮品筹码的掠夺和掌控

线上交易使邮品的收集变得轻而易举，对于有实力的庄家来说，只要他愿意，可将某一邮品的筹码全部轻易地收入囊中。对于已经上市与即将上市的瓶颈邮品来说，如03小版的瓶颈崆峒山小版、书法小版的龙头和瓶颈篆书小版、年画小版的龙头和瓶颈杨柳青小版、三轮生肖大版的瓶颈猴大版和鸡大版、三轮生肖小版的瓶颈猴小版和鸡小版、生肖小版系列的龙头和瓶颈羊小版，在其中的某一品种不断上市和不断收集的过程中，筹码的集中度会越来越高，到一定程度，线上和线下的筹码变得极为稀少。此时，庄家在掠夺和掌控筹码的过程中，完成了对定价权的垄断。

邮品的投资不像股票，邮品既具有投资功能，更具有收藏功能，而且投资功能是其收藏功能的衍生物。也就是说，邮品的收藏功能早于其投资功能。因为有了收藏功能，邮品才不断地被沉淀，流通量变得越来越少，而且在收藏界，人们普遍遵循的是物以稀为贵的铁律，惟此，才有价值连城的珍邮。线上交易的托管和提货功能为庄家绝对地掠夺和掌控某一邮品打开了方便之门，庄家要取得对某一邮品绝对的定价权,必须同时在线上和线下对某一邮品进行扫荡。

在文交所钱币邮票电子化交易平台开办的初期,由于封闭托管,某一邮品上市的数量在现货市场所占的比例很小,形成了现货市场价格与电子盘价格严重脱节的情况,但随着各个文交所对精品资源的争夺,例如有些邮品在多家文交所上市,资源变得相对稀少,线上的数量与现货市场的占比会发生颠覆性变化,当现货市场的价格与线上的价格出现倒挂时,标志电子盘交易真正的成熟和黄金时期的到来,标志着大庄家对某一邮品的掠夺和掌控的完成。庄家对邮品筹码的掠夺和掌控已经开始,完成之日就是邮市疯涨之时,相信这一天在不久的将来就会来到。

2014-06-18 07:02:09

爱心错片托管记

6月23日凌晨4点多,笔者从家里往火车站赶,乘坐7:00的高铁从上海出发,于10点到达南交所托管点紫东国际创意园F4幢一楼托管大厅。一进大厅,只见一片繁忙的景象:几张长条桌一字排开,五六个工作人员拆包、验货、封装忙得不亦乐乎;大厅里满地都是托管者的邮品;来托管的邮友更是络绎不绝。哈乐滨工业大学的吕教授携夫人已先于笔者到达。吕教授与笔者素未谋面,大概是笔者在工作人员登记托管顺序号时自报家门,吕教授很热情地与笔者握手寒暄,并向身边的邮友介绍。

笔者早有耳闻,吕教授是收藏爱心错片屈指可数的人物,这次他携带3 000多枚爱心错片中的精品。他向笔者介绍的这些邮友,来自于不同的省市,大都是来托管爱心错片的,多则几千,少则几百。他们虽然不是全国收藏爱心错片的大佬(全国爱心错片的大佬是王福斌先生),但在各个省市绝对是爱心错片收藏和投资界的顶级人物,与这些邮友认识,笔者感到三生有幸。

笔者一到托管大厅,就向工作人员打听王福斌先生的行踪,当听说王总正在办公室与南交所领导交谈时,为了不影响王总谈正事,笔者打消了与王总立即见面的想法。王总与笔者虽多次电话联系,但从未谋面。下午3点多,王总出现在托管现场,至此,笔者才有幸与王总握手问好。

整整一天,爱心错片大概托管1万多枚,笔者这次共携带了1 200多枚,这些爱心错片都是笔者精心挑选的，但最后还是淘汰了 60 多枚。吕教授的 3 000 多枚也被挑出了 100 多枚，而福建小陈的 800 多枚则被挑出了 200 多枚。据吕教授说，他在购买爱心错片时对品相的要求甚至到了苛求的程度，这些近乎绝品的爱心错片也照样从中挑出不合格的，说明工作人员对爱心错片品相的把关是极为严格的。据鉴定爱心错片的工作人员王亮先生说，为了让参与电子盘交易的投资者放心，爱心错片的鉴定与南交所的其他邮品一样，对品相的把关非常严格，鉴定标准要高于全品、近乎绝品。

大家知道，爱心错片的品相是困扰爱心错片交易的拦路虎，现货市场有时给出的价格很便宜，但这些便宜的卖帖往往都存在严重的品相问题。现在南交所在品相上进行严格把关，正是为了让在电子盘上投资爱心错片的人放心投资。因此，对南交所在爱心错片上的严格把关笔者表示理解。

在托管现场，南交所也非常人性化，中午每一个来托管的人都免费吃到了可口的饭菜。由于托管的人很多，量比较大，笔者的货一直到下午 6 点多钟才鉴定完毕，在此之前，工作人员还帮笔者预订了晚餐，但笔者因急于回家，预订的晚饭顾不上吃。

夜里 10 点半，笔者终于回到了上海的家。但验货的工作人员却没有那么幸运地早早休息，因为夜里他们还要验大庄家王总高高堆积在托管点的货。

2014 - 06 - 24 10:19:29

南交所已成为邮品交易的主战场

由于电子盘的出现，文交所成为邮品交易的主要形式之一，随着文交所数量的增多和电子盘交易量的不断扩大，电子盘已成为邮品交易的主战场，而作为文交所龙头老大的南交所，更是充当了电子盘交易的主阵地和排头兵的角色。

电子盘成为邮品交易的主战场，这一点已是不争的事实。首先从交易形式看，电子盘交易的便利和快捷使投资者首选电子盘，特别是新入市的投资者尤其是这样，电子盘的托管交易形式使现货市场变成电子盘收集上市筹码的辅助市场；其次从交易量上看，电子盘一天的成交量巨大，最不济的电子盘也有上千万元的成交量，而南交所近来的成交量都在一亿元以上，这是实物的现货市场无法比拟的。随着赚钱效应的持续出现,开户数必将猛增,像南交所一天成交数亿元甚至数十亿元都是可以预料的。

在任何一个投资市场,前期进入的投资者绝大部分都是赢利的。正是基于这一点,笔者在电子盘刚出现时,就曾说过,拥有上市邮品的投资者就是拥有了原始股,而第一批电子盘投资者就是我国的第一批股民。现在看来,笔者当时的预测正在兑现或已经被兑现。之所以被兑现,并不是因为笔者是先知先觉者,而是事物发展的必然结果。试想一下,某一个投资市场要成功,或者说某一个投资市场要做大做强,靠什么去吸引投资者?不让第一批投资者赚钱,不要说做大做强这一市场,连生存可能都成问题。因此,让前期进入的投资者赚钱是必须的。让前期进入的投资者赚钱,对于市场来说是最好的广告。

电子盘虽然已成为邮品交易的主战场,但对投资者来说,电子盘是一个新生事物,了解的人不是很多,参与投资的人则更少。只要你身边的绝大多数人还没有参与电子盘交易,电子盘的投资就是安全的,应毫不犹豫地快速进入。投资邮市,赚钱是第一要务,而能否赚钱,投资的时点是一个关键因素,只有前期进入的投资者赚钱,而且赚了大钱,市场才能做大做强,这一点,所有的投资市场皆然。

2014 - 08 - 21 09:37:22

巨量入场资金推动电子盘价格不断上涨

南交所电子盘连续多日的大涨,其间很少有调整,特别是 8 月 26 日,不但创下了成交额的新高,而且线上的 33 种品种只有一种下跌,其余 32 种品种上涨,其中多个品种涨停,取得了自南交所电子盘面世以来的最为辉煌的战绩。

要问这一上涨的动力来自何方,答案只有一个,这就是在电子盘赚钱效应的激励下,巨量资金纷纷涌入电子盘,使电子盘上品种无法止住上涨的步伐。对于投资者来说,目前的电子盘是一个傻子都能赚钱的投资场所,其高额的回报率在所有投资市场中首屈一指。

实际上,南交所电子盘上的大多数品种短期超涨现象严重,应该调整,但就是无法调整。不断创出新高的交易量迫使电子盘的价格不断走高,根本无法停下上涨的脚步。因此,笔者估计,电子盘的疯狂上涨最起码还会持续半个月至一个月。

在这段时间里,是电子盘最为赚钱的时段,所有品种都会不断地创出新高。如遇上市申购,可能会有小小的调整,但一旦申购资金解冻,又会迎来更为疯狂的上涨。上次申购,南交所有6亿多元的申购资金,在接下来的申购中,只要南交所有足够的申购品种和数量,笔者估计,申购资金很有可能突破10亿元。南交所在预测申购品种中奖率时,要有这种心理准备,并做好预案。

电子盘,这是一个投资者创造赚钱神话的所在,让我们抓住这百年一遇的天赐良机,在紧捂手中筹码的同时,将资金全力杀入,不必担心电子盘的调整。成功和失败仅在一念之间,让我们尽情地享受赚钱的快乐,拥抱成功。

2014 - 08 - 27 07:25:06

当前的电子盘不能用常规思维和眼光去看待涨跌

想调整,完全没门,因为场外的大资金正在蜂拥进入电子盘,今天南交所上午大盘的表现过于精彩,上午大跌以后被迅速拉起,而且成交量迅速放大,上午成交达1.5亿多元。这说明了什么,说明场外资金急于抢筹,根本不惧下跌,电子盘的下跌正好是某些大资金入市的良机。申购虽然会造成一定程度的下跌,但申购以后会怎样?场外进入的10多亿元甚至数十亿元的资金在申购无望的情况下会像洪水猛兽一样冲击扫荡电子盘,这就是每次申购后都会造成猛烈上涨的主要原因。因此,不能用常规思维和眼光去看待电子盘的涨跌。

2014 - 08 - 27 17:24:07

申购是电子盘上涨的原动力

今天电子盘上邮品的表现已经验证了笔者预测的正确性。今天电子盘上所有的邮品无一下跌,而且有6个邮品涨停,是南交所开盘以来邮品成交最为风光的一天，在南交所电子盘交易史上留下了令人永远难忘的浓重的一笔。今天首先封在涨停位置的是爱心错片和诗歌节片，这两个品种明天有望继续封涨停。明天电子盘将继续上涨，因为市场拒绝调整。南交所申购公告出来后，市场有望得到短暂的有限的调整，调整时投资者不必恐慌，也不要盲目地抛出手中的筹码，调整正是投资者入场和补仓的大好时机。在申购资金解冻以后，电子盘将会迎来更为疯狂的上涨。因为这一次的申购资金可能以 10 亿元计，无法获得廉价筹码的这一部分资金至少有 1/4 会杀入电子盘，其中有一半以上的申购资金会买新品种，但能买到的不足 1%。解冻后首日的电子盘交易量有望创新高，而且此后几天老品种会持续走高，因为无法买到新品的资金只能转向老品种。因此，每一次申购都是资金进场的大好时机，也是电子盘再一次大涨的动力源。

2014－08－28 15:55:03

投资者既要注意风险　更要谨防被洗出局

对风险的提示虽然很重要，但所有的评论（尚铂喜先生除外）都是强调风险的多，而鼓励投资者重仓杀入的少。这样的评论是不适时宜的，是评论者对资金疯狂进入电子盘估计不足。如果投资者听信这样的评论，老早被洗出局，好在市场还有如本人（尤其是有尚铂喜先生）这样的明白人，使很多投资者避免了被洗出局的严重后果。笔者一直在说，只要社会资金涌入，电子盘一定会涨，这不是由某个人的意志所决定的，而是强大的社会资金推动的结果。

就算有调整，幅度也不会大，时间也不会长，因此，评论者在现阶段不要动不动就拿风险说事。南交所申购在即，申购对于投资者来说，绝对是一个机会，每次申购，都能集聚数亿资金，本次一旦申购，涌入的资金将会超过 10 亿元，这 10 亿元最起码有 70% 是场外资金，进入电子盘的资金以 60% 计，将有 4.2 亿的资金投入电子盘。新品会一直封涨停，在一个星期里面电子盘上的各新品是不可能打开的。也就是说，这些新资金不会老老实实等一个星期再去投资新品种，以 4.2 亿的资金去冲击扫荡电子盘，将会发生什么情况？笔者的回答是，成交量会超过 3 个亿，涨停的邮品会超过 10 种以上。

投资者不能用老眼光看待电子盘交易这样一个新兴市场。在一个新兴市场中，超涨是必然的，也是必须的，股票市场刚形成时超涨也相当严重。只有让投资新兴市场的投资者赚足了钱，才能做大做强这一市场，才能吸引更多的资金进入。不要一赚钱就感到不适应，作为管理者也没有必要大惊小怪。邮币卡市场本身就是暴利的市场，在1997年行情中，上涨几十倍的品种不计其数，上涨百倍的品种也不鲜见，甚至还有上涨千倍万倍的品种，中银错片以0.40元的面值一直涨至近一万元成交，是当时典型的上涨数万倍的邮品。当今在电子盘上，还没有出现上涨百倍的邮品吧，因此投资者没有必要恐高，也不要自己吓自己，管理者也要以宽容的心态来看待这一新兴市场。

风险确实已经存在，但由于资金的加速进入，电子盘在一个时期内还会疯狂上涨，这个时间到底有多长，要看资金进入的力度，如果电子盘的价格高到让疯狂流入电子盘的资金不再疯狂，下跌就会开始。只要在上涨行情中电子盘的成交量保持在2亿元左右，拼命地向投资者提示风险真的没有必要。

2014－08－30 17:11:04

各方应以理解的眼光来看待南交所电子盘的上涨

南交所近一个时期的行情确实是太疯了，这种疯狂的上涨可能已经引起了监管层的注意，南交所管理层可能有压力，这从有些唱多的帖子被删就可看出南交所管理层对当前行情的态度。但是资金推动型的行情本来就是这个样子。接下来南交所管理层会想办法抑制行情的上涨，但收到的效果肯定很有限。这绝不是说南交所管理层没有办法，要行情下来总是有办法的。但问题是如何拿捏，且恰到好处。要制止上涨，在目前情况下，需要下猛药，但太猛了行情可能就熄火了——不是说整个邮市行情熄火，文交所全国有很多个，南交所还没有这个能力来左右全国文交所的行情。正因为如此，南交所不敢下这个赌注。一旦将南交所的行情真的搞没了，这个责任谁也担不起，有可能失去经过辛苦才建立起来的老大位置。因此，南交所管理层不敢这样做，也不会这样做，因为这样做对南交所没有任何好处，承担的倒是百分之百的风险。

事实上，全国的文交所都非常疯狂，这是新生市场在前期必然经过的一个阶段,也是做大做强市场的一个前提。如果高层监管者有微词,南交所管理者可以解释,也可以采取一些适当的措施,以降低市场风险。但如果措施也出了,办法也想了,市场还是这样疯,笔者想,作为主管领导也应该理解南交所的苦衷,而且全国的文交所都在疯,南交所只是整个疯狂市场中的一个,责任不在南交所,而在于邮市行情被压抑了近20年,在什么都涨的情况下,为什么邮市不应该涨?笔者倒认为,邮市之所以如此疯狂,是压抑的太久了,应该属于价值的回归阶段,没有必要大惊小怪。要做到这一点,首先投资者自己不要大惊小怪,到处去说邮市如何如何暴涨没有这个必要,人家都是悄悄地赚钱,惟独邮市的投资者大呼小叫,有这个必要吗?这是穷人稍微有一点钱的作派,会让别人看不起的。

总之,不管是投资者还是南交所管理者,或者是更高层的管理者,都要以理解的眼光来看待这个市场,不要对其指责,更不应该压制,要来的总归要来,一切随缘,依靠市场本身的力量来调节,而绝不要去压制这个市场,在采取措施时一定要适当,谁也不想看到一个好端端的市场被毁掉。

南交所的老大地位来之不易,一定要珍惜。一旦调节太过头,人气就会迅速减退,投资者就会转战其他交易所,要真是这样,受损最大的是南交所自己。

2014-09-06 17:07:30

放开托管对量少品种是一个天大的利好

量少邮品的完全放开托管,在绝大多数筹码进入电子盘的情况下,文交所无法用再托管来平抑电子盘的价格,当电子盘上的量少全托管品种的价格再次飙升时,文交所再也没有办法对其价格的上涨采取压制措施。文交所对某一品种过高的价格进行调节,目前唯一有效的措施就是开启再托管程序,一旦当某一品种的所有筹码都进入了电子盘,即使这一品种涨翻天,文交所也对其毫无办法,因为根据电子盘交易政策,除了再托管和暂停交易以外,文交所不能单独对某一品种采取措施。

笔者对量少邮品的放开托管曾与南交所管理层当面交谈过,笔者认为,量少邮品完全可以放开托管,并且坚持认为,量少邮品的放开托管是天大的利好,试想爱心错片的存世量仅有15万枚左右,从公布的托管量看,二次托管后,电子盘上爱心错片的量为10.5万枚左右。在两次托管中,一部分因不符合上市品相要求而遭淘汰,其淘汰率约为15%左右,即15－(10.5＋10.5×15%)＝15－(10.5＋1.05)＝15－11.55＝3.45万枚。除去淘汰率,全部托管量大约为3万枚,再托管无法形成对电子盘上爱心错片价格的冲击,在该品种全部托管后,文交所将失去对爱心错片价格进行平抑的措施,这对文交所是一个极大的风险。因此,放开托管受损的是量大品种,对于量少品种,绝对是一个天大的利好。

2014－09－07 06:05:25

南交所的风险紧急提示公告很及时很有必要

今天平台巨量成交,创下了南交所日交易量的新高,不仅如此,与昨天相比,今天的交易量多了一倍左右,让人们再一次看到场外资金的强大,更体会到场外资金不恐高不惧高的无畏和勇气。今天所创下的巨量成交是在大盘全线涨停,然后下跌,最后尾盘迅速拉起的情况下出现的,而且新品种的申购就在眼前,因此其意义非同一般,它最起码向市场传递了这样3个信息。一是大盘虽超涨严重,需要调整,但场外资金急于进场,一跌资金就大量涌进,使大盘得不到充分的调整。二是投资者全然不顾申购在即大盘可能作出调整的实际情况,而是一如既往地买进买进再买进,这使申购前的电子盘不仅不跌,反而上涨,其中的原因实际一点就透,这是因为从电子盘上出来用于准备申购的资金与强大的入场资金相比不成比例,而且申购资金解冻后的电子盘又将面临着一次力度空前的大扫荡。保守估计,15日的申购资金将会达到15亿元以上,资金将再一次冲击电子盘,绑架电子盘向更高的目标迈进。南交所的电子盘容量在行业中虽为老大,但也只有二三十亿元而已,这点容量怎么经得起十几亿资金的大扫荡,因此申购结束以后的电子盘又将大涨几天。每天新开户进入电子盘的资金加上申购后回流电子盘的资金迫使电子盘天天是一片红色的海洋。三是大盘在申购前一二天都跌不下来,申购结束后更跌不下来,只有再次大幅上涨。

基于上述申购结束后大盘再次面临狂涨的实际情况,南交所管理层才不得不进行风险紧急提示。鉴此,笔者认为,南交所的提示非常必要,也非常及时。南交所管理者的忧虑不是没有道理,以前是为交易量上不去电子盘没有赚钱效应而愁,如今是为电子盘上的各品种连日全线涨停而忧,风险的堆积令管理层寝食难安。

可以说，南交所目前提出的一切新的政策和交易规则都是在给电子盘泼冷水，但能不能将行情降温，恐怕很难奏效。放开托管又怎么样，不是早就告诉投资者步辇图要向所有投资者放开托管吗，结果公布消息后步辇图不仅不跌，而是连续多日封涨停。大家都知道步辇图是个“大盘股”，连市场对步辇图的放开托管都无动于衷，那些量少的上市品种投资者还会怕放开托管吗？笔者老早就说过，对于量少的上市邮品，放开托管以后，一旦某一品种的所有筹码进入了电子盘，文交所除了直接停止交易外，已无法对其疯狂上涨的价格进行平抑，这对文交所来说，并非是一件好事。

笔者对明天和星期一这两个交易日谨慎看多，对申购结束以后尤其是申购资金解冻以后的电子盘行情是完全看多，只要不直接关闭文交所，不管南交所管理层出台什么新政策，电子盘必将再一次迎来连日的全线涨停。

2014－09－12 22:29:10

祸福相依　输赢是缘

电子盘大涨以后大跌，大跌以后又开始大涨，让人心惊肉跳。大跌过程中，出货割肉者额手相庆，而未来得及出货被深套者顿足捶胸。但祸福难定，所谓祸就是福，福就是祸。昨天顺利出逃的投资者也许昨天还在庆幸，但今天肯定是笑不出来了。今天大盘被死死地封在涨停板上，有钱却买不到货。如果像今天这样再来几个涨停，这些投资者不仅笑不出来，恐怕连哭都来不及了。而没有出逃的投资者也许就是因为自己的坚持，在可以预见的连续大涨中获得自己意外的收获。投资中的输赢是一种缘份，对于缘份的东西，不能刻意去追求，一切随缘。因此，投资者应有一颗非常淡定的心，相信输也缘份，赢也缘份，祸福相依，输赢是缘。保持投资的好心态很重要，在大跌面前淡定，在大涨面前更要淡定，因为在您还没有完全退出市场之前，输赢还没有最后定论，所以不要为输钱而悲伤，更不要为赢钱而狂欢。喜就是悲，悲就是喜。投资者只有明白祸福相依的道理，才能时刻防范风险，使自己立于不败之地。

2014－09－25 20:04:39

风雨兼程　锐意创新

——写在南交所创办一周年纪念日即将到来之前

2014 年 10 月 21 日是南交所钱币邮票交易中心创办一周年纪念日。笔者作为南交所的第一批投资者，目睹了南交所的成长过程，可以用 16 个字来概括，这就是“风雨兼程，一路前行；锐意创新，终成正果”。

邮币的电子化交易，这是一个为我国文化产业大开发铺路架桥的伟业，南交所开全国风气之先，创办了全国第一个邮币电子化交易平台，其创办的艰难程度可想而知，“风雨兼程，一路前行”是对南交所创办之初艰难历程和顽强不屈精神的最真实写照。虽然笔者仅是一个普通的投资者，对南交所在创办过程中的种种艰辛了解有限，但也能感受到其风雨兼程、一路前行的艰难。

邮币的电子化交易是前无古人的伟大创举，因此如何吸引投资者是南交所必须要解决的问题。从开办之初日交易量的几百万元到至今最大日交易量的 7.8 亿元，南交所近一年来的成绩有目共睹，让人可敬可歌。这一成绩的获得南交所付出了多少艰辛，只有南交所的管理者和广大工作人员才能有深切的感受。风雨兼程、一路前行需要行路者的顽强意志和坚强决心，也需要广大投资者的大力支持，在南交所最困难的时候，正是全国投资者的大力支持使南交所战胜了一个又一个困难，最终成为全国邮币电子化交易平台的霸主。

全国邮币电子化交易平台的霸主地位不是凭空得来的，是南交所管理者和广大工作人员锐意创新的结果。在南交所创办之初，真是要软件没软件，要规则没有规则可循，一切都要靠自己去解决，单交易软件的开发就花费了管理层不少的心血。事实证明，南交所的管理层在设计交易软件功能时具有独到的远见和眼光，南交所的交易软件是全国邮币交易软件的样板，目前全国文交所都在照抄和复制南交所的交易软件。交易规则的制定和顶层设计是南交所管理层首先面临的最大难题，当然可以借鉴股票的交易规则，但股票不是邮票，邮币投资有自身的特点，因此必须制定适合邮币投资的交易规则。考虑到邮币交易，投资者也有一个不断适应的过程，这就需要对所制定的交易规则有一个不断调整和完善的过程。在这一过程中，往往会引起投资者对决策层更改交易规则的不理解和反感，招致朝三暮四的骂名。

现在南交所终成正果，全国邮币电子化交易平台老大的位置已无人可以撼动，从软件到一系列交易规则，凡是办得较好的邮币文交所都在复制南交所。这是一个巨大的成功，成功的背后是常人难以想像的艰辛和汗水。在南交所创办一周年之际，作为南交所的第一批投资者，向奋战在各个工作岗位上的南交所全体工作人员表示深深的敬意，说一声你们辛苦了。

在南交所创办之初，笔者最常说的两句话就是："手上有邮品的投资者一旦上市就拥有了原始股，参加第一批邮币电子化交易的投资者就是我国的第一批股民。"回顾南交所创办一周年的历史，第一句话很快就实现，只要一上市，价格翻二三倍很正常，第二句话在很长一段时间里一直没有实现。但笔者坚信，第二句话一定会实现，只有让第一批投资者赚大钱，电子化交易平台才有将来，才会做大做强。结果在今年的四五月份，南交所开始出现明显的赚钱效应，至今年 9 月上旬，这种赚钱效应终于演变成捡钱行为，让投资者实实在在地爽了一把。在南交所成立一周年之际，作为一个普通投资者，笔者最想说的一句话就是必须与全体投资者风雨同舟，荣辱与共，不要形势一好就忘掉投资者，投资者始终是南交所的衣食父母。

最后祝南交所越办越好，在新的征程中开创更加美好的未来。

2014－10－02 08:32:32

托管不是申购上市　看空南交所实属不智

有人因南交所在 25 日晚上公告了 43 个托管品种而大肆宣空、喊空。托管不是申购上市，而且这 43 个品种的托管在时间上持续一个多月，一直延续至 11 月底。这 43 个品种的托管公告恰恰从一个方面说明了南交所托管的有序性和计划性，也彰显了南交所做多市场的信心和决心。

在文交所群雄逐鹿的大战中，抢占资源是重中之重。对于文交所来说，抢占资源就好比群雄竞相争夺地盘，大家知道，诸侯国要想称王称霸，就必须要想方设法地抢占和扩大地盘。因此，南交所要想继续成为电子盘的老大，必须具有抢占资源的先见之明和雄才大略。可喜可贺的是，南交所在抢占有限的资源方面有了大手笔，开始了大规模抢占有限资源、特别是抢占精品资源的攻坚战，打好这一仗，对南交所至关重要，关乎南交所的霸主地位。

托管至申购上市需要一段很长时间，从南交所现有的申购上市惯例来看，一个品种从托管至申购上市，大约需要一个月至二个月时间，而且相信南交所的申购上市是有计划性的，因此投资者没有必要担心市场扩容对大盘有多少实质性的影响。在市场资金蜂拥进入南交所的过程中，如果大盘未能达到其应有的足够的容量，反而不利于资金的进入，只有早栽梧桐树，才能引得凤凰来，这个浅显的道理其实不需要笔者多说，大家一点就明。如果因本次品种数量较多的托管公告而看空南交所，不仅无知，也是一种不成熟的表现。市场要发展、要前进、要迎接大资金的进入，必须先把市场做大。目前南交所要么涨停、要么跌停的根本原因就是市场容量太小，价格被庄家绑架，只要庄家愿意，南交所的任何一个品种都有可能跌停或涨停，这种绑架式的无规律可循的行情其实投资者很反感，笔者曾介绍过多人进入南交所电子盘交易，有投资者因不适应和惧怕这种剧烈的震荡式的暴涨暴跌行情而已有去意，投资者的这种想法很不利于南交所做大做强行情，投资者需要的是一个稳步上涨的市场。如果今天涨 10%，明天跌 10%，还不如不涨不跌，因为下跌 10%，比上涨 10% 的绝对值要大得多，结果投资者还是亏损。

稍感不足的是，南交所没有采用精品公告征集上市的方式，致使某些真正的精品、神品未能进入南交所的托管目录，这不能不说是一个极大的遗憾，对于南交所抢夺精品资源是一个重大损失。

2014 - 10 - 26 20:04:24

小散努力　不让庄家补回带血的筹码

这几天邮市在没有什么利空消息的情况下大跌，特别是星期六，因南交所公告 43 种品种的托管消息提前泄露，庄家打压，导致整个电子盘除少数几种品种外大跌。其实托管不是申购上市，这算不上什么利空，从另一角度看，应是一个利好，说明南交所做大做强市场的决心和信心。南交所的申购上市较有计划性，特别是在经过市场的几次大跌以后，做事已很谨慎，不会盲目乱来。但论坛的空方言论已占上风，到处是星期一要大跌的言论。星期一真的会大跌吗？只要南交所在星期一不出申购公告，所谓星期一大跌的言论是空方的一厢情愿，目的是想在更低的价位补回砸出的筹码。因此,今天多空双方的战斗一定很精彩。希望小散齐努力,不让庄家补回带血的筹码。电子盘的向好已成定局,没有任何力量能够阻挡,市场目前缺少的只是信心,以前在 1 000 多元买进的品种,现在跌到六七百为什么不敢买进。随着行情的深入,电子盘上的所有品种都会创新高,此时不买更待何时。

2014 - 10 - 27 07:25:35

南交所电子盘的再一次雄起需要信心的支撑

南交所电子盘已连续下跌了很长时间,好多品种都已腰斩,甚至被斩于腰部以下,据统计,跌幅最大的品种已深跌 70% 以上。作为邮币卡电子盘交易平台的龙头,无论是交易软件还是交易规则的规范化方面,南交所都具有无可争辩的优势。事实也证明了这一点,一段时间以来,拥有邮品的投资者都希望在南交所托管上市,因为同样一个品种,在南交所上市比在其他文交所上市会创造更多的收益,而且成交有量,买卖双方的交易极为顺畅,不像某些交易所,一天的成交量只有几百万元或几千万元,投资者想买买不进,想卖卖不出。

近来南交所电子盘的巨幅下跌,固然有其自身巨幅上涨后需要调整的原因,以及全国各地特别是上海交易所邮币卡电子盘纷纷成立的原因,但更大的原因是投资者信心的丧失,尤其是投资者的恐高心理导致了这一次行情的巨幅下跌。其实,作为一个新兴投资市场,获取超额利润甚至超超额利润很正常,更何况像邮币卡投资市场,本来就是一个暴利的市场,在电子盘产生之前的我国已经发生的 3 次邮市大行情中,这种暴利不断地被复制,已司空见惯。1997 年的第三次邮市大行情,以平均涨幅 15 倍的疯狂,将邮市暴利推向极致。经过 17 年时间,至 2014 年(严格地说自 2013 年 10 月 21 日开始)由于南交所钱币邮票交易平台的建立,邮市才开启了第四次特大行情的帷幕。17 年中通货膨胀一直居高不下,因此现在的一元钱与 17 年前的一元钱已没有可比性,沉寂了 17 年的邮市,17 年中没有大涨的邮票,上涨甚至大涨都不足为奇,这是邮币价值的自然回归。以南交所钱币邮票交易平台为龙头的全国各地交易所的建立,为邮币卡价值的回归、为价格的渲泄提供了一个平台和出口,因此上涨甚至大涨完全在意料之中。

17 年不起的行情,在造成邮币卡投资市场多年疲软的同时,也培养了投资者的惯性思维，投资者对邮币卡的上涨特别是对大涨从心底里不认同。从本质上说，每个投资人都想在涉足的投资市场中获取超额利润，但当超额利润真光顾时，大多数的投资者都会恐惧，贪婪和恐惧这种矛盾的心理几乎所有的投资者都具有，恐惧心理是造成投资者投资信心不足甚至丧失的根本原因。投资者之所以会产生恐惧心理：一是价格确实太高，投资者普遍不认同现有的价格；二是投资者对价格认识不足，对市场的发展趋势认识不足，将一个正在发展中的价格当成其终极价格，因而造成了莫名其妙的恐慌。

目前南交所电子盘的价格已经跌无可跌，人心思涨，加上降息的政策性利好，以及像上海这样新开办的文交所需要有一段积累经验的时间，不可能对投资者有太大的吸引力，天时地利人和造就了南交所电子盘再一次雄起的良机，但南交所电子盘的雄起需要投资者信心的支撑，同时也需要南交所电子盘管理层的配合，在外部投资环境趋好的情况下，所缺的只是做多的信心。让我们一起努力，实现南交所电子盘的再一次雄起，使其无愧于电子盘龙头老大的名称。

2014－11－22 08:54:39

创新永远是推动南交所前行的强大动力

随着全国各大钱币邮票交易所的不断开办，尤其是上海文交所的开办，钱币邮品的电子化交易已进入群雄逐鹿的战国时代。鹿死谁手，这是一个天大的疑问，也是各大文交所努力争取的答案。目前的邮币电子盘的霸主仍然是南交所，但南交所目前面临着来自上海及周边各大文交所的强大挑战，要想成为始终执电子盘牛耳的不二霸主，南交所必须在交易软件和交易规则两个方面不断创新，始终领跑于全国的各大文交所。

南交所今天的钱币邮票电子化交易平台的霸主地位不是凭空得来的，除了是全国电子盘创始者以外，主要归功于交易软件和交易规则的创新，目前几乎所有的交易规则和交易软件，各大文交所都在复制南交所。但南交所要成为最后的擒鹿之手，还需要不断地创新。创新永远是推动南交所前行的强大动力，是南交所之所以成为电子盘龙头老大的根本原因。

创新就是打破常规，不断地突破自己，不断地突破现有的规则和思路，在交易软件和交易规则方面为投资者创造最好的投资环境。作为钱币邮票电子化交易平台,创新主要是交易规则的创新,而交易规则的创新,主要是融资和吸引投资者政策的创新。一个市场有没有活力,就看在融资方面和吸引投资者方面有没有打破常规的措施。因为那些常规性的规则和措施,别人也会想到,而且一直在做,只有敢于运用非常规手段,敢想天下人未想之事,敢做天下人未做之事,才有可能在业界脱颖而出。

当然,在现有的体制下,交易规则的创新并非易事,除了要突破现有的思路以外,还要有与监管层沟通的超常能力。有些想法虽然可行,也非常有利于市场的运作,但如果得不到政府和监管层的认可和支持,也会胎死腹中,这就需要南交所管理层的智慧,可以避开一些表面上比较敏感的东西,以求实质问题的解决。在目前体制下,创新并非易事。因此,投资者要多一份耐心和支持,投资者既然来到了南交所这个平台,把部分甚至全部的家产交给了南交所,就应该对南交所有信心。多一份支持少一些指责,这是投资者应有的态度,这不仅是在为南交所,更多的是在为自己。

我们有理由相信,南交所管理层有能力,以更大的智慧破解目前电子盘交易的僵局,继续引领全国钱币邮品交易平台前行。

2014 - 11 - 27 08:39:05

将邮品拿去托管　减少现货交易

南交所的三轮虎大版比现货市场价格高了十几倍,有人狂呼看不懂。最初笔者不仅看不懂,而且不认可。当初虎大版在900元/版时,有人劝笔者买一点,当时笔者坚决不买,所据理由是价格太离谱了,但今天当这种离谱变本加厉继续发生的时候,对于本人来说,剩下的却只有后悔。这就是电子盘,这就是一个新兴的市场,因此我们不能用传统的眼光看问题。由于各大文交所对品相的严格要求,所以很多的邮品被排除在电子盘大门之外。文交所对邮品的严格要求本无可指责,但反映到现货市场,为了保证自己所收购的邮品能枚枚托管成功,购买者提出了比文交所更严格、更高的鉴定标准,其实到了苛刻的程度,好端端的原包原箱的东西还要挑品相,而且有些购买者索性拿放大镜作为鉴定工具。要说鸡蛋里挑骨头,正是目前现货市场的真实写照。也就是说,手上有邮品的人卖给邮商还不如到文交所去托管,因为现货市场的鉴定标准比文交所还要高。有些邮品在现货市场难以成交,但却能顺利托管。笔者在此不是说文交所的托管标准低了,而是说现货市场的购买者为了保证所购买的邮品能全部在文交所托管,提出了比文交所更高的标准,这种恶劣的做法源于文交所,因此笔者一直呼吁,文交所对邮品的鉴定标准应该以人为损坏为标准,除此,不能有第二个标准。

鉴于现货市场对邮品的苛求,笔者呼吁手上有邮品的投资者,减少现货市场的交易,或者拒绝现货交易,将手上的邮品在各大文交所托管,让苛求品相的购买者买不到货。这样最起码有三大好处:一是托管到文交所,能获取更高的利润;二是可以杀一杀这种苛求品相的歪风,买不到货,这些购货人自然会放低身段;三是可以推动现货市场价格的上涨,从而使现货市场与电子盘价格出现联动效应,为邮市大行情推波助澜。

2014－12－12 17:31:34

公平公正是南交所托管工作的生命线

“托管的公平、公正是我们工作的生命线,希望托管部的所有人员能够切实做好藏品验收工作,严格把关,杜绝一切弄虚作假”。这是南京文交所周军董事长新年伊始在托管现场面对托管部人员严肃说的一句话。

南交所托管工作中的流言和乱象,终于引起了南交所董事长周军与总经理孔爱民的重视,这是一件好事,说明南交所领导重视投资者的呼声,开始纠正托管中存在的种种问题。其实,说句公道话,在南交所,托管部的工作最辛苦,马振经理的工作也卓有成效,但由于托管部直接面对投资者,遭遇到的批评也最多,投资者的种种不满在托管现场会发泄出来,如果处理不当,小事就会变成大事。此前笔者曾经跟过一个帖子,大意是:“南交所树大招风,受到其他文交所别有用心的人的恶意攻击实属正常。作为南交所也要时刻反省自己,在鉴定时被庄家绑架的事并非空穴来风,JP147 的鉴定现场,庄家的狗腿子在现场对鉴定工作人员指手划脚,对鉴定通过的藏品要求再行鉴定。此类事情一多,不仅投资者寒心,也会给别人以攻击的口实。希望南交所加强托管工作的透明度:一是在托管现场公布藏品的鉴定标准,这个鉴定标准应以人为损坏为标准;二是庄家和散户的标准要一致,不能对散户严,对庄家宽;三是绝不允许庄家狗腿子进入托管重地,托管现场只有鉴定人员,不应有其他的闲散人员混入其中。希望南交所建立权威,绝不允许让庄家牵着鼻子走的事件再次发生。另外,希望南交所不要浪费托管人的时间,可采取预约托管的形式,尽量减少托管者在南交所的逗留时间。笔者一直在提醒南交所管理者,如果南交所出事,一定出在托管环节。几百个人在托管现场,加上几天等下来,情绪都很激动,一旦有事,小事也会变成大事。希望南交所未雨绸缪,防患于未然。忠言逆耳,望南交所管理层三思,努力改进工作,让投资者放心投资。”

公平公正确实是托管工作的生命线,现在南交所领导开始重视这条生命线,这是一个好现象,相信在南交所领导的重视和关心下,托管工作中出现的一些乱象,投资者对托管工作的种种不满一定会得到彻底解决。但笔者感到,南交所托管工作中存在的问题不应全由托管部承担,南交所的管理层也应负有相当的责任,有些政策的制定涉及高层,不是一个小小的托管部就能左右的。例如 JP147 托管现场出现的庄家狗腿子干涉鉴定的事件,绝对不是托管部的过错,是南交所一贯迁就庄家导致的最终恶果。

笔者还是那句话,南交所如果出事,一定出在托管现场,像现在这样让几百个人等几天几夜的做法,是南交所对投资者最大的不尊重。每个人都有工作,好多人还没有退休,让投资者在南交所一呆就是三四天,情绪会差到极点,稍有不满,就会酿成大事。因此,在倡导托管工作公平公正的同时,也要给投资者提供方便,真正做到想投资者所想,急投资者所急。在托管现场,尽管发生了种种不如意的事情,但现在的工作人员对投资者的态度大有改善,以前在托管现场谩骂投资者的现象已不再出现,托管现场工作人员的态度获得了投资者的普遍认同。这是一个好现象,说明南交所的工作在改善。

2015 - 01 - 05 16:56:58

南交所将在三四年内出现上涨百倍千倍的品种

南交所新一轮大行情已经启动,这轮行情中的绝大多数品种将创出新高。如果用南交所一个大庄家的话来说,在南交所电子盘上将出现上涨 1 000 倍的品种,上涨几百倍的品种将随处可见,这就是电子盘,这就是文化产业的大开发。没有出现1 000倍的上涨品种,电子盘就不成其为电子盘。因此,投资电子盘,必须有创新思维,必须打破常观。谨小慎微的投资者,不适合玩电子盘。投资者的思维必须跟上大庄家的步伐。南交所电子盘,只有大庄家玩的几个品种,涨势如虹,给投资者带来巨大的收益。笔者相信大庄家的话,大庄家们赚了钱,必定会把钱仍然砸在电子盘上,滚雪球效应使大庄家的实力越来越强大,以致强大到能将电子盘上品种炒至1 000倍。这就是文化产业大开发给大庄家的底气,也是电子盘给大庄家提供了一个炒作的平台,实现梦想的舞台。电子盘上的品种能上涨1 000倍,上涨几百倍的品种将随处可见,对于现在的我们,可能是天方夜谭,但真到实现的那一天,相信你一定不会感到惊讶,因为人们会见怪不怪,某种东西一旦实现,人们就会认为理所当然。因此,电子盘会出现上涨1 000倍的品种,您不信,反正我信。没有做不到,只怕想不到。有谁会想到三轮虎大版能上18 000多元/版,如果在5个月前有人说这个价,此人一定是疯子,而现在,那个被人认为疯子的人是正常人,而认为别人是疯子的人才是真正的疯子。为了不当疯子,请跟上电子盘运行的节拍,请你抛弃习惯性思维方式,用超常思维来看待电子盘,具有超常思维的智者,一定会在电子盘上赚取大钱,获取超额财富。

为了不给反对者提供口实,笔者将上涨千倍、百倍的品种预测在三四年内,如果有人在一二年内对笔者的这种说法加以攻击,请你谨言慎行,在将别人当疯子前别将自己当成了真正的疯子。

2015-01-05 20:52:15

如何看待文交所出现的价格暴涨现象

最近有人发帖,批评文交所电子盘出现的价格暴涨现象,引起了投资者极大的关注。在某人批评文交所帖子后,笔者有一个跟帖,就相关问题发表了自己的见解。笔者在跟帖中说:“楼主的帖子实质上是讲价值投资的问题。价值投资是笔者历来主张的,现在文交所上炒得特别离谱的品种,起初笔者也是持反对态度的。但这是市场,既然是市场,其价格总有其合理性,根据存在即合理的原则,个别品种被炒至高出现货市场几十倍的价格,是文交所发展过程中必然会出现的现象,这像股市一样。初期的暴涨是一个市场之所以成为市场的基础,也是一部分投资者必须付出的代价。没有暴涨,就不会吸引投资者,而吸引不了投资者,就不可能有发展壮大的机会,因此暴涨是新兴市场的初期特征,不值得大惊小怪。作为一个新兴市场,而且又是一个涉及文化艺术品的收藏市场,出现上涨千倍百倍的藏品很正常。至于与现货市场价差巨大的问题,这是文交所开办之初的不完善造成的,也是开办前期无法避免的。随着社会大资金的进入,放开托管是必然的,否则,市场行为也会强迫文交所电子盘放开托管。大资金进入后,现在电子盘上的可怜的筹码数量将无法填饱大资金饥饿的肚子,放开托管是唯一的出路。放开托管后,现有的电子盘价格与现货市场价差几十倍的情况将不再出现,而且会出现电子盘价格与现货市场价格相互推动的景象。"

2015-02-05 22:32:53

写在中南邮票交易所正式开始交易之前

中南邮票交易中心于今天开始申购,并于下星期一正式上市交易,从而吹响了中南文交所参与国内文化产业大开发的进军号。中南文交所与南交所联合共赢,开创了文交所联合发展、抱团取暖、资源共享的共赢合作新模式。因此,中南文交所的创办,不仅是又多了一个邮票交易所,增强了邮票做多的力量,而且创新了一种新的模式,这种新的模式使南交所的成功经验可以毫无阻碍地移植到中南文交所。

南交所是整个邮币卡电子化平台的老大,到目前为止,邮币卡电子盘交易的创新体制和机制都始于南交所,今后的创新思想的形成和发展必然也会出于南交所,目前的南交所无人与之匹敌,就成交量来说,所有文交所之和还不及南交所的一半,因此南交所的老大地位在一段相当长的时间里是无人能撼动的。换一句话说,目前的老二无法对南交所构成威胁。与南交所的联合,使中南文交所具有先声夺人的气势,从一开始就站在一个高起点上,能有效地避开成长期的风险和无助,可以少走弯路。在老大的精心呵护下,中南文交所必定会顺风顺水,与南交所共赢发展。相信经过一段时间的发展,邮币卡电子盘交易平台老二的位置非中南文交所莫属。

中南文交所据说目前已有15 000多名会员，其发展之迅速令其他文交所望尘莫及，这一奇迹还是得益于南交所，有很多会员都是南交所和中南文交所的两栖会员，用中南文交所一个高级管理者的话说，在现阶段投资中南文交所，收益肯定比投资南交所高，不说别的，单就线上藏品与投资人比例，南交所目前有10万名会员，130多个藏品，会员与藏品之比是1 000∶1.3；中南文交所目前有1.5万名会员，7个藏品，会员与藏品之比是15 000∶7，相当于3 200∶1.3，会员与藏品之比是南交所的3.2倍。按照上市速度，这种优势至少会保持3个月以上，加上发展初期，中南文交所对会员的吸引力要强于南交所，因此这种优势有可能会保持半年以上。

因此，投资中南文交所是你的明智选择，特别是中南文交所目前的申购是百分之百的现金申购，同样的资金在中南文交所申购中签率会大大高于包括南交所在内的其他文交所，加上初期一字板的时间会延长，其投资收益将是十分可观的。投资中南文交所一定会使你的财富大增。

2015-02-14 20:43:31

抓紧开户　准备资金抢中南筹码

中南邮票交易中心于上星期一(2015年2月16日)正式上市交易。上市的7种邮品不断地封涨停，估计本星期五(2月27日)前可能有一二个品种会打开涨停。但大多数品种封涨停的时间可能要到下星期五(3月6日)前后，极个别品种可能会到下下一个星期，而且打开涨停后还会继续封死涨停。中南与南京这两个电子盘由于是强强联合，所以中南文交所最容易复制南交所的一些成功经验。根据南交所的交易规则，估计中南文交所打开涨停的价格不会太高，但如果考虑到中南文交所目前开户人数与上市邮品的比例较高等因素，其打开涨停的价格可适当看高一线，而且打开涨停后，必定会形成抢筹风潮，使打开涨停的品种会继续封涨停。如果笔者的估计不错，庄家是乐于见到这种局面的，并且也会顺水推舟。因此，继续封涨停是可以预料的。没有开户的请抓紧开户，准备好资金，一旦打开涨停，尤其是在第一次开板情况下，应坚决杀入，争抢有限的筹码。

2015-02-23 15:44:09

中南文交所牛气冲天

笔者在上一个帖子中,曾预测中南邮票交易中心电子盘于今天(2 月 27,星期五)可能有一二个品种会打开涨停板,并说“大多数品种打开涨停的时间可能要到下星期五(3 月 6 日)前后,极个别品种可能会到下下一个星期,而且打开涨停后还会继续封死涨停”。但笔者关于今天有一二个品种打开涨停板的预测归于失败,中南文交所真的太牛气了,简直是牛气冲天。今天只有世博双连型张成交量有所放大,成交了 34 720 枚,但是封单仍有 8 万多枚。其余 6 种藏品除澳门奥运钞和三轮龙大版分别成交 483 枚、7 版外,4 种藏品均仅成交 1 枚(版)。明天世博双连型张和澳门奥运钞能否打开涨停板,真不好说,笔者估计如打开涨停,也只是间隙性打开,最后仍会以涨停收盘。这两个藏品在下星期仍会有一二个连续涨停。其余的 5 个藏品何时打开涨停,以及打开涨停后的走势仍坚持原来的观点不变。

中南文交所为什么能如此牛气冲天,最主要的原因还是狼多肉少。最近几天,来中南文交所开户的投资者络绎不绝,目前电子盘上的 7 种藏品如何能满足投资者的需要,因此大涨甚至暴涨是中南文交所近阶段的主要特征,买到即赚到,在中南文交所只要能买、敢买就能赚大钱。至下一次申购前,投资者可以放心地在中南文交所买进买进再买进。想要在中南文交所投资,一定要先开户,请投资者抓紧时间开户,行情不等人,越早开户越能赚大钱。

2015 - 02 - 27 16:44:42

中南文交所开局十分精彩　好戏连台

中南文交所钱币邮票交易中心于 2 月 14 日进行第一批藏品申购,2 月 16 日上市交易。中南文交所自成立至今,已开创了数个全国第一,可谓开局精彩,好戏连台。首先是中南文交所自成立至挂牌申购首日,开户会员达 1.7 万人,并以每天 600 多人的速度增长,创交易首日会员数全国同行业第一;其次是第一次挂牌交易的 7 个藏品,申购资金达 38.12 亿元,创全国同行业首发申购资金量全国第一;第三是 2 月 28 日首次开板,交易量近一亿元(9 717 万元),在挂牌交易不到半个月时间里交易量能达到近一亿元,在全国同行业中首屈一指。中南文交所由于与南交所强强联合,表现出高起点、高效率的特征,投资前景一片光明。按照目前的会员数和可以预计的上市速度,中南的投资人会员数与挂牌藏品之比在全国同行业中具有非常明显的优势,这种优势至少在半年时间里领先于包括南交所在内的全国各大文交所。因此,在中南文交所开户,投资中南文交所应是你的明智选择。尤其是目前中南文交所百分之一百的申购中奖比例分配,会给你带来很多赚钱的机会。

2015 - 03 - 03 09:56:00

中南文交所电子盘一再创造奇迹

继前几次连创 3 个奇迹后,今天中南文交所的申购又创造了一个奇迹,申购资金达到 105.15 亿元。虽然比南交所上次创造的 109 亿元少 4 亿元,但作为一个上市只有几个月的电子盘,本次超过 100 亿的申购资金不能不说是中南创造的又一个奇迹。这一奇迹告诉投资者的有两点:一是社会流动性资金非常庞大,投资者根本不缺钱;二是中南钱币邮票交易中心正在后来者居上,在各个方面赶超南交所,说明强强联合是文交所钱币邮票电子化交易平台发展壮大的必由之路。

中南文交所电子盘目前只有 7 个品种,总市值不足 9 亿元,这超过近 12 倍的申购资金只要有 24 分之一冲击电子盘,会出现什么情况?因此,笔者非常看好中南文交所电子盘。

2015 - 03 - 30 20:02:10

近阶段电子盘投资的机会在中南文交所

这几天笔者连续在群内要求本人号段下的会员全力抢筹中南。今天中南电子盘7个老品种除世博双连型张上涨9.99%和红楼梦型张上涨7.79%以外,其余5个品种全部涨停,创造了自中南电子盘有品种开板以来的上涨奇观,这种奇观在最近几天还将继续上演。中南电子盘好戏连台,其上涨的动力来自于狼多肉少,人们都在争抢筹码。本次申购资金有105.15亿元,而中南的7个老品种在申购资金解锁当天其总市值不足9个亿,申购资金是总市值的近12倍,就算只有1/24的资金进入中南电子盘,就是4.5亿元,以4.5亿的资金进入电子盘,总市值只有9亿元的电子盘会发生什么情况。进入电子盘的资金当然可以买7个新品种,但7个新品估计要等两个星期才能开板,新资金不会傻等7个新品开板。因此,只能买线上的7个老品种,今天的上涨就是由这些资金推动的。在赚钱效应示范下,新资金会加快进场步伐,7个老品种的价格将被持续推高,主力也会因势利导,共同推动价格上涨。有人说中南已有很大风险,龙大版3 000多元/版风险已很大。这风险要看跟谁比,与南交所的虎大版比,中南3 000多元/版的龙大版太便宜了。因此,激进的投资者可以继续买进龙大版,现在持有龙大版,不管涨跌死活不出手,可能又是第二个虎大版。胆小的投资者可以买进世博双连型张,买进它放心,因为世博双连型张现在的价格与其发行基准价相比,只上涨一倍多一点,是不是便宜得不可思议。有人说,世博双连型张庄家太差劲,笔者虽然不知道庄家是谁,但相信这庄家不会永远差劲下去。再说,就是庄家做不了盘,真正有价值的品种,自会有人来接盘,因此笔者一直在对世博双连型张持续加仓。

2015-04-01 18:33:56

电子盘也要讲究生态平衡

现在的钱币邮票电子盘,从宏观上看,是生态圈,其食物链的顶端是电子化平台运作方——钱币邮票交易中心,其下是庄家,再其下是经纪人,然后是手上有货去托管的散户,而食物链的末端是拿现金去投资的投资者。如果处于食物链末端的广大投资者不赚钱,那末这个市场就有存在不下去的危险。当然,如果仅是广大投资者赚钱(在现实市场中是不可能发生的),而处于食物链顶端的平台和庄家不赚钱,这个市场也不会发展。承认钱币邮票的电子化交易平台是一个生态圈,就必须保持生态圈的平衡,而维持平衡的主要手段是依靠政策的调节。因此,要保持生态圈的均衡发展,管理者在制定政策的时候,必须考虑各方的利益,任何一方独大的行为,对电子盘的发展都是有害的。作为处于食物链末端的广大现金投资者,毫无疑问是最为弱势的一方,这就要求管理者在制定政策时必须向其倾斜,只有这样,才能更好地维护电子盘生态圈的平衡,才会更好更快地推动电子盘的发展。

电子盘要发展,必须要让广大中小散户赚钱,没有赚钱效应的市场是不可能发展的。现在全国有 11 家钱币邮票电子盘,表面上看,投资会员达六七十万人,单南交所目前就有 16 万会员。但由于一人可能同时在几家文交所开户,因此全国目前真正参与电子盘交易的会员不会超过 40 万人。与股市会员一亿多相比,钱币邮票电子化交易平台的发展空间十分巨大,这个巨大的发展空间就是电子盘上涨的动力。如果电子盘的会员数发展到 400 万甚至 4 000 万,将会带来 10 倍 100 倍的增量资金,这并非是天方夜谭,从理论上说,现在的股民都是钱币邮票电子盘的潜在投资者,能投资股票的也一定能投资邮票,这其中没有技术障碍,也没有知识方面的隔离。因此,只要保持电子盘的生态平衡,电子盘的前景就会一片光明。

作为第一批电子盘的投资者,必须要有赚大钱的思想准备,不要有小富即安的想法。文化产业大开发给钱币邮票电子化交易提供了大发展的机遇,也改变了投资者的人生,我们遇上了一个好时机,这是一个伟大的投资时代,是实现自己的财富梦、创造财富人生的时代。我们不应辜负这个伟大的时代,因此保证电子盘的健康发展,既是管理者的责任,更是广大投资者的义务,电子盘也要讲究生态平衡。

2015 - 04 - 08 20:24:00

第三编　线上藏品推荐与预测

2014年8月22日，对于爱心错片来说，是一个值得纪念的日子，因为在这一天，爱心错片成功地攻破了千元大关。这一历史性的突破，不仅对爱心错片，而且对南交所甚至整个电子盘都具有重大意义，邮人梦寐以求的爱心错片千元大关终于攻破，她标志着邮资片进入了千元交易的时代，这不仅为邮资片的上涨奠定了基础，而且为整个电子盘邮品的上涨打开了空间。

笔者当时对爱心错片的痴迷和强力推荐，是闻名于整个邮市论坛的，好多人因为相信笔者，掘得了人生的第一桶金。今天，掘金的机会又一次来临，你是选择放弃还是选择拥有，完全是在一念之间。请投资者再一次相信笔者的独特眼光，申购十八大评选张，拥有十八大评选张。由于十八大评选张题材巨大，发行数量适合炒作，其投资前景不可限量。在电子盘上，真正适合投资者投资和投机的品种是发行量5万至20万枚(版)左右的品种，发行量过小和过大都会对炒作和品种的上涨带来不利影响，发行量过小的品种虽有较好的成长性，但大资金无法进入，参与群体也受很大限制，而发行量过大的品种，虽然适合大资金进入，但由于量大原因，在比价效应的牵制下，成长性会受到限制。因此，发行量仅有8万枚的十八大评选张，是最适合投资和投机的电子盘上的炒作品种。

山东风光本片包含10枚邮资片，几乎囊括了山东所有的名胜古迹、自然风光，其中的“曲阜孔庙”和“邹城孟庙”两枚邮资片文化底蕴无与伦比。只有35万套发行量、包括10枚邮资片的山东风光本片绝对不止值现在的区区二三百元，500元/套也只不过是其上涨途中的一个驿站，笔者非常看好山东风光本片，千元应该不是其最终目标。

中国邮政史上只出现了两套五拼图。能够成为五拼图的都是邮品发行史上的奇迹，因为邮政没有发行五拼图的故意，是邮人在研究邮品的过程中偶然发现，因此特别显得珍贵。白暨豚五拼图是第一套五拼图，在1997年行情中曾创下了令人咋舌的高价；木棉花五拼图发行量有限，估计不足20万套，自1999年发行至今，经过不断消耗沉淀,能够流通的量则更少,因而是可以与爱心错片媲美的邮品。

狗大版质优价廉,发行量仅为278.12万版,虎大版发行量290万版。也就是说,狗大版的发行量比虎大版整整少了近12万版,而且狗大版至少有3个文交所列入上市计划,邮市投资预测大师王仁亮先生也极为看好狗大版。

步辇图和洛神赋图谁更有投资价值

洛神赋图是南京文交所钱币邮票交易中心第一个上市邮品，而步辇图则是第二个上市邮品。这两个邮品从题材上说都是名画系列邮品，而且同属于十大名画。但从板块来看，分属于版票和小型张两大板块。由于洛神赋图版票仅是一套邮票的集合，因此890万的量在名画系列邮票中优势相当明显，其低价效应在选择上市之初非常明显。步辇图发行量1 290万枚，从数量上看，比洛神赋图多了将近1/3，但由于步辇图是小型张，其沉淀的有效性比洛神赋图更胜一筹，加上步辇图的发行早于洛神赋图好几年，因而其流通量不会比洛神赋图多多少。从集邮者对这两款邮票的喜爱来说，大多数的集邮者可能更喜欢步辇图小型张，主要原因：一是体积小，携带方便；二是小型张毕竟是前几次行情中的主打邮品，虽则近十几年来其市场表现一直不佳，但谁又能预测这一板块就此沉沦了呢？

低价出利润，低价有黄金，这是投资市场的铁律。从洛神赋图的上市初始价45元与步辇图的29元相比，步辇图更有升值潜力，尽管步辇图昨夜在现货市场暴涨，在近50元/枚的价位成交，但仍未达到其应有的价值，仍有巨大的上涨空间。洛神赋图45元/版开盘，连续4天涨停后其价格已达77.80元/版，估计明天仍会封在涨停上，其价格就是85.50元/版。步辇图如果复制洛神赋图上涨模式，以29元/枚开盘，5个涨停的价格是55.88元/枚。考虑到步辇图开盘时价格过低，其上涨潜力应该强于洛神赋图。如果步辇图开盘后能够连封6个涨停，其价格将会达到61.40元/版，因此现在买进步辇图短期的收益仍然十分巨大。这仅仅考虑开盘以后的涨停价格，以后这两个邮品到底能达到多少，目前很难预测，有人说几百元，有人说几千元，投资者没有必要纠缠于此。作为投资者，我们只关心目前实际的收益。从这一意义上说，目前买进步辇图，其收益率一定大大高于洛神赋图。

2013-10-24 16:57:36

写在崆峒山小版正式挂牌上市之前

崆峒山小版以其在03小版中最小的发行量被南京文交所钱币邮票交易中心作为第三批上市邮品,同一批次的上市邮品有3种,除了崆峒山小版以外,还有猴小版和虎大版,在确定上市之初,3个邮品的价格大致相当,崆峒山小版稍稍低于猴小版和虎大版,但这几天崆峒山小版后劲十足,快速上涨,价格一跃而居于首位。到昨天为止,崆峒山小版380元,猴小版为288元,虎大版为298元,价格被迅速拉开。

以崆峒山小版仅有40万版的发行量,这种价格的拉开刚刚开始,崆峒山小版正式挂牌交易之时,必然会连封4~5个涨停版,能够进入线上交易(在线上能买到货)的价格大约在430~480元/版之间。在已经确定的5个上市邮品(其中洛神赋图和步辇图邮票已经挂牌上市)中,崆峒山小版的量最少,升值潜力最大。如果有大庄家想在网上对崆峒山小版进行控盘,真的轻而易举。40万版的发行量,除去已经沉淀于收藏者手中和03小版定位册之中的,加上收藏者不愿拆包和拆分托管的原包和百版连号的崆峒山小版,以后真正能够挂牌上市的数量,恐怕不会超过8万版(册中沉淀和收藏者手中零星的量为20万版,原包200个,计4万版,百版连号800个,计8万版,即:40-20-4-8=8),按照挂牌上市以后投资者能够买得到的价格,约3 200万元能够将崆峒山小版的所有能够上市的数量(包括已经挂牌上市的数量和以后陆续上市托管的数量)全部买断。可见崆峒山小版的盘子之轻。当然由于南京文交所一次只能买进同一个邮品数量的5%,给控盘操作带来了一定的难度。

上述笔者的论述无意于鼓励投资者对崆峒山小版进行实际的控盘,只是想说明一个问题,这就是崆峒山小版升值潜力无限,投资前景非常光明。如果崆峒山小版上市以后达不到理想的价格目标,其他上市邮品价格的疯涨就值得警惕。

2013-11-01 09:17:23

从已上市的4种邮品的托管量预测崆峒山小版的价格

4种已经上市的邮品——步辇图、洛神赋图、崆峒山小版和猴小版，托管量分别为：步辇图452 565枚；洛神赋图316 247版；崆峒山小版38 490版；猴小版63 167版，其托管量占发行量的百分比：步辇图、洛神赋图和猴小版均约占3.5%，只有崆峒山小版所占百分比最大，约为9.1%。

最近一次托管，有很多崆峒山小版的原包被托管，这说明崆峒山小版的货源已相当稀少，要托管，只能拿原包托管。线上的邮品要上涨，必须提高邮品的托管量，这已成为大家一致的看法。因为将现货市场上尽可能多的货物锁定在文交所的仓库里，必定会造成现货市场该种邮品的严重短缺，从而形成价格的上涨。崆峒山小版作为只有40万版发行量的量少邮品，托管的百分比却是4种上市邮品中最高的，这不能不引起线上投资者的高度关注。

机构或庄家如想在线上平台做庄，一定会考虑托管量，尤其要考虑托管量占发行量的百分比。托管量占发行量百分比越高的邮品，线上庄家做庄成功的可能性越大，因为庄家不会再去担心现货市场货源对线上价格的干扰和冲击。

从南交所线上的实际价格来看，崆峒山小版是4种上市邮品中最为抗跌的邮品，其上市之初的价格与猴小版只相差1元，猴小版为227元/版，崆峒山小版为228元/版，后来崆峒山小版比猴小版的极端价格曾高出100多元，充分显示了量少邮品的价格威力。这几天因临近生肖马的发行，有人开炒猴小版，但即使如此，崆峒山小版比猴小版还高七八十元。下跌过程中抗跌的邮品，必定会成为上涨的急先锋，这一点已被以前的行情所证实。

随着最后一次托管的尘埃落定，崆峒山小版最后进入南交所仓库的量估计能达到13%左右，也即托管总量在5.2万版左右。由于文交所对邮品品相的苛求，托管中被剔除的崆峒山小版大约为15%，也即大约有0.78万版的崆峒山小版将以残次品的价格在市场上流通。托管量加上残次品，崆峒山小版的量被扣除了约6万版，在总共40万版的崆峒山小版中，能够继续用于托管的量不会超过5万版，呈现出货源严重枯竭的局面。

与其他3种上市邮品相比，崆峒山小版一定是上涨潜力最大的邮品。筹码的锁定性越好，价格上涨就会越高。因此，笔者预测，崆峒山小版在春节前后将有一次价格的跃升过程，其极端价位能达到600元/版以上。

如有机构或大庄家入驻崆峒山小版，那价格另当别论。在4种已上市的邮品中，崆峒山小版是最有可能被庄家选中的品种，其中的道理不需要笔者饶舌，有能力做庄家，也一定有能力、有智慧看到投资崆峒山小版的玄机。

此文不作为投资指导，凡按此文投资造成的损失笔者概不负责，因为你赚钱以后不会分钱给我，亏钱凭什么要我负责。呵呵，有人因为投资亏了钱曾责问过笔者，所以笔者不得不小心从事，在此声明一番。

2014-01-04 13:08:27

必须实现崆峒山小版价格的战略性实破

线上邮品，连发行量只有40万版、托管量已达近4万版的崆峒山小版不涨，其他上市品种的上涨都会让人胆战心惊。崆峒山小版的托管率已达9.1%，而步辇图、洛神赋图、猴小版的托管率只有3.5%。如果低发行量、高托管量的崆峒山小版不涨，那末南交所强化托管、并在托管暂停后实现线上品种上涨的目标必将归于失败。因此，目前阶段，崆峒山小版必须上涨，而且要大涨。只有这样，才能实现南交所线上交易的战略目标。崆峒山小版应成为线上邮市的一面大旗，只有崆峒山小版的价格实现战略性突破，才能带动所有线上品种的上涨。崆峒山小版在前期的实战过程中，不负众望，在4种上市邮品中，抗跌性最强。与同时上市的猴小版相比，两者的上市价格仅相差1元，而现在崆峒山小版的价格比猴小版高近100元，这就是量小邮品的威力。以前的邮市已经证明，抗跌性强的邮品往往会成为上涨的急先锋。崆峒山小版一定会成为带领线上邮品快速上涨的先锋。

2014-01-10 08:42:41

上市的 4 种邮品中猴小版的收益最低

说句掏心窝子的话,猴小版是上市的 4 种邮品中最没有投资价值的邮票。这里的价值主要是指其挂牌价与今后可能达到的高度之比,也即上涨的百分比。步辇图以 35 元/枚上市,目前的价格在 44 元/枚左右,上涨率近 26%,洛神赋图以 46 元/版上市,目前的价格在 74 元/版左右,上涨率为 61.9%,崆峒山小版以 228 元/版上市,目前的价格为 332 元/版,上涨率约 46.1%,猴小版以 227 元/版上市,目前的价格 249 元/版,上涨率不到 10%。

为什么猴小版的上涨率如此之低,其表现让很多投资者失望,并不是猴小版不好,而是猴小版是以高价上市的。也就是说,其上市之初的价格被人为炒高。如果猴小版与鸡小版比,我们就会发现,猴小版目前的价格还是非常之高,在生肖小版中猴小版没有多少投资价值。这些话有人不爱听,但是对于量价比不占优的邮品,投资者必须敬而远之。笔者可以作如下预测,在已上市的 4 种邮品中,投资猴小版一定是收益最低的。

目前的上涨率是洛神赋图最高,崆峒山小版次之,步辇图又次之,猴小版为最低。根据强者恒强的规律,投资者应该坚决买进上涨率高的洛神赋图和崆峒山小版。有些投资者认为低价的邮品今后的上涨率高,因此也可以买进洛神赋图和步辇图。但不论从哪个角度考虑,都没有理由买进猴小版。

现在一批投资猴小版的人到处忽悠邮人投资猴小版,如果你知道发行量 180 万版的猴小版价格高达 249 元/版,而当你知道发行量仅 200 万版、加字 20 万版、存世量比猴小版还要少的鸡小版仅为 63 元/版的时候,你还会去投资猴小版吗?

投资者要用自己的脑子,别听人家忽悠。不怕不识货只怕货比货,量价比是收藏市场的铁律,投资价低、量少的邮品,一定让你盆满钵溢。

2014-01-13 19:42:43

赢利最大化　低价低价还是低价

电子盘上市的邮币品种，已经与传统意义上的现货交易品种出现本质的区别。在电子盘上，虽然也会受到诸如发行量、量价比等规律的制约，但由于电子盘上的交易已与实物形态相脱离，投资者的筹码意识更强烈，只要易于筹码的收集和分散、易于大资金进出的品种，不仅交易活跃，而且赚钱效应显著。电子盘交易的实践也证明了上述观点的正确性。近来投资者赚钱最好的品种是世博币和三版一角。因此，邮品投资也要选择低价品种，现在上市的 4 种邮品，以后涨幅最高的一定是最低价的步辇图和洛神赋图。电子盘的高价邮品和钱币，明显地出现了成交不畅的情况，价格也没有明显的波动，这些品种大资金不会青睐，赚钱效应不明显。因此，要想在电子盘上使投资赢利最大化，在选择投资品种时，一定是低价低价还是低价。

2014－01－19 08:20:21

线上电子盘交易预测

年前盘整，年后元宵节前缓涨，元宵后暴涨，3 月 10 日后随着北交所邮品的上市，现货市场也会出现大涨。现在应备足子弹，来年大战。

此外，重点关注低价品种，世博币、三版一角和步辇图，上述的 3 个品种一定是涨幅最为巨大的品种。在任何一次暴涨中，拔得头筹的一定是所谓的垃圾品种。

2014－01－21 21:41:23

现价步辇图比洛神赋图更有投资价值

今天收盘价步辇图为44.78元/枚,洛神赋图78.12元/版。其电子盘上曾达到的历史高价步辇图为66元/枚,洛神赋图为106元/版。因此,可以预见的上涨空间的百分比步辇图为(66-44.78)÷44.78=47.3%;洛神赋图为(106-78.12)÷78.12=35.6%。

有人在网上鼓吹洛神赋图,实际上洛神赋图一点都不占价格优势,与步辇图相比,投资价值要略逊一筹。

在分析价格与具体品种时,请用事实说话,要用数据来说明问题,而不是主观的臆测。

2014-01-23 17:18:16

世博币调整到位大涨在即

世博币是上市品种中价格最为低廉的,这本身就意味着日后的暴涨。在历次大行情中,涨幅最为巨大的是低价品种,世博币连日调整已调整到位,接下来是大幅拉升。在电子盘上,由于交易品种极为有限,因此必然会出现资金向低价品种及调整到位品种流动的规律,也即所谓的风水轮流转,明日到我家。在电子盘上,所有的品种仅仅是筹码,投资者必须坚持买跌不买涨的操作纪律,才能无往而不胜。增加你手中的筹码是大战来临前投资者必做的功课。你手中有多少筹码决定你以后有多少收益,要想获得尽可能多的筹码,必须向低价品种进军,世博币是投资者最好的选择。

2014-01-24 17:32:40

近4 000万元放量成交全线飘红

今天电子盘创下了3 800万元的成交量，创下了自南交所开盘以来交易量的新高，而且全线飘红，显示了电子盘吸引资金的强大威力。明天是春节前交易的最后一天，成交量能否又有新的突破，我们将拭目以待。

本来笔者一直认为，电子盘真正的上涨要到春节以后，为此笔者在跟帖时专门写了"春节前慢涨，春节后加速，元宵节后暴涨"。现在看来，电子盘的加速上涨这几天已经开始。至于春节后，笔者相信，会给电子盘投资者更大的惊喜。春节后电子盘上各品种的价格将创下自南交所电子盘开盘以来的新高，这是没有悬念的，因此这几天投资者跑步进场一点也不奇怪。这几天无论是多高价格买进的，与电子盘上各品种将要达到的价格来说，都是地板价。抢筹抢筹再抢筹，这是市场发出的最强音。

为了使赢利最大化，投资人在选择品种时，一定要避开这几天上涨过快、涨幅过于巨大的品种，而是坚定地购进价低、涨幅较小的品种。世博币和步辇图在前几天的上涨中，涨幅最小。涨幅小的原因并不是这两个品种不好，而是资金没有集中流向这两个品种，随着这两个品种低价效应的凸显，资金集中流向这两个品种是迟早之事。事实必将证明，早涨的不一定是涨得最高的，越是低价的品种涨幅越高，世博币和步辇图在其各自所代表的钱币和邮品系列中，是最为低价的两个品种，全力抢夺世博币和步辇图的筹码，是你的明智选择。

2014－01－29 15:57:47

4 500多万元天量成交　电子盘年末大涨

今天是春节前的最后一个交易日，今天南交所电子盘延续昨日走势，在昨天3 800多万元放量成交的基础上，又创出天量，成交量达4 500多万元，离5 000万元成交量仅一步之遥，估计春节后继续大涨，成交量将很快突破一亿元大关。今天几乎全线飘红,仅一个彩银币泛绿,而且全天的涨幅一直维持在高位,仅在收盘时有几个品种的涨势稍显疲软。

今天的几个低价品种如步辇图、三版一角和世博币涨势较好,其中步辇图和世博币是笔者在昨天强力推荐的品种。但这几个品种目前的比价仍然偏低,可喜的是这两个品种都开始放量成交,估计春节后将会看到单日的最高涨幅。崆峒山小版前几天涨得太快,今天涨不动了。猴小版的涨幅仍然较大,但这几个高价邮品前期涨幅过大,已积聚了巨大的获利盘,春节后将会震荡,入市者应回避。电子盘上有很多低价且前期涨幅不大的品种,笔者在春节后将继续推荐世博币和步辇图。低价是对投资者最好的保护,投资者在进行电子盘投资时,一定要注意量价比,回避高价且高溢幅的品种。

春节后电子盘将进入暴涨阶段,目前有少数投资者仍未解套,因此春节后仍然是投资者跑步进场的好机会。与电子盘即将创造的价格相比,目前的价格都是地板价,买到即赚到。因此,投资者必须买进买进再买进。

顺便说一下,笔者昨天卖掉的世博币今天已补了回来,并且增加了 4 枚世博币的筹码。作为投资者,现在不是计算你获得了多少赢利,而是计算你的筹码是增加还是减少,目前绝对是千方百计获得筹码的阶段,筹码就是你的赢利。

最后祝战斗在邮市第一线的兄弟姐妹们新春快乐,万事如意,马年发财!

2014 - 01 - 30 15:44:26

电子盘品种将现轮番涨　步辇图会后来者居上

呵呵,十八个品种将出现轮番涨,别看现在有的品种涨得凶,等涨过头了自然会下跌,所谓兵败如山倒就是这个道理。对于现在不涨甚至下跌的品种,投资者应该将涨幅巨大的品种换成正在下跌的品种,以避免风险。风水轮流转,一定到我家。因此,投资者不但不能割肉,还应追加下跌品种的筹码。今天笔者已换筹步辇图。因为这几天步辇图不但涨幅有限,还不时下跌,在比价上已严重超低。想当初南京文交所钱币邮票电子盘开盘之时,步辇图最高价曾到 67 元/枚,当时,洛神赋图 106 元/版。现在洛神赋图已到 112 元/版,早已创了新高,而步辇图还离高点有十二三元,这是不是给投资者提供了机会呢。也许有人说,强者恒强。但笔者要说的是，这完全是骗人的鬼话。相信到了步辇图发力的时候不会再有人说这种鬼话。相信步辇图会后来者居上。

2014－02－19 17:56:36

电子盘上哪个品种最有投资价值

电子盘上几乎所有的邮品，包括世博币和三版一角都创了新高，惟独步辇图离最高点 67 元还有相当的距离。今天步辇图的收盘价仅为 52.53 元。步辇图在前期没有多少涨幅的情况下今天意外大跌。步辇图是一款优秀的邮品，作为名画系列的步辇图不论是题材还是邮品本身的质量和精美程度都可与洛神赋图媲美，甚至超过洛神赋图。

步辇图在超跌情况下已经具有很大的投资价值，今天虽然大跌，但成交量开始放大，标志着抢筹步辇图的投资者大有人在。笔者昨天在帖子中说过，电子盘的 18 个品种将出现轮番涨。有趣的是，昨天还在大跌的金银币系列，今天全线飘红，有些品种还出现了大涨，而前期一直在涨的邮品却全线皆墨。说明涨多了会跌，跌多了会涨。电子盘对品种的进退非常方便，因此换筹投资价格超低的邮品将是投资者获取超额利润的常用手法。

步辇图的投资机会已经来临，庄家已对步辇图虎视眈眈，步辇图必然会大涨特涨。

2014－02－20 18:40:58

虎大版　放开托管后的暴跌品种

虎大版的暴涨（似乎是上市邮品中收益最好的一个品种）是有原因的，这就是虎大版上市之初恰逢邮品停止托管，这就给虎大版的庄家提供了千载难逢的运作机会。只要看看几个邮品的托管量就可看出，虎大版目前的暴涨是不真实的，主要是电子盘的虎大版很少，而现货市场上的虎大版可不少，即使有人忽悠说目前虎大版在现货市场上也很少,你相信吗?对于三轮大版,发行量动辄200多万版,会缺货吗?因此,可以断定,某一天文交所如再次放开托管,第一个暴跌的就是虎大版。

2014-02-21 16:19:24

步辇图将进入快速上涨期

“步辇图的投资机会已经来临,庄家已对步辇图虎视眈眈,步辇图必然会大涨特涨。”这是笔者昨天在帖子中的一句话,果然不出笔者所料,今天步辇图开始大幅上涨。今天上涨了4.26%,并且成交开始放量,达528多万元,是步辇图上市以来的最大成交量。根据量在价先的规律,步辇图将进入快速上涨期。估计下星期还会连续大涨。步辇图是电子盘上的洼地投资品种,即使连续涨20元,其量价比仍优于电子盘上的其他几个邮品。因此,步辇图对投资者具有强大的吸引力,希望投资者能把握难得的机遇,坚决地投资步辇图并中长期持有。

2014-02-21 20:14:30

步辇图与洛神赋图在电子盘上的合理比价

洛神赋图与步辇图均属十大名画系列,而且洛神赋图和步辇图虽属不同的邮票形式:洛神赋图为单套全张,步辇图为型张,但原来的价格大致相当,而且步辇图早发行洛神赋图很多年,就消耗量而言,步辇图要大大高于洛神赋图,但因步辇图邮票的发行量高于洛神赋图,故存世量步辇图可能稍多于洛神赋图。

存世量多于洛神赋图的步辇图能上电子盘的量可能比洛神赋图还要少,主要原因是步辇图的品相问题很大,托管中不合格率很高,很多步辇图因不符合南交所对托管邮品的品相要求而被剔除,估计步辇图的次品率高达30%,这一点南交所验货的几个专家最清楚。

综合以上情况,笔者认为,洛神赋图高于步辇图50%的价格是可以接受的,否则是不合理的。目前电子盘上洛神赋图的价格高于步辇图一倍多是不合理的,这种被人为扭曲的比价关系一定会纠正过来。因此,步辇图必定会大涨暴涨,现在投资步辇图必有丰厚的回报。

2014 - 02 - 22 16:07:15

放开托管之日 就是高溢价品种暴跌之时

步辇图在南交所封闭托管以后,涨幅最小,最高只涨到 57 元/枚多一点,离南交所上市之初其所创造的 67 元/枚的价格尚相差近 10 元,而其他的上市邮品都创出了新高,有些邮品如洛神赋图甚至超出以前的高价 14 元,达到 120 元。但没有创出新高的步辇图最近却连续 4 天大跌,而且中间没有任何反弹,这到底是庄家有意为之还是市场行为所致,让人摸不着头脑。

与现货市场的价格相比,电子盘上所有邮品只有步辇图最接近市场价格,步辇图现货市场价为 45 元/枚,电子盘今天的收盘价为 50.11 元/枚,加上托管费,可以说步辇图电子盘目前的价格与现货市场价格几乎没有区别。我们知道,步辇图的品相很有问题,因此托管过程中的淘汰率很高,达到 30% 左右。如果考虑这方面的因素,目前电子盘上步辇图的价格已与现货市场价格完全相同,甚至出现了价格倒挂现象。而其他的邮品最起码高于现货市场价格 30% ,甚至达到 40% 。如洛神赋图,今天的现货市场价格为 72 元/版,而电子盘的收盘价为 108 元/版,高于现货市场价格 50% 。

对于电子盘来说,什么是风险,高于现货市场的价格就是风险,而且高于现货市场的价格的百分比越高,风险也就越大。现在电子盘是封闭运行的,但南交所电子盘不可能一直封闭下去,一旦放开托管,最没有风险的就是与现货市场价格接近的品种,风险最大的是与现货市场价格相差悬殊的品种,那些高于现货市场价格百分之三四十的品种必然会暴跌。在即将到来的暴跌中,洛神赋图、虎大版将首当其冲,领跌大盘,不信,大家走着瞧。

南交所托管放开之日,就是高溢价电子盘品种暴跌之时。规避风险的做法是选择低溢价甚至与现货市场同价的品种投资,而步辇图由于与现货市场价格接近,将成为电子盘交易规避风险的最佳投资品种,必将成为投资者首选的投资品种。

2014 - 02 - 28 19:08:54

密切关注南交所首次开禁后的第一批上市邮品

据传,南交所钱币邮票交易中心在星期六或晚些时候,将公布上市品种。由于南交所的金银币表现不佳,估计本次上市品种应该以邮品为主导。乐观估计,将有4~5个邮品会同时上市,毕竟抢占市场制高点、抢夺市场资源是当务之急,因此南交所这次上市邮品的数量应该比前几次都要多。在本次上市邮品中,估计JP仍然会排除在外。由于虎大版的出色表现,这次有可能会再次选择二轮或三轮的某一个大版上市。赠送版或生肖小版、小本可能也有一个品种上市。笔者倒是强烈推荐航天题材的邮品上市,航天是一个大题材,而且是我国可持续50年而不衰的大工程。因此,谁捷足先登航天题材谁就是赢家,但南交所的管理者未必能有这种意识。航天中的大小飞船,以及神五版票和神五小本票均可入选。0304小版也应该有1~2个品种入选,小型张应该也有品种入选。南交所上市邮品的审批制束缚了其选择品种的手脚,如改为推荐征集制,则南交所施展拳脚的空间会更大。上述邮品仅是预测,如果没有人申报,即使南交所的管理者也是干瞪眼,因此为了抢占市场,南交所必须改变目前上市邮品的审批流程,改审批制为文交所推荐征集制。

2014-03-06 19:31:04

南交所抢夺筹码的雷霆行动

在各地文交所纷纷开办之际,邮品和钱币的有限资源将被抢劫一空,作为电子盘老大的南交所面对全国的筹码大战,终于按捺不住,加入了抢夺资源的大战。这次挂牌藏品共计17种,征集藏品68种,合计87种,显示了南交所管理层虚心听取投资者呼声、顺应民意的决心。南交所抢夺筹码的雷霆行动,不仅为南交所奠定了电子盘老大的霸主地位,而且对整个现货市场乃至整个邮市行情产生无法估量的推动作用。特别是在征集邮品中邮资片占有了一席之地,爱心错片也列入其中。可以预计,中国乃至世界的第一大错片——爱心错片的上市,将对整个邮市产生巨大的推动作用。从某种意义上说,爱心错片是所有邮品中最没有价格牵制的邮品,其上涨空间不可限量。

2014 - 03 - 10 19:05:45

上市后的爱心错片会有几个涨停

爱心错片将在本月 18 号申购,21 号上市开盘,挂牌价是 123 元。爱心错片是投资者最值得期待的一个邮品,庄家王福斌先生具有超强实力,自其运作爱心错片以来,做了大量的推广沉淀工作。本次爱心错片的托管量达 80 900 多枚,对于总存世量十几万枚的爱心错片来说,除去 F15,O01,O02 三个组号,以及 B03,F05 的原刀和 90,96 号等特殊号码,爱心错片能托管的量大约就是这些,后续的量不会太多。对于一个上市邮品来说,这点量是太少了,而且现货市场上的爱心错片大多是上市时被淘汰下来的,对电子盘不会构成压力。

上市后的爱心错片到底有几个涨停,价值几何,大家拭目以待。

2014 - 07 - 16 20:46:11

申购创纪录的爱心错片接下来会创造怎样的奇迹

这次有 2.1 亿资金申购爱心错片,开创了自南交所开办以来单一邮品申购资金的最高纪录,这一纪录在最近一二个月内不会被轻易打破。在此,我们应该谢谢赵先生,赵复兴先生的反面宣传功不可没。从中我们也可以看出,大众真正喜欢的东西是没有人能够阻挡的,现代人都不傻,因此别把邮友当傻瓜。接下来爱心错片将给邮人带来怎样的惊喜,我们拭目以待。

2014 - 07 - 20 08:58:28

南交所上市的 4 个邮资片天天涨停

低价收购,已收不到货。可以预见,市场将在月底消灭 2.5 元/枚以下的邮资片。南交所上市的 4 个邮资片天天封涨停,让人真正领略到了邮资片的强大威力。前期上市的物理年和亚洲杯本来涨停板已经打开,后由于诗歌节片和爱心错片的上市,带动这两个邮资片又连续 3 天封涨停。明天这两个邮资片如果再封涨停,亚洲杯的涨幅超过了 350%,物理年也已接近 300%。涨幅已可用惊人来形容。这两个邮资片能到多少价位,现在真的还不好预测,照其走势,涨 4 倍应该没有问题。

后来上市的诗歌节片和爱心错片开头几天的涨势比物理年和亚洲杯上市时的风头更劲。爱心错片今天只成交 1 枚,诗歌节片也只成交了 170 枚。这两个邮资片的成交量反而比第一天更少,说明持有人严重惜售。不知几个涨停后才有成交量放出。笔者估计,不到五六个涨停是不可能有成交量放出的。估计爱心错片有十几个涨停,上涨三四倍应该没有问题。极端的预测爱心错片可一口气涨至 600 元左右。

邮资片上市为邮市大行情打开了一个缺口,也为电子盘带来了人气,希望南交所抓紧上市邮资片,将因邮资片上市而引发的邮市大行情之火越烧越旺。

2014 - 07 - 22 18:43:16

由爱心错片连续强势涨停所想到的

爱心错片已连续 8 个涨停,预计至少还会有四五个涨停。爱心错片是至今南交所所有上市邮品中涨势最为凶悍的一种邮品。在连续的 8 个涨停中,卖出的数量不足 4 000 枚,昨天看看成交量有所放大,达到近 2 000 枚,但今天又开始严重惜售,成交量反而比昨天大为减少,成交不足 1 000 枚。由于爱心错片的申购数量达 2 万多枚,因此可以肯定目前成交的爱心错片都是申购者卖出的,而庄家包括全体托管者则严重惜售。

申购者之所以急于卖出爱心错片，一个重要原因是不了解爱心错片的升值潜力。其实爱心错片的连续涨停是笔者早就料到的，在爱心错片正式上市之前，笔者曾明确告诉投资者，爱心错片最起码有连续 10 个涨停，并说，最极端的可能一口气会涨到 600 元/枚左右。从现在看，虽然笔者不敢保证爱心错片一口气能涨到 600 元/枚，但至少有 10 个涨停应该是没有问题的。

笔者当时为什么有这种预测，主要基于两条：一是包括大庄家在内的托管者对爱心错片的严重看好，托管达到千枚以上的投资者都是爱心错片的铁杆投资者和收藏者，这批人对爱心错片非常喜欢也非常执著。可以说，这些人是爱心错片的痴迷者。因此，不到心理价位不会轻易出手，也许 600 元/枚根本不是这批人的终极目标，他们的目标可能是千元以上。二是爱心错片本身的绝无仅有性，题材之大、数量之少、组号变体之多、防伪性之好、错误之严重、设计之精妙绝论，所有这一切，保证了爱心错片上市后的不同凡响，冲天而起。

从爱心错片的连续强势涨停中我们可以悟出一个道理，这就是题材、数量和错误性质是决定上市后邮品走势的主要因素，而庄家和托管者的信心也来自于邮品本身的品质。

实际上具有与爱心错片同样潜质的还有错鲤鱼龙封，已经有投资者撰文介绍错鲤鱼龙封。如果资金实力强大的庄家入驻错鲤鱼龙封并在南交所上市，错鲤鱼龙封也必定能冲天而起。错鲤鱼龙封无论是数量、题材，还是错误性质都可以与爱心错片媲美，而错鲤鱼龙封与爱心错片巨大的价差，更使其具有无与伦比的投资价值。希望有能力、有远见卓识的资金实力雄厚者入驻错鲤鱼龙封，因为错鲤鱼龙封才是获取暴利的邮市第一大黑马。错鲤鱼龙封一旦上市，一定会复制爱心错片狂飙式上涨的强势特征。

2014 - 07 - 29 17:41:22

爱心错片不受托管影响还会大幅上涨

爱心错片累计涨停已有 10 个，明天将是第 11 个涨停。爱心错片严重惜售，即使第 10 个涨停，成交量也只有 5 000 枚左右。估计爱心错片还会有六七个累计涨停（不会连续涨停），价格可能会到 700 ~ 800 元/枚。爱心错片的连续涨停让有些人始料未及。像爱心错片如此优秀的题材,一口气涨至1 000元/枚也不为过。

我们可以将爱心错片与建国钞作一比较,就知道爱心错片目前的大涨是其价值的发现。建国钞几千万枚的量,最高也曾到过700多元/枚,反观爱心错片,区区10多万枚的存世量,而且被分为5个组别,有众多的变体,价格在建国钞之上很自然。对于集多项第一于一身的爱心错片,在所有新中国发行的邮品中,难道你还能找到比爱心错片更优秀的邮品吗?

有些人担心爱心错片的存世量没有传说中的那么少,再次托管的量也不会少。但笔者可以明确地告诉大家,根据南交所的新规定,即使爱心错片线上的价格达到托管条件,即线上价格 = 现货市场平均价 ×130% ×250%。目前爱心错片现货市场的价格大约为180元/枚(达到托管标准的品相),达到再次托管的爱心错片价格为180元 ×3.25 =585元。根据以上的分析,爱心错片近期突破此价格很容易,因此爱心错片的再次托管应该没有悬念。但问题是手上现在有爱心错片的能不能再次去托管,或者更确切地说,实现再次托管的量有多少?

下面我们来分析一下再次可能托管的量:第一次托管爱心错片的投资者(包括大庄家)基本上都是尽数托管,留下的少量爱心错片都是舍不得托管的,因此基本上不存在第二次托管的问题;第一次没有参加托管的投资者,一般手上都只有少量的爱心错片,成百上千的投资者少之又少,当然也有例外,但想再次在南交所托管也不是一件容易的事情,首先必须拥有线上爱心错片的量,因为托管是按比例分配数量的。因此,拥有较多爱心错片的投资者想在南交所托管,必须拥有几倍于托管量的线上爱心错片数量,而这一点一般投资者很难做到。由此可知,再次托管爱心错片的量不会很多,而且大多数投资者将被挡在再次托管的大门之外。笔者估计,即使开启再次托管,数量不会超过1万枚。

2014 -08 -03 12:27:00

爱心错片还有多少个涨停

今天爱心错片实现了第十一个涨停。笔者的预测至今天已全部应验。明天还会是涨停吗,让我们拭目以待,笔者估计仍然是涨停,爱心错片在800元/枚之内请放心持有。但上述预测不作为投资指导,投资者风险自负。

2014 -08 -04 15:15:07

爱心错片还会大幅上涨吗?

今天出差刚回来。离开上海七八天,临走那一天,爱心错片的价格只有 450 元/枚多一点,回来居然变成了 885.80 元/枚,这一价格虽然完全在笔者的预料之中,但涨得如此之快,也是笔者所始料未及的。其间南交所的再托管公告不仅没有影响爱心错片的上涨,反而让爱心错片的上涨提速。想想也是,爱心错片如此好的一个邮品,数量又如此之少,按照目前爱心错片线上的数量,以及再次托管的比例(有人说 15%,有人说 30%),爱心错片的再托管量一定会少于 1 万枚。其中的原因很清楚:一是第一次托管时,手上有成千枚的爱心错片投资者,一般都已尽数托管,留下来的少量爱心错片主要用于收藏,不会再次托管,包括大庄家在内的这部分投资者所拥有的线上爱心错片的数量占绝大部分;二是手上有爱心错片的投资者(不排除有人的量也不少),但由于第一次没有托管,现在要托管,必须拥有托管量数倍的线上错爱心错片,因而很难全部托管。因此,接下来的爱心错片价格可能还要大涨,主要是手上有爱心错片想托管的投资者不得不在线上抢购爱心错片,加上可以预见的托管数量又十分有限,再托管对爱心错片价格的影响可忽略不计,而且由于再托管的原因,使本来就十分稀少的爱心错片的线下价格出现飙升,昨天互动网上现货爱心错片价格飙升 25% 就是明证。

爱心错片到底涨至多高才能停止上涨的步伐,笔者也难以预料,但有一点可以肯定,爱心错片在最近四五天,也即在 19 日开盘前必定会连续大幅上涨,19 日以后可能会下跌。但从爱心错片最近连续涨停而成交量很少的情况看,爱心错片的继续大涨是可以预期的,毕竟爱心错片是目前所有上市邮品中最为投资者心仪的邮品,以后涨至几千元一枚投资者也不会感到奇怪。

目前爱心错片的价格已高,风险已很大。以上分析不作为投资依据,如投资者据此投资,风险自负。邮市有风险,入市需谨慎。

2014 - 08 - 13 16:29:18

爱心错片连续涨停的大戏今天将再一次开演

今天爱心错片会涨停，离 18 日争夺线上货源的大限越来越近，因此包括 18 日在内的 3 个交易日爱心错片都是涨停。毕竟托管是第一要务，要托管，没有线上爱心错片的投资者只能在线上抢货源，南京文交所就是牛，其再托管不仅不会引起价格的下跌，反而会引起对线上有限资源的争夺。再托管，再争夺，再上涨，现货市场资源越来越少。爱心错片连续上涨的大戏将再一次开演。爱心错片普通组场外货源很少，这次够条件进入托管流程的更少。笔者估计，这次爱心错片托管的量不会超过一万枚，这一万枚托管后，场外货源几近枯竭，以后如再次开启托管，只能送高级组托管了。

2014－08－15 08:21:40

爱心错片还会大涨　不要轻易下车

看看今天爱心错片的成交量就知道，出货的人很少。因此，爱心错片还会涨，而且会大涨。哪一天成交量达到 3 万枚以上，说明大庄家开始出货，现在这点成交量连小庄都没有出货，爱心错片不涨才怪呢。本人还是坚信，爱心错片还会继承大涨，请投资者看清形势，不要轻易下车，毕竟给你能带来丰厚利润的品种屈指可数。

2014－08－15 13:09:19

爱心错片　投资者的第一要务是托管

爱心错片发行以来，玩组号，玩变体，玩原刀、原包成为常态，如今这些都已成为过去，重要的是要符合上市品相，不符合上市品相的爱心错片就是原刀原包，就是再多的变体，再好的组号也是白搭。想当时第一次托管时笔者怎么也舍不得将爱心错片的美人痣原刀托管，这次再次托管，笔者决定将这一原刀托管。如果下一次再托管，笔者有可能将 F15 的鲜花版、O01 和 O02 作为普通爱心错片一起托管。这次除了托管美人痣原刀外，笔者还将豹子号也托管了，下一次托管时，只能托管中奖号 90 号和 96 号。线上和现货市场价格的巨大差距以及现货市场卖货困难的现实，迫使投资者将爱心错片都拿去托管。当然，也不排除某一天现货市场的爱心错片价格超过电子盘上的价格，随着爱心错片不断被托管，说不定真的有一天出现价格倒挂。因此，是托，是留，投资者自己拿主意。

爱心错片的再托管已成为投资者的第一要务，由于托管规定了限制性门槛，某些有货的人却无法托管，而有托管额度的人可能手上又没有过多的符合托管品相的爱心错片。因此，本次托管可能出现两种情况：一是市场上还有数量不少的普通组别的爱心错片（拥有者无法托管）；二是什么特殊号、中奖号，以及变体、原刀原包都拿去托管，有些人甚至在这一次就有可能拿稀有的 F15，O01，O02 去托管（拥有托管额度的投资者却没有爱心错片的普通组）。如果出现投资者拿稀有的 F15，O01，O02 组号的爱心错片去托管，本次爱心错片托管的量可能不会少。南交所核定的托管量是 2 万多枚，笔者估计，由于大庄家第一次已托管了较大数量，现存的爱心错片应该不会很多，因此本次再怎么托管，进库的量应该不会超过一万枚。

2014 - 08 - 20 12:47:11

南京文交所上市贵妃醉酒和猴白片是英明之举

贵妃醉酒和猴白片同属缩普系列，发行量都只有两万枚，经过市场消耗，存世量已屈指可数，因此邮市投资者对这两个邮品的认可度很高。今晚，笔者欣喜地看到了南交所对这两个邮品的托管公告。

南交所选择这两个邮品上市，是英明之举，必将引发电子盘的又一次狂飙风暴。贵妃醉酒和猴白片在南交所上市，使南交所电子盘龙头老大的地位更为稳固。在筹码的抢夺大战中，占领筹码的制高地很重要，而贵妃醉酒和猴白片就是各文交所争夺的筹码制高地。贵妃醉酒和猴白片由于其自身的优秀品质、庄家强大的实力，上市以后一定会吸引投资者的眼球，创造电子盘的又一次辉煌。

2014 - 08 - 22 22:02:59

爱心错片在站上千元台阶后的价格预测和展望

2014 年 8 月 22 日,对于爱心错片来说,是一个值得纪念的日子,因为在这一天,爱心错片成功地攻破了千元大关。这一历史性的突破,不仅对爱心错片,而且对南交所甚至整个电子盘都具有重大意义,邮人梦寐以求的爱心错片千元大关终于攻破,她标志着邮资片进入了千元交易的时代,这不仅为邮资片的上涨奠定了基础,而且为整个电子盘邮品的上涨打开了空间。

对于爱心错片这样一个超级大错片来说,千元大关只是其上涨途中的一个驿站,其最终的价格可能会达到数千元。事实一再证实了笔者此前对爱心错片一系列阶段性价格预测的正确性,笔者给出的价格从 600 元至 800 元,在两个星期之前,笔者就曾预测爱心错片将会达到 1 000 元。对于爱心错片,投资者在任何时候卖出都是错误的,在任何时候买进都是正确的。

在爱心错片再次放开托管的前夜,连封两个涨停,一举攻克千元大关,其传递上涨信息的意义不同凡响。其实,爱心错片的连续大涨不仅是大庄家雄厚实力的展现,也是其内在价值的体现。在邮品和纸质钱币中,除了爱心错片以外,南交所已经或即将站上千元台阶的有虎大版和建国钞。从存世量和珍稀性看,上述两个品种都无法与爱心错片相比,尤其是建国钞,其发行量是天量。建国钞的价格能接近千元,而且突破千元是迟早之事,为什么爱心错片不能达到几千元呢?因此,笔者再一次对爱心错片的价格进行大胆的预测和展望,爱心错片在 3 个月之内,其价格将会达到 2 000 元。市场是否按笔者的预测运行,让我们拭目以待。

2014 - 08 - 23 07:18:44

猴白片和贵妃醉酒上市后会有几个涨停

缩普由于量极为稀少,成为邮市中的精品,而缩普中的猴白片和贵妃醉酒更是精品中的精品。猴白片因与猴有关系,使邮人自然而然地会想起金猴。因有金猴所拓展的12 000元/枚的价格空间，给猴白片的上涨提供了合理想象的空间。近来猴白片的表现十分出彩，市场成交价已达到4 000多元/枚。贵妃醉酒的名气更大，市场价格也是节节攀升，目前也在4 000元/枚左右。而南交所确定的猴白片和贵妃醉酒上市的基准价却只有1 380元/枚，上市基准价与现货市场成交价的巨大价差使上市以后的这两款邮品一定会出现连续涨停，到底有多少个涨停，前面上市的几个邮资片已经给邮人做了回答。

笔者在这里只是想强调一点，在南交所已经上市的几个邮资片中，现货市场的成交价都没有像猴白片和贵妃醉酒那样高于上市基准价几倍。如果笔者没有记错的话，好像还没有超过一倍的邮资片，而猴白片和贵妃醉酒以现货市场成交价超过上市基准价近2倍的价格成为邮市中的“绩优股“。因此，上市以后连续涨停的次数应该超过以前发行的任何一款邮资片，最起码会复制爱心错片和山东风光本片所创造的连续涨停和狂飙突进式的上涨模式。

电子盘的经典邮品和上涨明星正在出现，而猴白片和贵妃醉酒最有可能成为电子盘的经典邮品和上涨明星。

2014－08－24 22:22:07

爱心错片的顶在投资者的心中

爱心错片上市以后，累计涨停已达20多个，但爱心错片的上涨还比较理性，不像南交所的个别品种，一口气连续16个涨停，把投资者完全拒绝在大门外面。爱心错片是涨涨停停，其间还出现了两次较大幅度的下跌，尽管每天的交易量不是很大，但给投资者以上车下车的机会，因此还是比较稳健、比较理性的。

有投资者对爱心错片的大幅上涨颇有微词，其实是这些人不了解爱心错片的真正价值。爱心错片是目前南交所上市品种中最有投资价值的邮品，目前的价位仅是其起步阶段。作为一个超级大错片，而且量又是十分稀少的邮品，目前1 200元/枚左右的价位投资者根本没有恐惧的必要。与中银错片相比，爱心错片目前的价格还有很大的上涨空间，同为10万枚左右存世量的中银错片，在1997年行情中曾经达到1万元/枚，由于电子盘交易的便利性，以及适合大资金进出运作的特点，爱心错片的价格不应该低于中银错片曾经达到的价格。这种思维形式和推断必然会引出爱心错片何处是顶的讨论。尚铂喜先生今天发表的帖子已对这一问题有所涉及,并给出了结论。

笔者认为,讨论爱心错片何处是顶的问题,为时尚早,因为人们对新事物和某一邮品的认识需要有一个过程,而认识总是在事物的不断变化发展中而变得更为接近事实。虽然对于爱心错片上市以后的价格预测,笔者一直较为大胆,因为笔者一直看好这一邮品,但笔者对上市以后的价格预测也经历了几个阶段,给出的价格从600元、800元至1 200元,并在一篇帖子中预测至年底会达到2 000元。现在看来,笔者的预测还是保守的。事实证明,到目前为止,包括笔者在内,如果不及时补货的话,在任何时候卖出爱心错片都是错误的。之所以错误,就是持有人对其顶的错误预测。其实,对于爱心错片这种成长性很好的邮品,不要轻易言顶。在投资市场,顶是上涨的终极价格,言顶就是预测终极价格。而事实证明,对顶的预测都是失败的,因为人的认识与事实总是有距离的。

对于投资者来说,顶就在自己的心中。因此,对顶的把握,关乎投资的成败,由于每个人心中有不同的顶,因而就有了不同的买卖行为。有人拼命卖出,有人却拼命买进,而不管卖出和买进,说到底都是投资者心中的顶在作怪。爱心错片的投资者在心中有着各不相同的顶,笔者的忠告是,对于爱心错片这样的邮品,心中的顶可以高估一头。

2014-08-26 19:01:15

缩普的重大投资价值正在被南交所挖掘

今天,南交所一下子公布了13种邮品的托管公告,缩普也是公告邮品之一,这表明南交所的决策层具有远大的战略眼光和抢夺有限资源、占领市场先机的智慧。

缩普的稀有性是众所公认的。缩普只有2万枚的发行量,是最为稀少的邮品板块,缩普中的猴白片和贵妃醉酒更是精品中的精品,在整个缩普系列中具有王者的地位。猴白片会使人自然而然地联想到一轮金猴,作为发行量500万枚的金猴,目前的价格稳定在12 000元/枚左右,人们有理由相信,上市以后的猴白片也会向万元挺进。与缩普贵妃醉酒同名的有贵妃醉酒小型张。贵妃醉酒小型张发行量3万枚,目前的价格为17万元/枚,因此上市后的缩普贵妃醉酒会达到什么样的价格，不用笔者预测，投资者心中也应该十分清楚。

目前，包括猴白片和贵妃醉酒在内的缩普均处于投资洼地，南交所对缩普投资价值的挖掘必然会引发投资者投资和收藏缩普的热潮。

2014－08－27 19:14:10

爱心错片和诗歌节片正在成为大资金青睐的美食

目前社会资金蜂拥而至，大资金所青睐的不是具有大资金容量的垃圾（由于垃圾天量发行，因此即使低价，资金容量仍然很大）品种，而是精品且适合大资金进出的品种，爱心错片和诗歌节片就是既具精品又能容纳大资金的邮品。爱心错片和诗歌节片刚上盘时均是小容量品种，无法容纳大资金吞吐。但随着不断托管和价格的飙升，资金容量越来越大，目前爱心错片的资金容量已超过1亿元，在电子盘上资金容量的排名已经居前，如果再托管使电子盘的总枚数达到10万枚，单价达到3 000元，资金总容量就能达到3亿元，成为名副其实的"大盘股"。届时，大资金进出就十分方便。因此，笔者强烈看好这两个品种，精品适合于大资金进出的将来就是这两个品种，因此其升值潜力不可限量。

2014－08－28 09:13:50

千元诗歌万元爱心是异想天开还是合理预测

最近邮市预测大师尚铂喜先生连续发文，对爱心错片和诗歌节片的价格走向作了大胆预测，提出了"千元诗歌、万元爱心"的口号，对整个电子盘的投资人展示了美好的投资前景，令人鼓舞。如能实现尚兄的预测目标，不仅对爱心错片和诗歌节片，而且对整个邮市上升空间的打开都有重大意义。现在要回答的问题是，"千元诗歌、万元爱心"是不是只是一个邮市预测者的梦想，实现的概率有多少。换一句话说,是异想天开还是合理预测。

要回答这一问题,让我们回顾一下 1997 年邮市大行情中相似邮品的价格高度。在 1997 年邮市特大行情中,最为邮人所津津乐道的并非是第一轮猴票,而是中银错片。这枚错片从面值 0.40 元/枚起步,一直涨至 1 万元/枚,上演了邮市的上涨神话。中银错片的存世量大约为 10 万枚,而且只错了一个英文字母。爱心错片的存世量大约在 15 万枚左右,其存世量虽比中银错片多了近 5 万枚,但与中银错片相比,爱心错片具有自己的优势:一是防伪性强,其防伪性堪称一流,造假的难度可与人民币媲美,自爱心错片面世以来,市场上还没有出现过假货,这一点对投资者很重要,中银错片因为有很多假货,使投资者望而却步;二是被分为 5 个组别,每一枚都有独特的不会重复的编号,而中银错片没有编号;三是错误性质有别,爱心错片之错是人的肢体之错,这种错误在邮品发行史上是空前绝后之错,而中银错片只错了一个字母,不懂英文或虽懂英文的粗心的投资者很难发现这种错误;四是很有审美性,爱心错片上的两个小姑娘人见人爱,在发行过的邮品中还没有发现画面意境如此优美的邮品,其鲜艳的色彩让人过目不忘。

上述只是从邮品本身的优劣作对比。从邮市的投资环境看,电子化的交易方式与 1997 年已不能相提并论。首先是参与人数的急速增加,投入资金的急速膨胀,电子化交易以实时性、便利性、安全性等诸多优势正在被越来越多的投资人所接受,目前南交所一天的开户人数就在六七百人以上,交易的资金近 3 亿元左右。这种交易规模以及参与交易人数的迅速增加,都是以前无法想象的。其次是投资人的价值观念也发生了重大变化,随着人们收入的增加,在 1997 年,一万元钱绝对不是一个小数目,而现在的一万元钱与当时已不可同日而语。

通过上述分析,笔者可以得出结论,尚兄的“千元诗歌、万元爱心”并不是一个投资者永远无法吃到的画饼,而是一个有可能实现的真实存在。

笔者认为,尚兄提出的预测是合理的,邮市终究会证明尚兄作为邮市预测大师的天才预言的准确性。但在实现过程中,应该划分为几个价格阶段。是否可以将诗歌节片和爱心错片分别划分为这样 3 个阶级,即:第一阶段,其价格目标为 200 元, 2 000 元;第二阶段,其价格目标为 500 元, 5 000 元;第三阶段,其价格目标为 1 000 元,10 000 元。事实上,第一阶段的目标已经实现,实现这一目标意义非凡,标志着电子盘两个“大牛股”的出现,为投资者集聚这两个邮品、实现更高价格目标奠定了基础;第二阶段的目标正在实现,500 元和 5 000 元,对于诗歌节片和爱心错片来说,是一个价格的坎,只要跨越这道坎,诗歌节片和爱心错片才能向各自的终极目标挺进。从倍数上来说,由第一阶段向第二阶段迈进,上涨倍数为 1.5 倍,而由第二阶段向第三阶段迈进，上涨倍数为1倍，要相对容易些。

在投资市场，只有想不到，没有做不到，一切皆有可能，尤其是在电子化这一创新投资平台上，投资者不能用习惯性思维来考虑问题，指导投资，不能墨守成规，要有创新思维。只有这样，才能适应已经变化了的投资环境，实现利润最大化的目标。

2014－09－06 12:53:54

陨石雨小版和杨家埠小全张庄家的操盘手法老到、强悍

陨石雨小版和杨家埠小全张今天以涨停报收，分别成交了近4.7万版，27万多版，从跌停到涨停，并放量成交，显示了庄家强大的资金实力和老到强悍的操盘手法。凡是在逆市中敢于走强的品种，其上升空间必然巨大。陨石雨小版发行量42万版，其数量和精美程度可与发行量40万版的崆峒山小版媲美，而崆峒山小版曾到过1 400多元/版。因此，陨石雨小版涨至1 000元/版应该没有问题。今天杨家埠小全张庄家的操盘手法与陨石雨小版如出一辙，巨量成交显示了庄家洗盘的坚决和彻底，庄家已囊括了散户手中的大部分筹码。笔者估计，杨家埠小全张在近期上100元应该没有问题。

2014－09－19 19:50:52

十八大评选张必定成为申购者的首选品种

十八大评选张明天就要开始申购了。这是近阶段南交所上市的一个重量级品种，也是邮市投资者盼望已久的一个品种。十八大评选张的政治意义无与伦比，而且仅有8万枚的发行量，是庄家高度控盘的一个品种。十八大评选张的上市基准价定价偏低，仅为308元/枚，而今天市场的成交价已达近1 000元/枚，其基准价

与市场成交价间的巨大价差为申购者提供了强劲的申购动力和巨大的赢利空间。因此,申购十八大评选张必定成为所有申购者的首选,申购十八大评选张一定会给你带来丰厚的回报和长期的喜悦。

2014－09－19 20:13:34

错过了爱心错片　别再错过十八大评选张

今天是十八大评选张的申购日,错过了爱心错片的投资者,再别错过十八大评选张了,应将十八大评选张作为今天申购的首选品种。一个庄家强控盘的品种,投资者要想拥有它,申购是最好的机会。

笔者当时对爱心错片的痴迷和强力推荐,是闻名于整个邮市论坛的,好多人因为相信笔者,掘得了人生的第一桶金,今天,掘金的机会又一次来临,你是选择放弃还是选择拥有,完全是在一念之间。请投资者再一次相信笔者的独特眼光,申购十八大评选张,拥有十八大评选张。

2014－09－20 10:28:11

南交所电子盘新龙头正在崛起

南交所上一轮的龙头品种爱心错片和诗歌节片需要休息一段时间,这一阶段的连续下跌已使其风光不再,其再次崛起需要时间。但笔者坚持认为,诗歌节片和爱心错片不会就此销声匿迹,千元诗歌和万元爱心只是时间问题。诗歌节片和爱心错片在放开托管以后再也没有托管的后顾之忧,特别是爱心错片,不会再次开启托管,经过两次再托管以后,爱心错片已没有东西好托。电子盘上就这点量,大错片概念加上大庄家实力,爱心错片再次飙升终有时。由爱心错片和诗歌节片引爆大盘的任务已经完成,南交所的电子盘行情也由捡钱行情的第一阶段进入品种分化、稳定增长、靠锁定优质筹码才能获取丰厚利润的第二阶段。电子盘行情需要有新龙头不断地替代老龙头才能将行情引向深入。

作为南交所电子盘第二阶段的龙头必须具备以下 3 个条件：一是题材巨大，收藏群体广泛；二是量相对较小，并具有量价比优势；三是适合于电子盘炒作，且在电子盘上表现出色，口碑很好。综观南交所电子盘上的品种，能担当第二阶段龙头大任的候选品种只有十八大评选张（邮票）、山东风光本片（邮资片）、牛年流通币（钱币）。

十八大评选张发行量 8 万枚，电子盘托管量为 48 574 枚，最终能上电子盘的数量估计不会超过 6.5 万枚。上市基准价 308 元，现货市场价 2 080 元，估计电子盘在 2 500 元左右才能打开涨停板。十八大评选张完全符合作为龙头的全部条件，笔者一直看好十八大评选张，踏上万元征程几乎没有悬念。

山东风光本片，发行量 35 万枚，电子盘托管量为 193 134 套，最终能上电子盘的数量估计不会超过 30 万套。上市基准价 18 元，其最高价为 332.50 元。上市之初由于现货市场价格高企，山东风光本片因长期连续涨停而被停盘两个星期，后遇市场大幅下跌而被错杀。因此，山东风光本片有点生不逢时，上次的市场高点 332.50 元根本没有体现其真正的价值。山东风光本片具有 10 枚邮资片，几乎囊括了山东所有的名胜古迹、自然风光，其中的“曲阜孔庙”和“邹城孟庙”两枚邮资片文化底蕴无与伦比。只有 35 万套发行量、包括 10 枚邮资片的山东风光本片绝对不止值现在的区区二三百元。笔者非常看好山东风光本片，千元应该不是其最终目标。

牛年流通币，发行量 3 000 万枚，电子盘已经托管的量为 654 500 枚，在生肖币中的托管量相对较少。由于南交所承诺在半年内停止再托管，这就给了牛年流通币充当电子盘龙头的机会。南交所电子盘上的牛年流通币也完全符合作为龙头的全部条件。前期由于庄家的不努力，牛年流通币表现一直不佳，但近来突然风生水起。风光无限，已连续多个涨停，龙头特征初现。

上述候选的 3 个品种，谁将是真正的新龙头，带领电子盘行情向纵深发展，让我们拭目以待。

2014－10－16 20:23:47

电子盘新龙头十八大评选张

笔者在几天前曾写过《南交所电子盘新龙头正在崛起》的帖子,并将十八大评选张、山东风光本片和牛年流通币共同作为南交所电子盘的候补龙头品种。经过这一阶段电子盘的涨跌,十八大评选张已脱颖而出,成为南交所电子盘的新龙头。十八大评选张发行量 8 万枚,电子盘托管量为 48 574 枚,最终能上电子盘的数量估计不会超过 6.5 万枚。上市基准价 308 元/枚,现货市场价 2 080 元/枚,今天涨停收盘,收盘价为 2 692.60 元/枚。十八大评选张自上市至今,曾有两天打开涨停成交,但打开的价格均在 2 000 元/枚以上。特别是今天,十八大评选张出现了上下巨幅振荡,总振幅达 18% 左右,而且今天的成交放出巨量,至收盘时封涨停,这说明十八大评选张非常强势,投资者根本不惧目前的价位。

十八大评选张虽涨势如虹,但与南交所电子盘上的其他品种相比,仍是最有投资价值的品种。根据南交所今天的《现货市场信息采集表》,十八大评选张与现货市场的基准价仍是负值,为 -19%,这说明十八大评选张具有巨大的上涨空间,是最值得投资者收藏和投资的品种。南交所电子盘上的很多品种已严重偏离现货市场的价格,有些品种甚至高于现货基准价的 100% ~200%。

由于十八大评选张题材巨大,发行数量适合炒作,其投资前景不可限量。在电子盘上,真正适合投资者投资和投机的品种是发行量 5 万至 20 万枚(版)左右的品种,发行量过小和过大都会对炒作和品种的上涨带来不利影响,发行量过小的品种虽有较好的成长性,但大资金无法进入,参与群体也受很大限制,而发行量过大的品种,虽然适合大资金进入,但由于量大原因,在比价效应的牵制下,成长性会受到限制。因此,发行量仅有 8 万枚的十八大评选张,是最适合投资和投机的电子盘上的炒作品种。笔者一直看好十八大评选张,预见在年内或在明年的二三月份会踏上万元的台阶。

踏上万元征程并非是十八大评选张的终极目标,十八大评选张应该有更宏伟的目标,应向更高的目标迈进。其实,过万元的邮品在电子盘上早已存在,这就是发行量只有 2 万枚的缩普贵妃醉酒邮资片,贵妃醉酒邮资片前几天在南交所电子盘上的价格为 12 000 多元/枚,是南交所电子盘上最早过万元的邮品。但贵妃醉酒无法成为电子盘的新龙头，道理很简单，贵妃醉酒邮资片由于量太小只能适合小众参与，而且缩普收藏者少，与收藏者众的十八大评选张不可同日而语。当然贵妃醉酒也是投资者值得投资和拥有的邮品，但十八大评选张的投资前景应该超过贵妃醉酒，理由有两条；一是贵妃醉酒的量不适合炒作，而十八大评选张的量适合大资金进出和中小资金参与；二是十八大评选张的题材大大超过贵妃醉酒，且收藏者众，分散性好。

在《天宇报价》中，十八大评选张为 2 700 元/枚，如果天宇的报价是市场的成交价，十八大评选张二次打开涨停板肯定有不为人知的原因，只是普通投资者无从知晓而已。今天十八大评选张的大幅振荡为投资者抢夺该筹码创造了机会和条件，今天你抢到十八大评选张了吗？如果你抢到了，那末笔者在这里恭喜你，十八大评选张，抢到即赚到，明天也许还有拥有这一筹码的机会，别错过了难得的机会。坚决抢夺十八大评选张，实现自己的财富人生。

南交所电子盘有望在十八大评选张新龙头的带领下，在最近会再次走强，并在最近几天很多品种将再次创出新高。

2014 - 10 - 23 19:31:53

要正确理解笔者对诗歌节片和爱心错片的预测

有人将笔者所说的“千元诗歌万元爱心”断章取义。大家知道，这仅是诗歌和爱心的终极价格，而什么时候能达到这一价格，笔者并没有对此进行具体的预测，也可以是 1 年，也可以是 3 年、5 年。现在有些投资者的心态很不好，只要一跌就骂人，如此的心态怎能来市场投资？笔者一直在说，在投资市场，赚是缘份，亏也是缘份。万元爱心是笔者在爱心错片 2 000 元/枚时对爱心错片的预测，自笔者《千元诗歌万元爱心是异想天开还是合理预测》的帖子发表后，爱心错片的价格曾达到 4 200 元/枚。听笔者话投资爱心错片并及时在 4 000 元左右了结的投资者赚了多少？而一部分投资者机械地理解笔者的预测，将笔者的终极价格当成马上就能实现的价格，在上涨中不注意风险，由于太贪而被高位套住，这能怨谁呢，只能怨自己太贪心。听笔者的话投资爱心错片的绝大多数人是大赚特赚，被套住的仅仅是一部分贪心的投资者。

其实，痴迷爱心错片，是笔者几年如一日的一贯行为，是笔者的邮市情结。爱心错片也没有辜负笔者的执著，为笔者以及听信笔者的投资者曾带来巨额的财富，而且这种财富还将继续创造，继续复制。因爱心错片的成功推荐，笔者曾在爱心错片放开托管的南交所托管现场，受到过英雄凯旋般的礼遇，拥有爱心错片的投资者对笔者赞誉有加，以能认识笔者为荣耀。

事过境迁，由于爱心错片的大幅下跌，套住了一部分投资者，这不是笔者之过，而且笔者从未说过诗歌节片和爱心错片何时能到千元、万元，这仅是一个终极的价格，没有具体的时间表，相信的就投资，不相信的可以不投资，而且投资者都不是3岁小孩，对自己的投资行为应具有自主能力。

爱心错片能否达到万元，甚至万元以上，回答是肯定的，投资者不应该因爱心错片的大幅下跌而对爱心错片的万元征程有丝毫的怀疑。爱心错片经过3次托管、特别是第三次托管以后，场外符合托管品相标准的爱心错片已少之又少，南交所不可能进行第四次托管，因为已没有可用于托管的爱心错片。因此，爱心错片是南交所电子盘的全流通品种。南交所电子盘上的量只有17多万枚的大错片，没有理由不上万元。

2014－10－24 19:51:08

强烈推荐生肖币龙头羊年流通币

有邮友看好羊年流通币，在网上热情地向投资者作了全面推荐。笔者也看好羊年流通币，认为作为生肖币的龙头品种，羊年流通币目前的价格偏低，具有较大的上涨空间。根据南交所10月23日的《现货市场信息采集表》，羊年流通币与现货市场基准价只高41%，是电子盘中偏离现货市场基准价较小的一个品种，与某些高于基准价200%左右的品种相比，羊年流通币是一个风险低、上涨空间大的品种。在这轮行情中，有些品种已经创了新高，而羊年流通币与其前期的高点922元相比，还有很大的距离，如果能创新高，则上升空间更大。为此，笔者向邮友强烈推荐羊年流通币。

2014－10－24 21:04:08

山东风光本片将再创新高

山东风光本片,发行量35万套,电子盘托管量为193 134套,最终能上电子盘的数量估计不会超过30万套。其上市后的第一个价格高点为332.50元/套。上市之初由于现货市场价格高企,山东风光本片因长期连续涨停而被停盘两个星期,开盘后遇市场大幅下跌而被错杀。因此,山东风光本片有点生不逢时,上市后的第一个市场高点332.50元/套根本没有体现其真正的价值。前几天山东风光本片在投资者的一致看好下,涨至400元/套,但随着大盘的突然大幅回落,曾跌至270多元/套,但这一价格仍然大大高于本轮的启动价195元/套,其强势特征尽显。山东风光本片在两次上涨中都遭致大盘拖累,没有真正体现其价值。根据强者恒强的上涨规律,山东风光本片将再创新高,直接挑战500元/套大关。

山东风光本片包含10枚邮资片,几乎囊括了山东所有的名胜古迹、自然风光,其中的"曲阜孔庙"和"邹城孟庙"两枚邮资片文化底蕴无与伦比。只有35万套发行量、包括10枚邮资片的山东风光本片绝对不止值现在的区区二三百元,500元/套也只不过是其上涨途中的一个驿站,笔者非常看好山东风光本片,千元应该不是其最终目标。

目前发行量100万枚左右的邮资片上市后的价格动辄几百元,而发行量只有35万套、包含10枚邮资片的山东风光本片却只有300元多一点,平均每枚邮资片30多元,是不是便宜得不可思议。就是涨至1 000元/套,平均每枚也只有100元,仍然没有达到其应有的价值。山东风光本片,绝对是你值得投资的一个具有无限升值潜力的品种。相信笔者的就买,不相信的请千万别碰,投资心态不好且素质低下的投资者请远离山东风光本片,笔者无意向这些人推荐。

2014－10－25 08:04:30

请投资者关注国旗国徽不干胶小版

国旗国徽不干胶小版,2004 年 9 月 30 日发行,这是我国发行的第一套不干胶邮票。发行量 50 万版。作为我国邮政发行的不干胶龙头邮品,而且发行量在不干胶系列里是最少的,其升值潜力不言而喻。在经过 10 多年的消耗沉淀以后,加上不干胶不易保存,品相好的国旗国徽不干胶小版的数量已十分有限。不干胶品种已经成为一个系列,国旗国徽不干胶小版具有两大效应:一是龙头效应;二是瓶颈效应。由于后期发行的不干胶邮品的量一般都很大,因此作为不干胶龙头的国旗国徽不干胶小版具有很大的升值空间和潜力。国旗国徽不干胶小版属红色题材,近年来红色题材邮品的价格都大幅飙升,但目前国旗国徽不干胶小版的价格没有体现其价值,仍处在较低的水平上。无论是题材还是量价比,国旗国徽不干胶小版都值得投资者关注和投资。国旗国徽不干胶小版因有多种优势集于一身,因此上涨甚至大幅飙升是可以期待的。

2014 - 10 - 25 12:38:31

大题材　大制作　大庄家　大手笔

十八大评选张自在南交所上市以来,一路高歌猛进,成为当前南交所电子盘的新龙头。十八大评选张的出色表现,既是在人们的预料之中,也是在人们的意料之外。十八大评选张成为电子盘的新龙头,有其内在的原因,也是庄家大手笔操盘的结果。大题材、大制作、大庄家、大手笔是十八大评选张之所以成为十八大评选张的根本原因,也是十八大评选张能够继续创造辉煌甚至创造投资神话的根本保证。

一、大题材。十八大是在我党我国历史上承前启后、开创辉煌的大会,十八大确立了以习近平同志为首的新一届党的领导人,十八大确立的大政方针将影响中国很多年。当代领导人都产生于党的十八大,因此十八大的题材无与伦比,是名副其实的大题材。

二、大制作。十八大评选张制作精良，很有美感，体现了制作者的良苦用心。评选张自发行以来，已成为一个系列，十八大评选张虽不是评选张的首发邮品，但因其特殊的题材，以及作为邮政惟一公布发行量的评选张，绝对是评选张系列中当然的龙头和瓶颈邮品。大制作不仅是指十八大评选张本身所体现的精美绝伦，而且还体现在邮政的精心打造，十八大评选张甫一出世，邮政马上公布发行量，其8万枚的发行量本身就在告诉投资者，十八大评选张才是邮市真正的霸主，是邮市最大的龙头。邮政从2003年开始打造03小版，将03小版的发行量降低至40万版，此后几年，邮政又开始打造评选张系列，并直接将十八大评选张的发行量降至8万枚，使其成为评选张系列的真正龙头，其大制作的目的让人意味深长。

三、大庄家。十八大评选张的庄家是真正的大庄家，资金实力雄厚，控盘能力极强，8万枚的十八大评选张，大庄家控盘70% ~80%，大庄家游刃有余的操盘手法，让投资者真正领略到了什么是善庄，什么是运作的大手笔。

四、大手笔。十八大评选张自上市以来，虽则一路狂飙突进，但投资者自由进出，参与者众，成为投资者最为青睐、也最为赚钱的电子盘品种，而且投资者在投资这一品种时，毫无恐惧感，这与大庄家的大手笔运作是分不开的。大庄家的大手笔运作主要体现在：一是开放式涨停，虽然每天封涨停，但开头和中间都会打开涨停，以便投资者自由上下，积极参与；二是线上线下联动，使线上价格和线下价格的距离拉近，在已经打开涨停的品种中，惟有十八大评选张是与现货市场基准价倒挂的品种。

十八大评选张今天曾经跌停，是投资者上车的机会还是出货逃命的机会。笔者曾写过十八大评选张会踏上万元台阶的帖子。笔者仍然坚信，十八大评选张万元不是其终极目标。当然，投资者要正确理解笔者的预测，在十八大评选张实现万元目标的征程中，其间必然有反复，涨涨跌跌很正常，投资者在投资的过程中要始终保持一份警惕。市场充满着风险，即使像十八大评选张这样优秀的品种也不能例外。

2014-10-29 20:43:32

大盘调整是最好的换筹机会

南交所电子盘近几天的连续大幅下跌，将一些人跌得已经不知东南西北了。实际上，上涨和下跌都是市场的常态，现阶段大跌的南交所必然会迎来下阶段的大涨。综观这几天的一些邮评，感到有些评论者十分的幼稚可笑，有人大叫大喊从南交所撤资去南方交易所或去别的交易所，这种情绪如果是对南交所交易软件卡、无法进行交易，或是对南交所服务态度和服务质量的问题发发牢骚无偿不可，但千万不能当真，一旦有人当真，遭受损失将是必然的。对于南交所的交易软件问题以及一切令投资者不满意甚至痛恨的事，笔者也有自己的看法，为此笔者曾专门发帖，要求南交所尽快解决交易软件问题及其他相关问题。但如果要说去其他交易所，笔者真的十分的不愿意。因为在南交所大跌、南方交易所大涨以后，网上还在鼓动大家去南方交易所或别的其他交易所，笔者感到这些人要么居心叵测，要么真是傻瓜蛋一个。听信他们的投资者，很有可能两面挨耳光，即在南交所割肉进入已经价格高企的南方交易所或其他交易所，进去以后很有可能也会遭受如南交所一样的下跌，因为有涨必有跌，有跌必有涨，这是投资市场的常态。

南交所已经跌到这个份上，还能跌多少？因此，正确的做法；一是多看少动，防止出现操作失误；二是调换筹码，将自己心仪的筹码乘现在低价坚决地收入囊中。有人说子弹已经打完，收购已无能为力。其实只要电子盘上有市值，你的子弹取之不尽，问题是你想不想换，敢不敢换。笔者今天大量抛出纪念邮资片和图书评选纪念张，大量地坚决地买进处于地板价、原本自己一直看好的十八大评选张、山东风光本片和羊年流通币。山东风光本片，笔者在将近 260～280 元/套的时候曾大量买进，而且在涨至 400 元/套时都没有出货，因为笔者看好山东风光本片，认为发行量仅有 35 万套、包含 10 枚邮资片的山东风光本片没有理由不涨，也没有理由只有区区的几百元。笔者今天在山东风光本片跌至 210 多元/套的时候买了不少，看看有些发行量 80 多万枚的 JP 价格高出山东风光本片一大截，笔者感慨万千，也很无语，也许这就是电子盘，但价值投资是成熟市场无法跨越的一道坎。因此，山东风光本片的飙升只是时间问题。

笔者之所以在图书评选张 1 700 元/枚的时候全部清仓，杀入已处地板价的十八大评选张,因为比较这两个评选张,笔者感到它们应该不在一个档次上,十八大评选张应该高于图书评选张几个数量级,图书评选张 1 700 多元,而十八大评选张 2 700 多元,价格仅相差 1 000 多元,是要十八大评选张还是要图书评选张,相信投资者都会如笔者一样作出自己的正确选择。下面再来说说羊年流通币,笔者曾在 900 多元/枚少量买进过,后来在 700 元/枚左右又买进了不少,在羊年流通币下跌的过程中,笔者坚决买进,今天跌到 600 元/枚左右的时候笔者又买进了不少。

之所以说这些,一是表明本人仍然看好南交所,二是利用本帖一并回答很多投资者的来电、来信,很多投资者尤其是有很多学生一直在问本人买了什么?看好什么品种?以上仅仅是本人的操盘实录,不作为投资指导,如果有人据此投资,风险自负。

2014 - 11 - 01 20:30:26

当投资机遇重现时投资者你该做什么?

由于其重大的题材和仅有 8 万枚的发行量,十八大评选张在上市之初,曾创出 4 300 多元/枚的价格,后随着大盘的下跌而下跌,最低曾跌至 2 400 多元/枚,大多数时间维持在 3 000 元/枚左右上下波动。近一段时间,十八大评选张又出现了一波探底行情,至昨天跌至 2 554 元/枚,图书评选张为 2 400 元/枚,两者仅相差 154 元。与图书评选张相比,十八大评选张具有无与伦比的价格优势。

首先,十八大评选张的题材重大,其题材的重要性图书评选张只能望其项背,完全不在一个档次上。邮品收藏者和投资者都知道,题材是决定邮品价格的基础,是一个邮品之所以超越其他邮品的根本原因。近几年,红色题材风靡邮坛,只要是红色题材,价格要超过其他题材很多倍,十八大评选张作为红色题材,其题材的重要性不言而喻。

其次,十八大评选张发行量是评选张系列中最低的,仅有 8 万枚,而且是评选张系列中惟一公布发行量的品种。而根据评选张流水号码统计,评选张的发行量都在 8 万枚以上,最大发行量为 20 万枚,图书评选张的发行量为 13 万枚。根据流水号统计的数字,一般与实际发行量存在一定的差距,一般情况是统计的数据会少于实际发行的数字。出现这种情况不难理解,就是有些流水号未能在市场出现,原因当然是多方面的,这其中可能有邮政库存的原因和收藏者不愿公开流水号码的原因。因此,没有公布发行量单凭流水号推测发行量是不靠谱的,图书评选张实际发行的数量应该超过 13 万枚。根据赵复兴先生的山口理论,十八大评选张与图书评选张两者的比价不是乘和除的关系,而是指数关系。

再次,十八大评选张与图书评选张在现货市场价格相差极为悬殊,根据《南交所挂牌藏品 2014 年 11 月 15 日市场信息采集表》公布的数据显示,北京、上海、网络 3 方现货市场的均价和现货基准价分别为:图书评选张 440 元/枚,现货基准价 572 元/枚(440×130%);十八大评选张 2 300 元/枚,现货基准价 2 990 元/枚(2300×130%)。电子盘价格与现货市场的价格偏离比例,图书评选张为 275.05%,十八大评选张为 -12.49%。这仅是 15 日的信息采集,17 日信息采集的偏离比例两者的差距将会更大。电子盘价格与现货市场的价格偏离比例直接反映了该品种的投资价值,与现货市场偏离比列越小越有投资价值,像十八大评选张与现货市场价格比例还是负数的,在南交所电子盘已开板的邮品中绝无仅有。

根据以上分析,与图书评选张以及南交所电子盘上其他邮品相比,十八大评选张投资价值是显而易见的,十八大评选张的价格应该是图书评选张价格的两倍。也就是说,十八大评选张目前的价格应该在 4 800 元/枚左右才与图书评选张有一个合理的比价关系。当然作为只有十几万枚发行量的图书评选张,目前南交所电子盘的价格也是其价值的体现,随着收藏者和投资者对评选张的认可程度的提高和评选张进入邮品目录,评选张系列的价格将会上一个新的台阶。十八大评选张的投资机遇已再一次降临,投资者你准备好了吗?

2014-11-16 18:09:51

南交所电子盘邮品三剑客

南交所电子盘这段时间一直在跌,但从整个盘面看,已经跌出了机会。南交所电子盘邮品三剑客已剑拔弩张,上涨行情一触即发。南交所电子盘邮品三剑客非十八大评选张、爱心错片、天安门猴片莫属。这 3 个邮品在这次调整中均属于深幅调整的为数不多的几个邮品,而且都是被大盘错杀的邮品。

十八大评选张从最高价的 4 336.90 元/枚下跌至 1 955 元/枚,跌幅超过

55%；爱心错片从 4 200 元/枚跌至最低时的 1 192 元/枚，跌幅超过 70%；天安门猴片从 1 521.60 元/枚跌至 650 元/枚，跌幅也在 60% 左右。这 3 个邮品的跌幅巨大。但投资市场不可能一直跌，对于那些早已跌无可跌的邮品，投资者要有投资的敏感，提早一步潜伏其中，必然会获得巨额收益。十八大评选张今天率先以 2 172.90 元/枚涨停报收，成为今天南交所电子盘除新品外的惟一一个涨停品种，成交 7 584 枚，封盘买单数量高达 959 枚。十八大评选张是南交所电子盘邮品三剑客中最早发力的一个邮品，前几天虽然一直在下跌，但成交连续放量，投资者都在积极参与这个品种，而且时不时地出现上百枚、几百枚的大单交易。

爱心错片这几天已跌无可跌，在成交量方面与十八大评选张是反其道而行之，是连续的缩量，今天的价格为 1 500.40 元/枚，跌幅 1.21%，仅成交 781 枚，已无下跌动能，这几天围绕 1 500 元/枚反复上下波动，其华丽的转身可望在这几天出现。

天安门猴片今天价格为 766.50 元/枚，跌幅 0.57%，成交 2 905 枚，天安门猴片因其错误的性质，是不可多得的好邮品，看好这一邮品的投资者很多。由于第一轮猴票所创造的财富效应，因此凡是以猴为形象的邮品都价值不菲，加上其有限的流通量以及错误的性质容易让人产生联想，更使其具有了上涨的强大动力。

南交所电子盘邮品三剑客大幅飙升即将开始，让我们拭目以待。

2014 - 11 - 21 17:19:47

南交所申购将更有规律　16 日申购价值谁最大

南交所今天公布了下一轮（12 月 16 日，星期二）的申购计划，上一次申购是 12 月 9 日，也是星期二，如果笔者没有猜错的话，南交所的申购将会固定为一个星期一次，而一次申购的品种为 3 ~ 4 种，这是南交所在总结以前申购经验和教训的基础上作出的调整。这一调整有利于南交所抢夺市场资源，并且能够始终吸引投资者的眼球，而又不致给大盘造成资金方面的负面影响，投资者对这种申购基本上是认可的，笔者希望一旦形成制度就要稳定下来，现在的电子盘已经不起折腾。笔者一直认为，政策风险是投资者最大的风险，任何政策的改变总会给一部分投资者带来伤害。因此，某一政策只要对大多数投资人有利，对推动电子盘发展有利，就要长期稳定下来。稳定才有发展，国且如此，电子盘亦然。

16 日即将申购的 4 种邮品,木棉花五拼图的申购价值最高。木棉花五拼图,发行价仅 46 元/套,而现货市场的价格高达 280 元/套,发行价与现货市场 6 倍多的巨大价差,使木棉花五拼图上市以后必定狂涨。五拼图是邮品中很稀少的组合,历史上曾经出现过惟一的五拼图组合——白暨豚五拼图,在 97 年行情中达到了一万元一套,这一奇迹能否在木棉花五拼图上重现,让我们拭目以待。

2014 - 12 - 12 22:04:12

木棉花五拼图会给申购者带来滚滚财源

16 日,电子盘投资者盼望已久的木棉花五拼图终于在南交所开始申购并不日上市。至今为止,中国邮政史上只出现了两套五拼图。能够成为五拼图的都是邮品发行史上的奇迹,因为邮政没有发行五拼图的故意,是邮人在研究邮品的过程中偶然发现,因此特别显得珍贵。

白暨豚五拼图是第一套五拼图,在 1997 年行情中曾创下了令人咋舌的高价;木棉花五拼图发行量有限,估计不足 20 万套,自 1999 年发行至今,经过不断消耗沉淀,能够流通的量则更少,本次南交所托管的木棉花五拼图为 11 万套多一点,比爱心错片托管的量少了 6 万多枚。当然,木棉花五拼图肯定会再托管,但估计其最终的托管量不会超过爱心错片,因而是可以与爱心错片媲美的邮品。

木棉花五拼图由于 46 元/套的上市价与市场 330 元/套的成交价相差 7 倍多,可以预计上市以后的上涨潜力会非常大。木棉花五拼图的托管成本极大,托管人除了承担正常的 15% 左右的淘汰率,以及支付鉴定费托管费以外,还要拿出 30% 的数量用于申购,这样算下来,在 500 元/套之内托管人无法赚钱。因此,木棉花五拼图申购到即为赚到。邮资片托管人 30% 的奉献比例普遍高于邮票托管人 15% 的奉献比例,加上邮资片本身的低价效应,从而使电子盘上邮资片的涨幅普遍高于邮票的涨幅。

在本轮申购的 4 个邮品中,木棉花五拼图是最有升值潜力的邮品,作为申购者的你可能错过了十八大评选张,可能错过了爱心错片,但请你再也不要错过木棉花五拼图,因为木棉花五拼图会给你带来滚滚财源。

2014 - 12 - 15 22:49:49

论木棉花五拼图的投资价值

在我国邮史上，至今为止，五拼图邮品只有两套，即白暨豚五拼图、木棉花五拼图。在1997年行情中，白暨豚五拼图的价格高达万元，那末同样作为五拼图的木棉花五拼图在南交所电子盘上会创下怎样的价格，人们正在翘首以盼。

此次南交所上市的木棉花五棉图仅有11万套，至目前为止是南交所电子盘上仅次于二滩水电站的市值最小的邮品，目前木棉花五拼图南交所电子盘的价格仅为170元/套，而现货市场的价格高达330元/套，加上托管的费用及30%的申购奉献，托管人的成本价大约在500元/套。因此，如果木棉花五拼图在400元/套左右开板，投资者应坚决买进，与庄共舞。

由于木棉花五拼图的稀有性和其本身的价值，其投资前景十分美好，升值空间巨大。木棉花五拼图是南交所电子盘上少数没有比价牵制的邮品之一，如果要比，只能与白暨豚五拼图比，白暨豚五拼图高高在上的价格只能对木棉花五拼图的价格产生强大的牵引拉升作用。因此，投资木棉花五拼图，投资者没有后顾之忧。

木棉花五拼图庄家控盘能力超强，木棉花五拼图庄家的控盘量在60%以上，因此只要庄家愿意，木棉花五拼图的价格想要多高就能涨到多高。

2015-01-03 08:38:55

木棉花五拼图价格的第一目标位

木棉花五拼图明天会继续涨停，明天的价格超过400元/套已没有悬念，现在要讨论的问题是，木棉花五拼图还能涨多久，其升值潜力有多大？根据木棉花五拼图的前期涨势及其自身的价值，笔者预测，木棉花五拼图的第一目标位应在1 000元/套以上，其后会达到多少一套还真无法预测，只要敢想，涨至多少都不足为奇。对于如此优质的藏品，又赶上南交所电子盘红火时期，因此我们有理由相信，木棉花五拼图的上涨仅仅是开始，以后究竟涨至多高，需要更多的投资者去想象，去努力。现在是南交所封片投资最为暴利的时期，因此投资木棉花五拼图，就是为自己打开一个想象的空间，并为自己的投资获取最大赢利打下了坚实的基础。

2015－01－12 19:49:48

南交所的狗大版会复制虎大版的价格吗？

南交所的狗大版在投资者望眼欲穿的情况下终于闪亮登场，本月21日（星期三）狗大版开始申购并于23日挂牌上市。投资者之所以对狗大版上市寄予厚望，主要有两个原因：一是至今在南交所电子盘上，生肖邮品以大版形式上市的只有虎大版，而且虎大版一骑绝尘，价格扶摇直上，最高曾创下令人难以置信的29 000元/版的天价；二是狗大版本身的属性，狗大版质优价廉，发行量仅为278.12万版，虎大版发行量290万版。也就是说，狗大版的发行量比虎大版整整少了近12万版，而且狗大版至少有3个文交所列入上市计划，邮市投资预测大师王仁亮先生也极为看好狗大版。

据笔者估计，南交所的虎大版还会继续上涨，有可能涨至5万元/版甚至10万元/版。文交所电子盘是一个新兴市场，因此我们不能用传统眼光来看待这一市场。笔者在一个月前曾写过一个帖子，大意是南交所电子盘在三四年后将出现上涨百倍千倍的藏品。如果以习惯性思维来看待这一上涨倍率，将是难以置信的天方夜谭，但如果将南交所电子盘作为一个艺术品投资市场看待，上涨千倍百倍是不足为奇的。南交所的虎大版已为投资者打开了一个实实在在的价格想象空间，起到了价格标杆的作用。

笔者相信，借助这一价格想象空间，狗大版在南交所上市以后，一定会有不俗的表现，至于能否复制虎大版，还要看庄家的实力。虽然能否复制虎大版我们无法预测，但有一点可以肯定，虎大版将对狗大版产生强大的拉升引力，在虎大版的现有高价和继续大幅上涨的示范下，作为同一版块的狗大版将借助虎大版的余威也会直上云霄，就算狗大版的价格只有虎大版的十分之一、二十分之一，狗大版也会令投资者蜂拥而上。

狗大版申购在即，不要错过狗大版。错过狗大版就是错过财富，错过狗大版会使你终身遗憾。

2015－01－18 10:47:33

辛亥革命和物理年片拉升在即　上涨空间巨大

在南交所电子盘上,真正强势的品种是辛亥革命片,目前价格30多元,从昨天封盘后不再被打开且封盘后抛压不多等种种情况看,辛亥革命片无疑是南交所电子盘上最强势上涨的品种之一。辛亥革命片前期大量成交,新庄入驻,换手充分。现在是震荡拉升阶段,庄家的目的是让不坚定的投资者下车,在尽可能多地掌控筹码的情况下,将开始大幅强力拉升。而物理年片,昨天的封盘多次被打开,封盘以后涌出很多筹码,多次将其强行打开。对比两者封盘后的表现,在未来的一个阶段,辛亥革命片的上涨势头应强于物理年片。总之辛亥革命片和物理年片是目前南交所电子盘最为价廉物美的邮资片,对比其他的高价邮资片,这两款邮品应有巨大的上涨空间。

2015－01－18 12:52:56

爱心错片价格上涨之旅已经启程

爱心错片,南京文交所电子盘藏品代码605003,是目前南交所惟一经过3次托管(第一次托管;线上有筹码的投资者按比例托管;放开托管)且线下筹码被扫荡一空的藏品,现有的为数不多的线下筹码绝大多数为历次托管淘汰的筹码,因此在南交所电子盘上,爱心错片是唯一一款没有再次托管之忧的藏品。爱心错片在南交所电子盘上的总托管量为17多万枚,其中锁定筹码59 620枚,锁定量占总流通量的33.57%,而且大庄家承诺36 000枚价格不到8 500元/枚不卖出,大庄家承诺不卖出的总市值为3.06亿元。也就是说,至锁定期2015年7月21日(含)后,爱心错片价格如果达不到8 500元/枚,大庄家的36 000枚将被电子盘锁定,什么时候价格达到8 500元/枚,什么时候就解除锁定。因此,大庄家为了自身的利益,爱心错片的价格铁定会到8 500元/枚。不仅是爱心错片,包括南交所电子盘上所有庄家们所承诺的不卖出的邮品,都终将会达到其承诺的价格,除非是烂庄,没有能力推高价格。因为只有达到或超过其承诺的价格,才有可能变现,否则这部分藏品将永远无法兑现。

爱心错片的庄家是最有实力和信心的庄家之一,如果没有实力和信心,决不会在原有承诺 12 000 枚的基础上主动要求将锁定的筹码增加至 36 000 枚。这就给爱心错片的线上持有人以充分的信心,爱心错片价格重启上涨之旅是大庄家当前最为紧迫的任务。

最近一段时间,细心的投资者会发现,爱心错片被反复洗盘,价格上下波动异常剧烈。随着不坚定的持有人逐渐交出筹码,大庄家控制的筹码越来越多,爱心错片大庄家目前已控制了绝大多数筹码。庄家要筹码干什么,还不是为了在拉升途中减少抛盘的压力,实现自身利益的最大化。

有人说,现在离 7 月 21 日还早,大庄家没有必要现在就拉升爱心错片。表面看这话似乎有一定道理,但细想之下,一个藏品的价格升值之旅不可能一蹴而就,而是一个漫长的过程,其中要经历价格基础期,缓慢上升期和飙升期。这期间的运作不会低于半年时间。尤其是像爱心错片,目前价格仅 2 400 元/枚,离大庄家承诺的不卖出的价格还有近 6 100 元的差距,现在不开始运作还待何时。

万元爱心千元诗歌在一段时间里曾经是南交所电子盘最为响亮的口号,可惜在去年被邮人戏称为"9·18"事件的南交所电子盘狂跌中,这一口号成为被人诟病、不断攻击笔者的口实。其实这一口号并不是笔者的发明,最初提出这一口号的是邮坛大写手尚铂喜先生,笔者只是在一篇评论尚大师的帖子中对这一口号作了肯定的评述,但由于邮坛中的宵小之徒和不明真相者一再地以讹传讹,张冠李戴成是笔者提出的口号,邮坛有时真的让人哭笑不得。但在这里,笔者必须再一次地站出来支持尚大师万元爱心千元诗歌这一口号,因为这一本来已无希望实现的口号由于爱心错片和诗歌节片大庄家对被锁定筹码不卖出的承诺(诗歌节片承诺的价格为 660 元),完全有可能在年内实现。至于尚大师对爱心错片价格的进一步预测笔者不作评论,以免宵小之徒再一次作为攻击笔者的口实。

2015-01-25 10:52:47

准备资金抢入狗大版

南交所狗大版明天将仍然涨停并跨上 400 元/版台阶。如果不出意外，狗大版将于下周一或二打开涨停。也就是说，狗大版在 600～700 元区间会打开涨停。由于虎大版的标杆作用，狗大版在打开涨停后会继续连续封涨停，至于后续的涨停何时会打开，保守的估计，大约在 900～1 000 元/版。当然，打开后续涨停后的狗大版仍会继续上涨。狗大版能涨多少，还要看电子盘总的趋势。如果在狗大版跨上千元台阶后电子盘仍处于升势，则狗大版仍会上涨，只不过上涨的形式不会像前期以封板的强势显现，而是涨涨跌跌，震荡上行；如果适逢电子盘处于跌势，则狗大版也会随大盘调整。

可能有人会问，狗大版第一次开板为什么不是 1 000 元？笔者知道投资者都看好狗大版，狗大版 1 000 元开板大家都认为物有所值，但问题是，大庄家不会让狗大版到 1 000 元再开板，这是由南交所邮品上市规则决定的，庄家不会冒被锁定的筹码以上市基准价奉献给线上投资者的风险。早一点开板，可以减轻庄家的心理和资金压力。

如果上述笔者的预测是正确的，狗大版的第一次开板，将给投资者再一次提供拥有狗大版的绝好机会，投资者从现在开始就要准备好资金，一旦开板，坚决抢入。南交所电子盘生肖大版目前只有虎大版和狗大版。由于虎大版对狗大版存在着事实上的价格牵引作用，狗大版将有不俗的表现。拥有狗大版，就会使自己的财富最大化。

2015－01－28 21:10:32

投资的要诀是低价低价还是低价

之前笔者的连续两篇南交所春节前送大红包的帖子，预测已经得到了市场的证实，南交所送大红包的行动正在进行中。笔者估计，最大的红包派发行动应在春节前几日，因为南交所节前送红包的行为，其实是为了在春节后展开更大的行情。节后的更大行情为什么要在节前展开，南交所是冲着春节期间的亲朋好友聚会来的，只要节前行情好，所有的投资者就会给南交所做一个天大的不花钱的广告。既然南交所目光长远，投资者就没有理由短视，2015 年一定会有更大的行情。对此，投资者一定要有坚定的信心。

在一轮大行情中，所有的板块都会轮动。最先启动的是大庄家高度控盘的精品，但这些藏品已大幅上涨，投资者已不宜追高。追高的投资者可能还会获得不菲的收益，但风险很大，一不留情就会被高位套住。在板块轮动效应下，低价的品种终将受惠，而且越低价的藏品涨幅越高，这已被无数次实物市场行情所证明，电子盘也会证明这一点。因此，投资的要诀是低价、低价，还是低价。

环视南交所电子盘，低价的品种已屈指可数，在已开板的邮资片中，至今还在 50 元/枚以下的品种只有亚洲杯和辛亥革命片，邮票板块 100 元/版以下的已没有几个品种，200 元/版以下的不会超过 10 个品种，这是绝对的低价。在电子盘中，更多的是相对的低价。如十八大评选张与图书评选张相比就是相对的低价。十八大评选张总共 8 万枚的发行量，目前不到 3 000 元/枚，而图书评选张 12 万枚的发行量，目前的价格是 3 600 多元/枚。还有的是整个板块处于低价，如钱币硬币板块中的羊币、牛币、猴币，以及 811 币，在本轮行情中还没有像样的表现，但笔者相信阳光一定会普照这些藏品，要相信投资者的选择，要相信新进入资金对低价藏品的发掘。

低价是潜伏者的专利，善于潜伏的投资者会在低价时下手。低价是暴利的代名词，涨幅最巨大的藏品必定在低价中产生。瞄准低价、追逐低价、坚守低价，时间将会证明你是最明智的投资者。

2015 - 01 - 31 20:39:54

南交所电子盘的生肖流通币板块有黄金

近一段时间以来，南交所春节前送大红包的行情如火如荼地展开，很多藏品达到了翻番甚至翻了几番。但有一个板块尚未上涨，这就是生肖流通币板块，南交所的生肖流通币板块目前只有 3 个藏品，这就是生肖羊币、生肖猴币和生肖牛币，除了生肖牛币稍有上涨外，羊币和猴币基本不涨。但低价就是投资者的机会，投资者要想获取投资的高回报，就要瞄准量价比占优的低价藏品，因为只有低价的品种，才是风险最小、赢利最多的。因此，只有抢先潜伏低价品种，投资者才有可能既回避风险又获取不菲的收益。投资的要义第一是资金的安全，第二才是赢利。生肖流通币板块是目前南交所惟一没有上涨的板块，从近几天盘面看，看好生肖流通币板块的投资者越来越多，盘面也日趋活跃，成交量已开始逐渐放大，特别是生肖羊币和生肖猴币不受这几天大盘调整的影响，逆势上涨。经过长达三四个月的下跌横盘，生肖羊币和生肖猴币已具备了强烈的上涨动能，庄家的吸筹也已告一段落，拉升在即。板块轮动是一轮大行情的特征，而且作为一轮大行情，往往会后来者居上，这就是低价板块有黄金的真谛。

2015－02－07 09:25:34

生肖羊币逆市放量上涨空间巨大

近来，笔者连续不断地推荐生肖流通币，特别是对南交所电子盘上的生肖流通羊币更是情有独钟。笔者推荐所据的理由主要有4点：一是生肖羊币在南交所电子盘上数量有限，总共14万多枚，是钱币板块上市量最少的藏品；二是生肖羊币群众基础好，收藏者众；三是已下跌盘整近5个月，已跌无可跌，在目前价位投资生肖羊币，风险等于零；四是生肖羊币目前价格低廉，离最高价900多元/枚还有近400元的上涨空间。

板块轮动是所有大行情的特征，现在基本没有上涨的生肖羊币，并不代表以后不会大涨特涨。在笔者连续不断地全力推荐下，生肖羊币这几天逐渐放量上涨，尤其是今天在大盘皆绿的情况下能逆市放量上涨，表明生肖羊币的上涨之旅已经启程。作为生肖流通币板块的龙头，生肖羊币在这轮行情中必定会后发制人，创新高几乎不会有悬念。因此，在目前价位投资生肖羊币，将近有百分之百的赢利，请投资者不要再犹豫，要果断出手。买进生肖羊币目前是零风险，高回报。不买生肖羊币，你将失去本轮行情中上涨空间最为巨大的品种。

2015－02－09 17:42:51

南交所的定向托管对行情的影响及对投资者的启示

昨天下午 4 点多钟，南交所钱币邮票交易中心发布了“乒乓球银币”、“青海湖片”、“国际农业片”、“三轮虎大版”和“开封府片”等 5 种藏品的定向托管公告，宣告了南交所电子盘一段时间以来封闭运行的正式结束，是南交所在解决再托管这一电子盘难题过程中的制度创新，对电子盘的运行以及投资者的投资行为将产生重大影响。

昨天下午和今天南交所电子盘的大幅下跌已经对这一消息做出了反应，市场的过度反应可以理解，因为自南交所电子盘建立以来，不论是有限的再托管，还是放开托管，对市场总是一次次的伤害，相信去年的“9 · 18”事件大家一定记忆犹新。但笔者认为，这次定向托管并非都是利空，因此对其要进行认真的分析和解读。往往解读的角度和着眼点不同，就会得出不同的甚至相反的结论。

南交所电子盘的封闭运行，在促进行情发展的同时，也给市场带来了很多隐患和问题，不仅造成了某些藏品电子盘和现货市场价格十分悬殊，不利于电子盘和现货市场的互相作用和推动，而且使投资的风险越来越大，阻碍了投资者进场的步伐。只要看一看本次定向托管的 5 种藏品与市场基准价的偏离比例，就会明了本次的定向托管是多么的及时，根据南交所发布的《2015 年 3 月 4 日市场价格采集表》提供的数据，除“开封府片”偏离比例为 960.08% 外，其余的均超过 1 600%，其中：“青海湖片”5 684.86%；“三轮虎大版”4 968.08%；“乒乓球银币”1 773.23%；“国际农业片”1 694.64%。不看不知道，一看吓一跳，电子盘封闭运行，造成电子盘和现货市场价格的脱节有多严重，市场风险有多大。

笔者曾经写过南交所电子盘上的某些品种在四五年内能上涨百倍千倍的帖子，但绝不是说与现货市场可以偏离百倍千倍。笔者一直坚持价值投资，就电子盘来说，何谓价值投资，就是投资与现货市场价格接近的藏品。南交所电子盘上此类藏品很多，根据南交所《2015 年 3 月 4 日市场价格采集表》提供的数据，出现与基准价格倒挂的藏品从大至小依此排列为“澳门发钞型张”（－32.96%）、“811 长城币”（－23.83%）、“三版壹角券”（－20.31%）、“二轮扇金蛇”（－14.62%）、“收月兔彩金”（-14.04%）、“杭州湾片”（-11.49%）、“天安门猴片”（-6.74%）、“闹天宫彩金”（-5.42%）、“十八大评选张”（-3.25%）。偏离比例小于50%的更多，从大到小依次为“三轮猴小版”“10年熊猫银币”“户县农民画”“三轮牛小版”“二轮扇金龙”“步辇图型张”“贵妃醉酒片”“风翔丝绸小版”“二轮彩银牛”“碧海金沙片”“三版三冠贰角”“木棉花五拼图”“青铜器小版”“悟空拜师彩金”“三轮生肖套票”“一轮彩银牛”“国旗国徽不干胶”“红三凸壹角券”“IC中国航天”“猴年流通币”。投资者投资上述品种，就是坚持价值投资。

因此，本次定向托管对投资者应有如下启示：

（1）投资要时刻注意风险，避开偏离度高的藏品。这次开启定向托管的品种都是高偏离比例的品种，高偏离比例的品种就是定向托管的候选品种。目前南交所电子盘上偏离比例超过1 000 %的藏品还有3个，即“邮票颁奖猴片”（1 475.92%）、“集邮日型张”（1 133.98%）、“内蒙风光本片B组”（1 051.76%）。超过700%的更多，偏离度从大到小有“城市运动会”“八艺节片”“残运会”“二轮梅银蛇”“香港回归全张”“三轮兔小版”“法律大会片”“陨石雨小版”“图书评选张”“58花卉套票”。

（2）坚持投资的量价比，选择量小精品投资。由于定向托管，这里所说的量小精品并不是单指电子盘的量，而是指整个存世量。只有存世量少的藏品才不惧再托管，例如“图书评选张”和“十八大评选张”，谁更有投资价值，这是不需要笔者饶舌的，但由于“图书评选张”在电子盘上的量要少于“十八大评选张”，加上庄家的实力，其价格就是高于“十八大评选张”，随着定向托管成为制度，今后“十八大评选张”的价格会大大高于“图书评选张”。还有像“木棉花五拼图”等量少品种，都是不惧再托管的藏品，投资者均可大胆投资。

（3）选择没有定向托管之忧的藏品进行投资，这些藏品大都经历放开托管，南交所不可能再组织托管。如爱心错片曾进行过有限再托管和放开托管，市场已无货可托，因此不可能再组织托管。

（4）选择量小且已经进行过有限再托管的藏品进行投资，这些藏品虽未进行过放开托管，但由于市场本身的存世量不多，经历过有限再托管后，市场上的数量已不多，像山东风光本片，是一个值得投资者投资的价低质优藏品。

（5）选择目前各大文交所电子盘上存世量较少的三轮生肖大版投资。目前在南交所电子盘上，三轮生肖大版上市的有3种藏品，即“虎大版”、“狗大版”和“鼠大版”，在中南文交所上市的有“龙大版”。以发行量和存世量衡量，狗大版最少，但目前由于狗大版在电子盘上的量最大，因此价格最低，但随着定向再托管的进行，这种现象会得到彻底的改变，因此狗大版是很有投资价值的藏品，请投资者不要错过低价买进的机会。

（6）个别藏品疯狂的上涨可能会告一段落，庄家拼命拉上去的价格不是真实的，跟风的投资者也不会很多，在封闭托管阶段，拉上去可以做市值打新股，但在定向托管以后，在拉上去之前庄家必须考虑可能会被定向托管这一问题，一旦定向托管，资源被稀释，庄家付出的成本会更高，庄家何必去冒这个风险。3 月 11 日以后，由于线上藏品托管量统计的结束，定向托管的 5 种藏品会下跌，至于跌至何种程度，还要看庄家护盘的决心和实力，但下跌是不会有悬念的。

为了减少本次定向托管对市场造成的伤害，南交所管理层采用一次定向托管数量有效控制、延长托管期限和分散托管等方法，力求对市场的危害降至最低，但定向托管造成电子盘价格的下跌将是肯定的。对于南交所管理者来说，这是一个两难选择，不搞再托管肯定不行，因为放开托管是电子盘发展的方向，当社会大资金进入电子盘时，电子盘上的这点量不够这些大鳄塞牙缝的，因此发展趋势必定是放开托管，而且在目前情况下，继续封闭电子盘，哪一天可能就要出问题。但即使搞定向托管，也免不了对市场造成伤害，会造成电子盘价格的大幅下跌。权衡再三，管理层还是两害相较取其轻，决定不再封闭电子盘。

目前的再托管不同于放开托管，也不同于有限托管，南交所管理层选择的是一种对市场伤害更小的托管形式，这是一种交易制度的创新，这说明南交所管理层有能人。

愿南交所电子盘能尽快释放交易政策改变所带来的风险。

2015－03－05 16：21：00

南交所电子盘的寒流还没有过去

今天大盘的上涨可能出乎很多投资者的意料之外，开盘时还大跌，后慢慢转红，终于是一个大红盘报收，这是一个皆大欢喜的结果，但笔者在这里提醒投资者，今天的大涨只是对连续 3 天下跌尤其是昨天大幅下跌的回抽，这有点像去年“9·18”大跌后的情形，去年“9·18”邮灾也是在连续几天大跌以后突然全线涨停，当时绝大多数投资者都误认为下跌已经过去，上涨马上开始，结果大盘调整了三个半月。这次虽然没有像去年“9·18”邮灾那么严重,但绝不是调整二三天就完事的。由于春节前后南交所送大红包行动,南交所电子盘的价格已处高位,没有这次定向托管,南交所的电子盘也会调整,这次的调整表面上是由定向托管引起的,但实际上是大盘内在的调整要求使然,只不过是借势调整而已。因此,这次调整不会那么快就结束,大盘应该还有一个下跌过程,最起码还有一段时间的调整。

大盘调整真正的大限应是在3月11日以后,3月11日是定向托管线上藏品结算日,有些投资者为了定向托管,不会轻易抛出定向托管的线上藏品,按线上藏品的30%定向托管,这一点对投资者还是有吸引力的。例如虎大版,目前近5万元的价格与线下700元左右的价格相差十分悬殊,线上有10版可以保证能托管3版,即使加上鉴定费和托管费等费用,获利仍然十分巨大,按现有的价格,最起码获利10多万元,因此目前有虎大版的投资者不一定会抛出虎大版,有些投资者甚至还会买进虎大版。但3月11日以后,手上拥有虎大版的投资者都会感到这是一个烫手的山芋,大家都想急于脱手,其他4种定向托管的藏品与虎大版的情形一模一样。除非这5种藏品庄家的控盘率达到90%以上,否则,3月11日以后的大跌是不可避免的。什么叫做兵败如山倒,在大势面前,个人的力量很渺小,即使大庄家也不能例外。

5种定向托管藏品的大幅下跌必然会拖累整个大盘,导致大盘的全线大跌。因为这次调整还没有调整到位,作为一次象样的调整,幅度最起码在30%~40%,时间最起码2个月左右。因此,投资者一定要多看少动,逢高减仓,现金为王,千万不要误认为大盘就要上涨而轻举妄动。大盘是否开始上涨,到3月11日后再下结论。目前大盘正处于下跌途中,任何品种的上涨都是你坚决出货的机会,在一轮下跌行情中,即使再优秀的藏品也难逃下跌的命运。

此分析不作为投资依据,市场有风险,买卖需谨慎。

2015-03-07 17:34:00

定向托管　悬在疯狂庄家头上的达摩克利斯之剑

南交所推出的定向托管政策,是纠正前一段时间庄家对某些藏品疯狂恶炒的制度保证,也是联系电子盘和现货市场价格、推动邮市行情发展的桥梁和纽带。从线上藏品的有限托管、放开托管到定向托管，是南交所管理层解决线上藏品再托管这一难题的有益探索和交易制度创新。因此，定向托管将会对南交所电子盘的价格构成和交易格局产生重大影响。

目前南交所电子盘各藏品的价格构成大致有3种形式：一是低于或接近现货市场的价格，表现在偏离比例上大约为低于50%或是负数的藏品；二是高于现货市场的价格，但在正常范围之内，在偏离比例上为50%～250%；（高于现货市场基准价的250%，是南交所前次开启再托管的的条件，是现货市场5日均价的3.25倍。）三是严重脱离现货市场价格，有些甚至是疯狂恶炒的价格，在偏离比例上为高于250%。第三种情况虽与现货市场价格的偏离度较高，但有些藏品的价格还在市场容忍度范围之内，根据目前南交所电子盘价格的实际情况，以及本次开启定向托管藏品的价格偏离度，笔者以为，偏离度高于1 000%的藏品可定为疯狂恶炒的价格。偏离度高于1 000%，相当于其价格高于现货市场均价13倍（1 000%×130%），根据南交所发布的《2015年3月4日市场价格采集表》提供的数据，在本次公布的5种定向托管藏品中除“开封府片”偏离比例为960.08%外，其余均超过1 000%，其中：“青海湖片”5 684.86%；“三轮虎大版”4 968.08%；“乒乓球银币”1 773.23%；“国际农业片”1 694.64%。从中可以看到，与现货市场均价的价差，青海湖片约为74倍，三轮虎大版约为65倍，乒乓球银币约为23倍，国际农业片约为22倍。这种程度的价差，用“疯狂”两字形容一点也不为过。

开启定向托管以后，疯狂恶炒电子盘上藏品的行为一定会有所收敛，因为定向托管是悬在疯狂庄家头上的达摩克利斯之剑。笔者估计，在现阶段，价格一旦超过偏离比例的1 000%，极有可能开启定向托管。根据南交所发布的《2015年3月4日市场价格采集表》提供的数据，目前南交所电子盘上偏离比例超过1 000%的藏品还有3个，即“邮票颁奖猴片”（1 475.92%），“集邮日型张”（1 133.98%），“内蒙风光本片B组”（1 051.76%）。这3个藏品如果不作调整，继续保持高偏离比例，一定会成为第二次定向托管的藏品。

作为悬在疯狂庄家头上的达摩克利斯之剑的定向托管，对庄家具有极大的威慑作用；一是会极大地消耗庄家的资金，即使是庄家控盘达90%的高控盘藏品，定向托管仅从资金消耗角度考虑就会让人难以承受，如虎大版是庄家高控盘品种，以线上50 000版，庄家控盘90%即45 000版计算，定向托管的数量是13 500版，仅鉴定费、托管费就要消耗庄家资金2 500万元左右。二是会增加线上数量，增添庄家控盘难度，即使是庄家控盘90%的藏品，仍然有10%的线上数量参与定向托管，其30%的托管量也是一个不容忽视的数量，仍以虎大版为例，5 000版的30%是

1 500 版，按目前电子盘的价格，其市值为 7 500 万元，如果定向托管后仍然维持目前的价格，相当于虎大版的市值增加了 7 500 万元，这两方面合计需要一个亿的资金，这对庄家来说是不堪重负的。因此，定向托管后，被托管藏品的价格下跌是可以预见的。三是对定向托管后仍然暴炒的藏品很有可能开启放开托管，如果南交所管理层本次定向托管的本意是降低暴炒藏品的市场风险、倡导价值投资和理性投资、推动板块轮动，那么对开启定向托管后仍然暴涨的藏品只能进行放开托管，这对量少精品也许是利大于弊，但对量大的品种，绝对是弊大于利，甚至可能是致命的。

2015 - 03 - 08 10:54:00

定向托管条件下投资者价值投资理念的回归

南交所首创的定向托管政策，在兼顾线上投资者利益的同时，为连结线上和线下市场（现货市场）开辟了一条通道，能起到改变电子盘和现货市场两张皮的现象，从而推动邮市行情不断地向前发展。定向托管最主要的得益者是坚持价值投资的投资者，这几天南交所电子盘各藏品价格的变化已充分地证明了这一点。投资者开始回避高偏差比例的藏品，投资与现货市场价格倒挂和接近的藏品，最典型的一个例子就是图书评选张和十八大评选张的价格倒挂现象得到了纠正，在定向托管消息发布前，图书评选张价格高于十八大评选张最极端时达 1000 元/枚以上，但昨天收盘价十八大评选张为 3915 元，图书评选张为 3833 元，反而比十八大评选张低 82 元。其他原本价格倒挂的藏品也都在得到纠正。这是一个积极的信号，是价值投资理念回归电子盘的好现象。一段时间以来，电子盘投资似乎可以不讲价值投资，似乎庄家要炒多高就能炒多高，定向托管的开启会最终颠覆这一错误的理念。今天（3 月 11 日）是定向托管线上藏品的结算日，笔者估计，今天南交所电子盘收盘会涨，其理由是定向托管者要争夺定向托管资源，5 个定向托管的藏品今天可能会涨，最起码不会大跌，在这 5 个高风险品种的带动下，电子盘会飘红，但今天一过，这 5 个藏品继续大跌的可能性比较大，只要这 5 个品种一跌，综合指数就会一路下跌，笔者上次在帖子中所说的南交所电子盘寒流还没有过去，所指的就是这种情况。

现在各大文交所电子盘上有价值的东西真不少，除了南交所电子盘上低偏离度的藏品外，其他文交所电子盘上低偏离度的则更多，如北京（福丽特）电子盘上的鸡小版和崆峒山小版价格比现货市场都低，其中的鸡小版根据互动网的报价为142元/版，但北交所（福丽特）电子盘昨天的收盘价为141元/版。再如中南交易所电子盘上的世博双连型张，上市基准价为79元/枚，昨天收盘价仅为145.09元/枚，是否具备了投资价值。低价的好东西需要潜伏，只有提前进入，才能获得不菲的收益。现在投资中南文交所电子盘的收益会相对大一些，首先是线上藏品少，价格容易往上做，其次是百分之百地现金申购，中奖率相对会高出很多。

2015-03-11 10:39:31

中南交易所今天全部涨停　上涨趋势形成

中南交易所7个品种今天全部涨停，这是中南交易所电子盘自开板以来出现的奇观，标志着一轮上涨的开始。大家知道，前几天，中南交易所某些藏品的表现令投资者很不满意，从而阻碍了资金进场，成交量在几百万元徘徊，今天则出现了量价齐升的喜人景象。但稍感不足的是量没有完全放出，今天只成交了1 400多万元，但上涨的趋势已经形成，在赚钱效应的示范下，成交量会逐渐放大。因此，在接下来的交易中，投资者的赚钱机会多多。

2015-03-16 18:54:11

第四编　线下藏品推荐与预测

篆书小版发行量仅为46万版，在03小版中位居第9个量小邮品，比发行量最少的40万版的崆峒山小版仅多了6万版，因此在03小版中，也是属于瓶颈邮品。更为重要的是，篆书小版是书法小版的龙头邮品，由于书法小版是03小版中文化味最浓的一个邮品，加上书法小版的几个邮品量差非常大，居于老二地位的隶书小版的发行量一下就被提高至80万版，此后的草书小版、楷书小版、行书小版的发行量均为150万版，因此只要开发书法小版礼品册，篆书小版将被大量消耗，以后篆书小版的流通量一定少于崆峒山小版。

羊小版发行量80万版，被撕毁20万版，从表面上看比崆峒山小版还多了20万版，但由于羊小版是生肖小版的龙头，而且紧随其后的猴小版是180万版，比羊小版整整多了120万版，在生肖小版礼品册的不断开发中，羊小版的流通量也一定会少于崆峒山小版。

错鲤鱼龙封与爱心错片如出一辙，也是由5个组别组成，也有众多的变体，其发行量比爱心错片还要少，存世量大概在16万枚左右，其中的T09非常稀少，可与爱心错片中的O02媲美。错鲤鱼龙封如果有比价的话，只能与爱心错片比，而且错鲤鱼龙封充满文化气息，是错封错片中不可多得的精品。如有强庄入驻，错鲤鱼龙封一定会跳进邮市的龙门。

大飞船是中国邮票史上具有特殊形式的大版，因缺少“周年”两字而被判定为错版。大飞船版式的组合之美，正是人见人爱。小飞船与大飞船相比，虽逊色不少，但与其他小版相比，其审美性也独具特色，小飞船以两个3套邮票组成了两个圆，似从飞船上看到的地球的上下两面，给人耳目一新之感。文交所要创品牌，必须上市具有大品牌大题材的邮品，而大飞船与小飞船就是这种大品牌大题材的邮品。

JP真正的精品主要有下列品种：(1)JP152工程物理院；(2)JP153小岗村；(3)JP147邮票展览；(4)JP132长征。其中：JP152的量特别少，以50万枚的量居JP量少的第三把交椅;JP153 的题材特别重大,改革开放题材压到一切;JP147 是错票题材,而且是关于第一套大龙邮票的错误,市场俗称错龙片,与龙有关而且是错的,就特别不一般;JP132 的题材无与伦比,可以说是至今发行的所有 JP 中题材最大的品种,而且毛泽东的手迹呈现在该片上,就题材而言,不是其他 JP 所能媲美的。

城市建筑小版是 04 小版的大瓶颈。发行量 60 万版,排在老二位置的国旗国徽小版发行量 70 万版,整整相差 10 万版。与 03 崆峒山小版的瓶颈效应相比,城市建筑小版的瓶颈效应更为显著。与其应有的价值相比,目前的价格还在地板上,投资城市建筑小版就是抱上金娃娃。

篆书小版 03 小版它最牛

如果有人要问,03 小版中最先跨上千元台阶的是谁,那笔者一定会告诉你,是篆书小版,而不是其他任何 03 小版。篆书小版现价 215 元版,与羊小版同价,古桥小版现价 315 元/版(均为一尘报价)。从表面上看,篆书小版比古桥小版价低 100 元,与羊小版并列第二。但如果了解 03 小版比价历史的邮人一定知道,现为高价的这 3 种小版在 03 小版 10 多年的价格形成历史中并非高价,其中的有些品种一直居于比较靠后的位置。最近三四年来,价格才快速上涨,终于形成了现有局面。但就是在近年的位置重排过程中,篆书小版起初仍然大大落后于古桥小版和羊小版。在古桥小版为 800 元/版、羊小版为 545 元/版时,可怜的篆书小版只有 275 元/版,落后于古桥小版三分之二多,羊小版的近二分之一。但在最近一二年,篆书小版在 03 小版中的位置不断靠前,曾一度超过羊小版而居于老二的位置。

如果有人要问,为什么会出现这种情况,那笔者可以告诉你,是由篆书小版的双龙头地位决定的,也是由篆书小版本身所具有的文化品味决定的。篆书小版发行量仅为 46 万版,在 03 小版中位居第 9 个量小邮品,比量最少的 40 万版的崆峒山小版仅多了 6 万版,因此在 03 小版中,也是属于瓶颈邮品。更为重要的是,篆书小版是书法小版的龙头邮品,由于书法小版是 03 小版中文化味最浓的一个邮品,加上书法小版的几个邮品量差非常大,居于老二地位的隶书小版的发行量一下就被提高至 80 万版,此后的草书小版、楷书小版、行书小版的发行量均为 150 万版,从而使篆书小版在发行量上的优势凸显,这才奠定了篆书小版目前在 03 小版中排位快速靠前、以后狂飙突进的基础。趋势的力量是无穷的,邮品投资重要的是看趋势,整个邮市要看趋势,个品的上涨也要看趋势,趋势才能让你赚大钱。

2013 - 10 - 13 09:00:26

强烈推荐鸡小版上市

文交所选邮的标准是量价比占优的邮品，而且在题材上也应占有优势。洛神赋图与清明上河图相比，当时的量价比优势是十分明显的。步辇图之所以上市主要是题材的原因，虽然从整个小型张系列来看，步辇图在量价比上不占优势，但从十大名画邮品系列的角度，步辇图在量价比方面占有绝对的优势。这次南交所选择步辇图上市，全面启动邮票市场的目的十分明显，小型张长期打折，如果小型张能够成功启动，对市场的意义将十分深远。因此，从这一意义上说，南交所选择步辇图上市，其意义将超过选择洛神赋图上市。

为了全面激活邮市，向南交所强烈推荐鸡小版。鸡小版发行量 200 万版，加字 20 万版，实际只有 180 万版，与 180 万版的猴小版的发行量完全相同，但目前猴小版的价格是鸡小版的 3 倍以上。今天鸡小版的报价是 64.50 元/版，而猴小版为 203 元/版。两个同为三轮生肖、发行量相同（目前生肖小版的发行量等同于存世量）的两个小版，价差如此巨大，因此鸡小版上市后必然会产生很好的成长性，升值潜力无庸置疑。而且选择鸡小版上市，能最广泛地吸引投资者。场外投资者可能不知道有名画邮票，但一定会知道生肖邮票。

当然，能否上市取决于两个方面：一是投资者能否向南交所提供满足上市数量的鸡小版；二是南交所是否选择鸡小版上市。但作为投资者和南交所，都必须十分明白鸡小版是上市邮品的最佳选择，同时进行努力，使鸡小版尽快上市。因为鸡小版的上市对投资者、对南交所都有极大的好处。再一次呼吁尽快将鸡小版列入上市计划，争取能入选第三批上市邮品。

2013-10-25 09:41:02

04 小版的瓶颈城市建筑小版

城市建筑小版发行量 60 万版，是 04 小版中发行量最少的小版，比发行量排列第二的 70 万版的国旗国徽小版少 10 万版。04 小版目前的价格严重超低，尤其是城市建筑小版，目前78元/版的价格真是太低太低了，低的简直让人无法想象。在同一个系列里面，最有投资价值的邮品必定是量最少的邮品，赵复兴先生的山口理论早已告诉人们，守住山口就是赢得财富，攻陷山口就会获取超额利润。城市建筑小版就是04小版系列中的山口，获取它捂住它你就会赢得邮市，赢得整个世界。

城市建筑小版已经为你开启了一扇获得财富的大门，在通向财富的道路上，可能还有荆棘载途，但只要坚持持有，财富和成功一定会属于你。城市建筑小版一旦上市，其升值空间巨大，而且基本不存在比价方面的牵制，因为城市建筑小版是04小版的瓶颈，只要不超过作为03小版瓶颈的发行量40万版的崆峒山小版的价格，任何的价格都是合理的。城市建筑小版曾到过120元/版，现在的价格与其曾经的高度还相差甚远，而这两天的03小版，有好多的邮品都已创出了新高，04小版能否迅速崛起，城市建筑小版能否独领04小版的风骚，让我们拭目以待。是智者总有慧眼，是金子总会发光，我们衷心期待城市建筑小版价值的回归。

2013-10-31 12:54:57

与庄家连手筹措解放军报上市筹码

解放军报发行量146万枚，加字50万枚，实际存世量96万枚，是前期缩量片中量较少的邮品之一，因军旗上没有“八一”字样，而被市场判定为错片，因此在发行之初相当长的一段时间里，其价格高于长征片。本人和朋友一起能提供解放军报60个原箱和一部分原刀，计7万多枚。解放军报庄家如想让解放军报上市，本人可将上述实际掌控的7万多枚解放军报贡献出来，连手打造JP第一个上市邮品，有意者可与本人联系。

2013-11-01 20:08:22

城市建筑小版上市定会价追崆峒山小版

以前曾买崆峒山小版,但也卖崆峒山小版,买时因十分看好,卖时因对崆峒山小版十分失望。在03小版中,崆峒山小版的发行量最少,但与崆峒山小版不相上下的46万版以内的03小版共有9个,所以崆峒山小版难以在量上占多少优势。如果不上市,崆峒山小版的价格绝不会超过羊小版和篆书小版。现在向大家强烈推荐04的城市建筑小版,在系列中量的优势要大大超过崆峒山小版。城市建筑小版发行量只有60万版,与发行量排在第二的70万版的国旗国徽小版相差10万版。因此,笔者一直看好城市建筑小版。城市建筑小版才是04小版真正的瓶颈,其在04小版中的地位绝对超过崆峒山小版在03小版中的地位。因此,城市建筑小版如果上市,一定会价追崆峒山小版。

2013 - 11 - 11 22:40:03

小猪猪爱你没商量

猪小版是继猴小版和鸡小版后发行量排名第三的生肖小版,但猪小版的价格在生肖小版中的排名在10位左右,这是量价比严重颠倒的一款生肖小版,如果从生肖小版投资价值占优考虑,鸡小版为第一,猪小版第二。因此投资猪小版,你的选择不会有错。请记住笔者的一句话,在投资某一种邮品时,先要考虑量价比,量价比不会欺骗投资者。尤其是对坚持中长期投资的投资者来说,更是如此。由于炒作的原因,量价比可能会出现扭曲甚至极为离谱的现象,但最终的价格一定会向其价值回归,被扭曲的价格一定会得到矫正。小猪猪,爱你没商量。

2013 - 11 - 16 07:19:11

请你不要用第一轮猴与鸡说事

对于第三轮生肖猴大版、猴小版与鸡大版、鸡小版巨大的价差,邮人们都感到困惑不解,加上一群不知就里的评论者的忽悠,更使邮人们处于云里雾里之中。鸡大版、鸡小版与 猴大版、猴小版的发行量差不多,而且存世量鸡大版、鸡小版比猴大版、猴小版更少,但它们目前的价格约为猴大版和猴小版的1/4。对此,有人已经意识到了投资鸡大版和鸡小版巨大的赢利空间,因为量价比不会欺骗投资者。不管是炒作的原因还是其他什么原因,邮品最终的价格一定会向其本身的价值回归,因此有人将量价比称之为收藏市场的铁律。

但网上却有一些人对三轮生肖猴大版、猴小版与鸡大版、鸡小版存在的巨大价差熟视无睹,并企图用第一轮生肖猴与鸡存在的巨大价差来说明三轮猴与鸡价差的合理性。其实这些人是十足的傻瓜蛋,因为他们只是机械地不加分析地用一个可笑的甚至荒唐的相同事例、用近乎僵化的头脑来证明第三轮猴鸡价格巨大反差的合理性。在他们看来,因为第一轮猴鸡价格存在巨大的反差,所以第三轮猴鸡价格的巨大反差也是合理的。但他们忘掉了收藏市场的一条重要铁律,这就是量价比。在说到量价比时,这些人必定会跳出来与你理论一番,他们所据的理由是第一轮猴与鸡的发行量。第一轮猴的发行量有两种说法:一为 450 万枚;一为 500 万枚。第一轮鸡的发行量为 930 万枚,为此有人就说,第一轮猴与鸡的发行量相差不到一倍,价格却相差十万八千里,单枚猴为 12 000 元,整版猴高达 150 万元,而单枚鸡仅为 300 多元,整版鸡也仅为 6 万元左右。其间的价差大约有 30 ~ 40 倍。

表面上看猴与鸡的价差太离谱,但如果我们知道一轮鸡有小本票而一轮猴没有小本票,就会感到这一离谱的价格其实是非常合理的。一轮鸡小本发行量为 61.9 万本,每本有生肖鸡 12 枚,折合枚数为 740 多万枚,因此第一轮鸡票总量为 1 670 多万枚,我们姑且采信猴 500 万枚的发行量,如果我们假定一轮猴与鸡的消耗量和沉淀量都相同,各自都减去 400 万枚,所得的流通量猴为 100 万枚,而鸡为 1 270 万枚,相差大约 13 倍。鸡以多于 13 倍的流通量与猴价差三四十倍是非常正常的,山口理论大师赵复兴先生早就说过,数量与价格之差不是乘与除的关系,而是指数关系。更何况第一轮猴与鸡的消耗量和沉淀量不止 400 万枚,有可能是

450 万枚甚至更多。因为如果猴的流通量有 100 万枚，是无法解释其目前的高价的，如果按猴的流通量 50 万枚计算，那末鸡的流通量就是 1 220 万枚，与猴相差 24 倍多。这就更能解释为什么第一轮猴与鸡价差巨大的原因了。

现在有人把第三轮发行量几乎相同、存世量可能更少的鸡，与猴的巨大价差说成是合理的，并企图用第一轮猴与鸡的巨大价差来证明第三轮鸡与猴存在的巨大价差的合理性，让人可笑可叹又感到可悲。一切被庄家扭曲的价格最终都会向其自身的价值回归，不论是第三轮鸡还是猴，其价格都会向其价值靠拢，而在这一过程中，如果人们认为猴大版和猴小版的价格是合理的，那末鸡大版和鸡小版的价格就一定会向猴大版和猴小版靠拢，这就是谁也不能违背的量价比铁律。

2013－11－16 09:53:34

选择邮市各个板块的山口进行投资

邮品的每个板块都有自己的山口，选择量价比占优的各个板块的山口邮品进行投资，是获取高额利润的前提。邮市投资大师赵复兴先生的山口理论是邮市价值投资的法宝。山口理论这一经典理论所依据的理论基础就是量价比铁律。邮市中既是山口又是量价比占优的邮品，如 03 小版中的篆书小版，04 小版中的城市建筑小版，三轮生肖小版中的鸡小版和猪小版，JP 中的 JP152，这些邮品目前的价格严重超低，是难得一遇的投资机会。从崆峒山小版和猴小版的不同遭遇中，我们一定能体会出其中的道理。

南京文交所钱币邮票交易中心上市的猴小版和崆峒山小版，确定上市时的价格只相差一元，但挂牌上市后的表现迥然不同，猴小版在连封 3 个涨停板后就上涨乏力，而崆峒山小版至今已连封了 4 个涨停板，保守估计，崆峒山小版会连封 5 个涨停板，而且崆峒山小版的发行量只有 40 万版，而猴小版是 180 万版，随着这两个邮品的再托管挂牌上市交易，会使两者之间的价差越拉越大。这是因为崆峒山小版将无量可托，而猴小版的每一次再托管上市，将对线上的价格形成巨大的冲击，这就是量少邮品的山口效应。人们在投资崆峒山小版时就没有后顾之忧。

因此，在邮品股市化交易平台上，将各个山口的邮品上市，必定会吸引众多坚持价值投资的投资者，而且赚大钱的也一定是这部分投资者。

2013－11－23 08:09:47

如果羊小版和鸡小版上电子盘会怎么样？

南交所将猴小版上市，上市之初涨幅惊人，由上市价227元版一直涨至380多元/版，但由于其量多达180万版，与同时上市的40万版的崆峒山小版相比，还是略逊一筹。崆峒山小版由上市价228元/版(比猴小版仅高1元)一直涨至420元/版。但随着电子盘的调整，崆峒山小版与猴小版的抗跌性大相径庭，最极端的价格相差100多元。最近一段时间，随着电子盘的封闭运行，崆峒山小版和猴小版又开始大幅上涨，双双都创出了新高，但两者价格的差距还是很大。这从一个方面说明了量在价格构成中的作用。由于崆峒山小版与猴小版不是同一系列，所以在量方面没有多少可比性，如果是同为生肖系列的羊小版和鸡小版上电子盘，会出现什么情况？

第一，由于是同属生肖系列，在量方面的可比性会大大增强。羊小版在量方面占有极大的优势，而鸡小版在价格方面占有绝对的优势。羊小版发行量80万版，市场公认的说法是撕毁了20万版，存世量为60万版，其量只有猴小版的三分之一，而目前的价格低于猴小版，上市以后会怎么样？鸡小版发行量200万版，加字20万版，理论上的存世量180万版，由于鸡小版曾打折，而猴小版从未打折，所以鸡小版实际的存世量要低于猴小版。低于猴小版实际存世量的鸡小版，目前的价格只有69元，是猴小版目前价格的五分之一，上市以后会怎么样？不比不知道，一比吓一跳，与猴小版相比，羊小版和鸡小版的上涨空间巨大。

第二，在礼品开发中，同一系列的邮品会体现其强烈的量价比关系。如果量价比的关系被扭曲，随着时间的推移，被扭曲的量价比关系一定会得到纠正。礼品开发中的瓶颈效应是无法跨越的一道坎，作为同为生肖小版的羊小版、鸡小版，与猴小版不合理的比价关系一定会得到纠正。

第三，羊小版和鸡小版今后有无可能上电子盘。要回答这个问题，首先我们要明确所有国家邮政发行的正规邮品都具备上电子盘的资格，随着文交所钱币邮票电子化交易平台的增多，上市品种的竞争将呈现白热化状态，只要是具有潜力的品种，其资源一定是各个文交所争夺的对象。因此，投资者不必担心上不上得了电子盘，笔者可以大胆地告诉大家，作为优质品种的羊小版和鸡小版，上电子盘是一定的。当时在南交所上市猴小版时，笔者曾就不上鸡小版而上猴小版专门打电话给南交所的马总，并对此表示了强烈的不满。结果马总给笔者的回答是没有人申请鸡小版上市。对此，笔者真是无语。

2014－02－16 08:13:03

04 城市建筑小版上市可与崆峒山小版媲美

这几天崆峒山小版在电子盘上不断地创新高，而且量价齐增，是电子盘目前上市的5种邮品中价格最高的。崆峒山小版之所以能在电子盘上独占鳌头，主要得益于其发行量是03小版中最小的，是其瓶颈效应在起作用。

04小版中的城市建筑小版可与崆峒山小版媲美，并且有过之而无不及。城市建筑小版发行量60万版，是04小版中发行量最少的一款邮品，而且与发行量排在第二位的70万版的国旗国徽小版相差10万版。而03小版中接近40万版发行量的除了崆峒山小版外，还有七八款小版都在40多万版，与崆峒山小版只相差一二万版，也有相差三四万版的。就瓶颈效应而言，城市建筑小版强于崆峒山小版。

城市建筑小版目前价格仅59元，是价格严重超低的邮品。某一天如果城市建筑小版上了电子盘，必定会出现大幅上涨的局面，城市建筑小版可与崆峒山小版媲美。

2014－02－18 19:57:01

爱心错片怎么了？

近来一段时间，在其他邮品风起云涌的时候，作为前几年的热门品种、曾给投资者带来巨大收益的爱心错片，却长时期的无声无息。热爱爱心错片和关心爱心错片的人不禁要问，爱心错片怎么了？

爱心错片的交易是如此的清淡，根本看不到交易帖，而且目前的价格与其顶峰时的价格连下了好几个台阶。爱心错片目前的状况使收藏者和投资者失望之极，以前热心爱心错片的一大批人都心灰意冷，例如爱心错片的坚定鼓吹者尚铂喜先生已很少写爱心错片的文章，除尚兄外，其他热心爱心错片的人也长期噤口，不再鼓吹爱心错片。

庄家对一个邮品的上涨和下跌具有主导作用，如果庄家不作为，再好的品种也只能长期毫无声息。对于像爱心错片这样一个优秀的品种，完全可以走文交所上市这条路，当然以前的理念必须被颠覆，玩组号玩变体的品种无法上市，只有将爱心错片的组号合并，才有可能满足文交所对上市邮品市值和品相的要求。爱心错片品相很成问题，文交所对品相的要求又非常严格，如果仍然玩组号、玩变体，爱心错片只能收藏而无法投资。在目前情况下，要让爱心错片在投资者的热情中增值，必须抛弃玩组号和玩变体的陈腐观念，走合纵和连横之路。希望此文能引起大庄家的注意，同时也希望热爱爱心错片的邮友一如既往地热爱下去，爱心错片目前的困局是暂时的，相信终有破冰之策。

2014-02-21 15:54:38

猪小版上市后的目标价格预测

在北交所30个上市邮品中，列入上市目录的生肖小版只有猪小版。与同样列入上市目录的猪赠版和鼠赠版不同，猪小版的发行量是早已公布的，为280万版，而鼠赠版和猪赠版的发行量尚未公布。猪小版与南交所上市的猴小版相比，发行量只多100万版，但目前价格相差悬殊。猴小版曾到过420元/版，今天的价格在330元/版左右。而猪小版今天的价格仅为47元/版，这巨大的价差就是猪小版上涨的潜力和空间。北交所选择猪小版上市，比南交所棋高一筹，因为量价比占尽优势的猪小版的上市，一定会使北交所旗开得胜，产生明显的赚钱效应。根据量价比，考虑到猴小版在生肖小版中的龙头地位，猪小版上市后达到的第一目标价格，最保守的预测起码在150元/版左右。如果今后猴小版上了1 000元，猪小版也会到300元甚至500元。因此，在目前价位上投资猪小版，会给投资者带来3~10倍的回报。

2014-02-27 20:36:26

JP 投资攻略

目前的 JP(纪念邮资片),可以说遍地是黄金,发行量 50 万枚的 JP152 原箱 6 万元(60 元枚)都不成交,发行量在 100 万枚左右的缩量片 5 元不成交,即使如长征片这种超大题材的 JP,8 元也卖不掉,那些发行量在 200 万枚左右的价格直接被压至 2 元、3 元,发行量超大的 JP(最大发行量也就 700 多万枚,而且经过几十年的消耗、沉淀和销毁),价格更是低得让人敢想象,1 元左右就能买到。邮市真的把 JP 不当回事,一致认为 JP 是垃圾,JP 不会有行情,即使有行情,也要等到整个邮市行情结束之前。这种习惯性思维使 JP 市场十分萧条,即使低价卖盘也长期不成交。

JP 虽是公众的弃儿,但却是黄金遍地的宝库,JP 在历次大行情中是涨幅最大的板块。在 1997 年的第 3 次邮市大行情中,最垃圾的 0.20 元/枚的 JP 上涨了 50 倍,成为邮市的上涨明星。在即将到来的第四次邮市特大行情中,邮市的上涨明星非低价(垃圾)JP 莫属,现在 1 元左右的 JP 上涨 50 倍不算多。由于电子化交易平台的建立,其上涨幅度可能不止此数。电子化交易平台将改变邮市板块上涨的固有格局,只要有 JP 上电子盘,以前行情中板块间的上涨次序会被颠覆。因此,JP 的上涨可能会让习惯性思维的投资者措手不及。

针对电子盘出现后的形势,对 JP 的投资,笔者特提出如下攻略。

一是 JP 投资要抓两头。所谓的两头就是低价 JP 和量少 JP。对 1 元左右的 JP 要坚决猎杀,毫不手软,这些垃圾 JP 就是金元宝。对于量少精品,要全力以赴。量少精品的卖单可遇而不可求,一旦遇到不要犹豫,坚决买进。如 JP152,50 万枚的发行量,一原箱 6 万元,真是便宜得不能再便宜了。赵复兴先生曾将其称为镇宅之宝。一件镇宅之宝,6 万元贵吗,一点都不贵,哪有镇宅之宝只值 6 万元的。如果 JP152 上市,可值 500 元一枚,也即 50 万元一箱。

二是赶快下手。JP 的资源有限,在总共近 200 个品种中,发行量最多的 700 多万枚,最少的仅 30 多万枚,加上历次大销毁和长期的沉淀,可以流通的 JP 的数量十分有限,而且 JP 以箱(1 000 枚)为计量单位,估计原箱 JP 的数量可能不足 10 万箱,JP 的低价使普通投资者同一个品种拥有十几箱的非常普遍,因此见到原箱货要赶快下手,过了这个村一定不会有那个店了。

三是注重大题材。在投资 JP 时,要在综合量(指存世量)和题材的基础上选择优势的品种投资,特别要选择超大题材品种进行投资,如毛泽东、长征、小岗村、二炮、解放军报等。

2014－03－02 13:10:14

抢什么?

今晚是抢夺筹码的大战之夜,今天交易量会轻松突破 2 500 万元,指数上涨会超过 60 点。今晚大家是见什么抢什么,真正成了抢劫之夜。但今晚到底应该抢什么,笔者给大家的提示是:抢猪小版,抢狗大版,理由是只有这两个品种同为南交所和北交所的挂牌品种,不抢这两个品种还抢什么?抢鸡小版,鸡小版的量与猴小版一样,现在猴小版近 400 元,鸡小版 85 元,不抢鸡小版抢什么?抢爱心错片,爱心错片是中国乃至世界的最大错片,10 万枚的存世量,上市以后会怎样,不抢爱心错片还抢什么?该抢的东西一定很多,但这 4 种邮品一定要抢,不抢你会后悔一辈子。

2014－03－10 20:00:35

慧眼识宝话错爱

爱心错片又称片红,南京文交所将其列入了征集上市的邮品之一。由于在征集公告中以爱心错片命名,以后的正式名字就不要再用片红,而应以爱心错片称之。

对于爱心错片,有太多的纷争,也留给了投资者太多的美好回忆。王福斌先生是爱心错片的明庄,据说拥有爱心错片 5 万多枚。王先生作为中国邮市中最有实力的几个大庄家之一,对爱心错片却情有独钟。而且为了普及爱心错片的收藏,做了大量的基础性工作。大家一定记得,王先生曾多次自费制作精美的爱心错片定位册送给喜爱爱心错片的收藏者,可谓呕心沥血。那么作为身价几十亿的王先生,为什么不遗余力地投资爱心错片？回答很简单，这是因为爱心错片神奇的魅力。

接触过爱心错片的收藏者和投资者一定知道，爱心错片是中国邮政史上乃至世界邮政史上绝无仅有的大错片。人的肢体错误实难令人相信，而这一令人无法想象的错误却出现在爱心错片上。爱心错片集美、精、奇、爱于一身，令见之者爱不释手。

这一神奇的大错片量又是十分稀少，大约不到10万枚，其中大庄家一人就拥有了5万多枚。笔者与王先生虽从未谋面，但神交已久。每年春节，王先生总会发短信问候，而且笔者对爱心错片有什么想法，总是与王先生及时交流，王先生不管有多忙，总是耐心倾听笔者的想法和建议。对于这样一个平易近人的大富豪，笔者更多的是从心底里敬佩。

这次笔者一看到南交所的征集上市公告，第二天就打电话与王先生交流，探讨上市事宜。

笔者相信，爱心错片是目前征集邮品中最有希望最先上市的邮品，因为对爱心错片来说，上市的200万元市值无需征集，王先生一人就能搞定。因此，只要王先生愿意，上市轻而易举。

笔者真不知道南交所的这些所谓的专家是不是有慧眼，但笔者知道，对于爱心错片这样一个大错片，最有慧眼的还是大庄家王先生，其次是为宣传爱心错片作出巨大贡献的一批有识之士。在这里笔者必须要提到的两个人，这就是尚铂喜先生和王亮先生，尚先生对爱心错片的宣传可以说是不遗余力，而且卓有成效；王亮先生对爱心错片的贡献也是有目共睹的。

在这里笔者还必须要提到所有爱心错片的收藏者和投资者，正是他们的行动使爱心错片创造了自发行以来同期邮品涨幅最高的神话。收藏者都有错爱情结，可以说爱心错片是应该收藏一生的邮品，因为你再也收藏不到如爱心错片那样的大错片。中国邮政管理混乱腐败的铁证，被永远地定格在爱心错片上。

收藏错邮是集邮者的一大嗜好，特别是像爱心错片那样的大错邮，真是可遇而不可求。从这个意义上说，中国的集邮者应该要感谢中国邮政，正是中国邮政，使中国集邮者能在邮海觅到爱心错片那样的绝代错邮。正是中国邮政为集邮者送来了如爱心错片那样的大宝，而后才有中国集邮者慧眼识宝之事。

爱心错片有那么多人喜爱，也有很多人反对，可以说是中国邮品史上争议最大的一款错邮，其双方论战的帖子是邮票网站上的一大奇观。在爱心错片即将上市之际，这种争论可能永远不会终结。但有不同看法并非坏事，相反，会让爱心错片家喻户晓，会让更多的人在争论中喜爱爱心错片，收藏爱心错片，投资爱心错片。

真正的宝贝永远不会缺少识宝之人,爱心错片也一样,总有独具慧眼的邮人会收藏和投资爱心错片。爱心错片在王福斌先生那样的大庄家精心呵护下,会一路前行,直至达到其辉煌的顶点。爱心错片价值几何,这次邮市行情将会最终给出收藏者和投资者祈盼的答案。如果你是独具慧眼的投资者,那就投资爱心错片,爱心错片一定不会让你错爱。

2014 - 03 - 12 17:11:37

读王仁亮推荐狗大版帖子有感

王仁亮先生关于买狗大版的宏论且苦口婆心的教诲,所依据的核心理论还是赵复兴先生的邮市投资的“山口”理论,只不过是王先生将这一理论发挥到了极致并进行了创新。在三轮生肖大版中,量最少的应该是猴大版和鸡大版,其量都是216 万版,而狗大版的量为 278. 12 万版,牛大版和猪大版都比它少 8. 12 万版,但狗大版出世于邮政特殊的破版销售的年份,而且与牛大版和猪大版相比,发行时间要早一二年,因此狗大版在存世量方面要少于牛大版和猪大版,而在量价比方面要优于猴大版和鸡大版。狗大版的另一个预期升值优势在于 3 个文交所同时上市,这一点也许是王先生推荐狗大版的更为重要的依据。虎大版只有南交所一家上市,而且是封闭上市。

我们看到,在现货市场封闭上市的结果是上一个死一个(这是本人一直反对南交所封闭上市的主要原因),连出身高贵的名画系列的步辇图和洛神赋图都未能幸免,我们只要看一看南交所上市的几个邮品现货市场的价格就大致明了是怎么一回事(现货市场的价格大都被定格在上市挂牌时的价格甚至更低),而虎大版不仅网上的价格高达 800 多元,而且现货市场的价格也随网上价格的飙升而上涨。

如果 3 个文交所上市狗大版,会出现什么情况。有一个知名的卢工邮商在与笔者的电话交流中说过,狗大版如果 3 个文交所像虎大版一样各上市 5 万版,现货市场就有可能看不到卖盘,更何况北交所是开放式托管。因此,狗大版上市以后现货市场货源的紧张是可以预期的。

王先生一直在劝邮友卖掉其他邮品投资狗大版, 凭王先生的知名度, 只要看过他帖子的有 1% 的邮友这样做, 市场上还会有狗大版吗? (如果有 200 个人各买

1 000 版狗大版,你认为市场上还有狗大版吗?)笔者在想,狗大版为什么被 3 个文交所同时选中,肯定是有原因的,这其中的原因无非是 3 个:一是狗大版可爱,狗是人类忠实的朋友,因为可爱而喜欢,收藏的人一定不少;二是狗大版量少,实际的存世量可能排在猴大版和鸡大版之后;三是价低,具有量价比优势。

3 个文交所的集体上市效应,会使狗大版的需求量暴增好多倍,这就是王先生推荐狗大版的原因,也是笔者看好狗大版的原因。

2014 - 03 - 23 10:36:20

03 小版中的崆峒山小版、篆书小版和羊小版

崆峒山小版在南交所电子化交易平台上连创新高,让投资者获取了很大的利润。崆峒山小版之所以能有如此的业绩,让投资者喜形于色,一个重要的原因就是量少。量少的品种庄家好控盘,事实已经证明并将继续证明,只有量少的小版才能给文交所带来长期的稳定的收益。其实,在 03 小版中,崆峒山小版并非是最优秀的品种,从综合角度看,03 小版中的篆书小版和羊小版均超过崆峒山小版。崆峒山小版虽然在量上占优势,但由于崆峒山小版不是系列中的龙头,在礼品开发的需求方面明显不占优势,而发行量 46 万版的篆书小版虽然比 40 万版的崆峒山小版多了 6 万版,但篆书小版由于是书法小版系列的龙头,而且作为第二款书法小版的隶书小版发行量是 80 万版,其余的楷书、草书、行书小版发行量均为 150 万版,因此只要开发书法小版礼品册,篆书小版将被大量消耗,以后篆书小版的流通量一定少于崆峒山小版。再来看羊小版,发行量 80 万版,但被市场撕毁了 20 万版,仅有的 60 万版羊小版从表面上看比崆峒山小版还多了 20 万版,但由于羊小版是生肖小版的龙头,而且紧随其后的猴小版是 180 万版,比羊小版整整多了 120 万版,在生肖小版礼品册的不断开发中,羊小版的流通量也一定会少于崆峒山小版。因此,在这 3 款 03 小版中,以后的价格必定是篆书小版居于首位,羊小版第二,崆峒山小版第三。

南交所管理者在上市邮品的选择上可谓鼠目寸光,他们放弃第一流的邮品,而选择了第二流甚至第三流的邮品。在同一系列里面,选择流通量相对少的邮品上市,是电子化交易平台实现上市邮品稳定上涨、给投资者以巨大回报的必由之路。

笔者希望尽早看到篆书小版和羊小版能在南交所电子化平台上占有自己的一席之地。

2014－05－08 21:16:24

建议上市爱心正片或与爱心错片配套上市

爱心错片和爱心正片是同一个图案的两个不同的邮品。爱心错片之错一是肢体之错，二是爱心正片作为爱心错片的改正片，却重复使用了同一个编号，从而使爱心错片又出现了编号重复之错。出现两错的邮品从未有过。因此，建议南交所在上市爱心错片的同时，上市爱心正片，或者将爱心错片和爱心正片配套上市，以形成首个配套上市邮品。爱心错片和爱心正片连袂上市，给收藏者和投资者提供收藏和投资的乐趣。也可由其他文交所竞争上市。

2014－06－12 22:08:03

向强庄推荐错鲤鱼龙封

贺年片中的两大知名错片——爱心错片和错鲤鱼龙封。爱心错片即将由南交所上市，而错鲤鱼龙封却默默无闻，目前很少看到买卖盘，即使有，价格也是极端的低廉。如果说，爱心错片因人的肢体之错令人不可思议，是邮政的一个低级错误，是俗错，那末，错鲤鱼龙封因著名诗人诗作的前后颠倒更能体现其文化的韵味，是雅错。

错鲤鱼龙封与爱心错片如出一辙，也是由5个组别组成，也有众多的变体，其发行量比爱心错片还要少，存世量大概在16万枚左右，其中的T09非常稀少，可与爱心错片中的O02媲美。

鲤鱼跳龙门，是出身寒门者的共同向往，这一美好的愿望已根植于普通人的心灵深处。什么时候错鲤鱼龙封上市，就是持有者鲤鱼跳龙门之时。错鲤鱼龙封目前的价格非常低廉，希望有识之士进驻错鲤鱼龙封。

运作某一品种前，必须考虑比价效应。错鲤鱼龙封如果有比价的话，只能与爱心错片比，而且错鲤鱼龙封充满文化气息，是错封错片中不可多得的精品。如有强庄入驻，错鲤鱼龙封一定会跳进邮市的龙门。

2014－06－22 16:52:14

没有比价牵制的红军邮和爱心错片涨多高都是合理的

邮品投资往往受到比价效应的牵制，某种邮品如果脱离了比价关系，就会受到牵制，迫使其对涨高的价格进行调整，而不受比价牵制的邮品涨多高都是合理的。红军邮没有比价牵制，如果非要找出一个比价邮品的话，只能与第一套军邮比，而第一套军邮目前的价格非常高，第一套军邮中价格最低的黄军邮也已达到4 000元/枚。因此，比价的结果只能推动红军邮往上涨。

爱心错片之错是奇错、大错，闻所未闻之错。纵观中国和世界错邮史，没有一个错邮比爱心错片错得更离谱，这是不可思议之错。当代人可能对爱心错片价值的认识仍停留在低层次和比较肤浅的阶段。

与红军邮一样，爱心错片没有比价效应，因此其价格完全由庄家决定，而且市场对庄家的意志无法提出异议的理由和反对高价格的证据及论证。这就是爱心错片中的002曾涨至2 800元、爱心错片中的小蜜蜂涨至二三万元的主要原因。如果有比价效应，还能涨至这样高的价位吗？这就是投资爱心错片和红军邮的巨大的吸引力。

2014－06－25 12:13:53

入驻大小飞船　抢夺上市资源

大飞船在2001年行情中曾创下1 020元/版的高价，小飞船也曾达到285元/版。十几年过去了，大飞船目前的价格在四五百元，而小飞船不足百元。至今，中国只发行6套航天邮票，大小飞船在航天邮票中位居第二，而且是中国邮票史上的第二枚异形邮票。

大飞船是中国邮票史上具有特殊形式的大版，因缺少"周年"两字而被判定为错版。大飞船版式的组合之美，正是人见人爱。小飞船与大飞船相比，虽逊色不少，但与其他小版相比，其审美性也独具特色，小飞船以两个3套邮票组成了两个圆，似从飞船上看到的地球的上下两面，给人耳目一新之感。

中国的航天事业是一个历时最起码50年的重大的国家工程，伴随着这一工程，航天邮票的发行是一个超大型的题材，在某些方面可能会超过生肖邮票。生肖票已经发行了3轮，如果某一天生肖票停发，也不是不可能发生之事，而航天邮票的发行最起码还有50年的时间。

要实现中国梦，首先应该实现国人的科技梦，而科技梦的经典之作就是航天梦。因此，国人的中国梦情结必然在航天邮品的收藏上表现出来。

文交所要创品牌，必须上市具有大品牌大题材的邮品，而大飞船与小飞船就是这种大品牌大题材的邮品。文交所现在是遍地开花，上市资源的争夺已呈白热化，笔者在南交所托管爱心错片时，曾与马振经理简单地交谈过几句，其中就说到要抢夺上市资源的问题。从目前态势看，各大文交所对邮品的上市速度在加快，说大手笔一点也不为过。邮品的资源就那么多，尤其是优质资源，你不抢自会有人抢。当我们3年后再回过头来看文交所，你可能就会大吃一惊，好多人可能都为当时把邮品托管给文交所而扼腕痛惜。笔者在南交所托管爱心错片时，曾与部分邮友交流，其中提出的一个观点就是，今后在邮市真正赚大钱的绝对不是我们这些热衷于托管的投资者，我们只能赚些小钱，真正赚大钱的应该是邮市的楞头青，这些楞头青也可能是富二代或富三代，也可能是某些贪官。

大飞船和小飞船这种非常优质的邮品，肯定有人抢，邮市中的强庄，你是否准备入驻大小飞船，如果你还在犹豫，请你不要再犹豫，坚决地入驻大小飞船，让大小飞船载着你飞越九天，遨游太空。

2014 - 06 - 26 21:18:51

JP104 亚洲议会有黄金

JP104 亚洲议会，2002 年 3 月 16 日发行，发行量为 350 万枚。发行之后的一年多时间，恰逢邮政 2003 年的大销毁，以后又经历了邮政力度空前的数次销毁。从网上公布的某一省份的大销毁清单上，JP104 的销毁量占整个 JP 之首，一个省份就被销毁了 23 万枚。全国有 32 个省、自治区和直辖市，因此有邮友开玩笑说，JP104 亚洲议会销毁得出现了负数。出现负数是不可能的，但 JP104 亚洲议会销毁数量最大、销毁最彻底是可以肯定的。从市场近几年的卖帖看，JP104 亚洲议会少之又少，因此可以相信，JP104 亚洲议会的存世量已少于 JP 缩量片中第一方阵甚至第二方阵中的某一邮品。推荐理由：一是存世量少，已如前述；二是价格十分低廉，目前大约为 1.5 元/枚，前几天有人在 1.2 元/枚左右大量收购，但挂帖几天一无所获。

JP104 亚洲议会是好东西，希望强庄入驻，笔者已向南交所推荐了 10 大最牛的邮品，JP104 亚洲议会是笔者推荐的 10 大最牛邮品之一，上市不成问题，进入的庄家应该大手笔收购，其中在价格方面要让多年保管的邮友也要获得他们应得的利润。只有这样，才会满足你购货的愿望。机不可失，时不再来，过低价格收购只能错失良机。

2014 - 07 - 05 10:15:47

超前价格收购　抢夺邮市筹码

自笔者关于长征片和解放军报的两个帖子挂出以后，市场上出现了收购长征片和解放军报的抢筹行为，收购价不断被刷新，7 月 7 日长征片有人 11 500 元/箱收 3 箱，却一无所获，解放军报有两人出价 7 000 元/箱收购，同样也是一无所获。

提价收购或许在今后会成为邮市的常态。

提价收购好，只有超前价格收购，在市场上可能还收到一点货。对于真正想收货的人来说，今天8 000 元收，人家是7 000 元收，但你8 000 元收到了，而人家7 000 元没有收到。明天或后天涨到 9 000 元了，7 000 元和 8 000 元再也收不到了，原来7 000 元收的人必须花 9 000 元或者更多的钱才能收到，这不是超前价格收购的好处吗？抢夺筹码，必须超前价格收购，要学习东方鹤先生收购红军邮的做法，超前超前再超前，好东西永远不嫌贵。超前收购似乎增加了收购成本，实际上在抢夺筹码过程中是降低了成本，其中的道理要靠庄家去悟。

笔者在写长征片和解放军报帖子时，还写了 JP104 亚洲议会的帖子，可惜重视的人不多，其实 JP104 亚洲议会才是以后最牛也是赢利最多的邮品，这一大销毁的JP，市场上的货源相当稀少，你最近见过量大的 JP104 的卖帖吗？笔者可以说，JP104 才是 JP 中真正的宝石，也许现在相信的人不多，但市场会很快验证笔者的说法。JP104，现在的价格只有 2 500 元/箱左右，便宜的不能再便宜了。低价、大销毁中最彻底销毁的 JP，以后涨到什么价都是合理的。笔者想对大家说，笔者有一种预感，JP104 的存世量一定少于解放军报和长征片，甚至会接近 JP152 的 50 万枚的量。

2014－07－08 06:57:41

解放军报 11 元成交的里程碑意义

解放军报昨天夜里 11 000 元/箱成交，这是解放军报自发行以来的最高成交价，其意义非同凡响，标志着解放军报上升通道的彻底打开。解放军报是错片题材（军旗上少“八一”两字），又是军队题材，而且还是消耗较大的邮资片。加字以后的解放军报的发行量只有 91 万枚，比长征片还少 15 万枚。因此，解放军报在发行以后的一段较长时间里，价格一直高于长征片。

解放军报以舍我其谁的王者风范突然傲视独步邮坛，传给邮人的信息是，可能解放军报会在最近上市。

那末上市以后的解放军报价值几何，最起码不比诗歌节低，诗歌节上市基准价为 23.80 元/枚，即 23 800 元/箱，至于涨至多少才能打开涨停板，给邮人留下了悬念。一般认为封三四个涨停肯定没有问题。因此，诗歌节打开涨停板的价格应该在40元/枚左右,也即40 000元/箱。由此看来,解放军报还有很大的上升空间。

2014－07－10 06:05:22

以平常心态看待JP的价格错位现象

纪念邮资片的价值还没有完全挖掘,目前的价格基本上是庄家说了算,但随着价格的上涨,庄家独立托起某一品种的可能性很小,而且在高价位庄家也不可能长期做举重运动员。如200万枚的纪念邮资片,在3元一枚时,理论上庄家所需的资金为600万元,实际的资金不需要那么多。当其达到30元一枚时,庄家就要付出10倍的资金,此时庄家就感到难以承受。因此,纪念邮资片上涨的中后期庄家的话语权相对减弱,题材和发行量慢慢会主导价格。

投资者要以平常的心态去看待目前纪念邮资片出现的价格错位现象,这种价格错位现象不可能长期存在下去,因此投资者在投资JP时,还是要多做功课,选择量少、题材大且有消耗和销毁的品种,精选投资品种,让自己放心。

2014－07－16 10:09:51

JP中真正的精品

有人在帖子中介绍了一些JP的精品,但笔者认为,其所提到的都不是JP的精品。JP真正的精品应是量特别小、题材特别大的品种。综合考虑,JP真正的精品主要有下列品种:(1)JP152工程物理院;(2)JP153小岗村;(3)JP147邮票展览;(4)JP132长征。其中:JP152的量特别少,以50万枚的量居JP量少的第三把交椅;JP153的题材特别重大,改革开放题材压到一切;JP147是错票题材,而且是关于第一套大龙邮票的错误,市场俗称错龙片,与龙有关而且是错的,就特别不一般;JP132的题材无与伦比,可以说是至今发行的所有JP中题材最大的品种,而且毛泽东的手迹呈现在该片上,就题材而言,不是其他JP所能媲美的。

2014－07－27 07:41:25

寻找邮市大黑马

未来的大黑马必须满足下列条件：

(1)目前价格很低,量价比严重超低;

(2)发行量和存世量严重不符,发行量不少,但存世量非常少;

(3)群众基础好,是正规的、国家发行的、受众较广的邮品。

根据上述3个条件,未来的大黑马非销毁之王JP104亚洲议会莫属。亚洲议会发行量350万枚,大销毁中一个省公布的销毁数量就达23万枚之巨,有人戏称,照此推算JP104的存世量是个负数。当然负数是不可能的,但JP104的存世量少这是不争的事实。至于少到何种程度,是60万枚还是50万枚,到托管时才会真相大白于天下。而这就是JP104黑马之所以成为黑马的前提,如果现在就知道存世量的具体数字,黑马也就不可能出现了。

2014-07-27 09:06:03

贺喜五　具有黑马相的上市邮品

贺喜五是引庄进入的最好的上市品种,巨大的消耗是黑马之所以成为黑马的前提。品相不好看似是个不利因素,但凡事都有两面性,如果我们换一个角度,品相不好非但不是坏事,而是天大的好事。试想,如果贺喜五有150万枚的存世量(最多就是这点量),品相不好的有50万枚。也就是说,上市后符合文交所托管要求的贺喜五只有100万枚,对于庄家和投资者来说,到底是好事还是坏事?这应该是天大的好事,谁不知道物以稀为贵的道理。因此,品相根本不是贺喜五上市的主要问题;重量也不是问题,上市托管以后,电子盘上的投资者就免除了负重之苦。要说重量,山东风光本片才叫重,但上市以后却是连续14个涨停,相信还会有几个涨停才能停下涨停的步伐。贺喜五只要上市,按照目前的价格,复制山东风光本片实现连续涨停是大概率事件。所有的投资者,请关注贺喜五,有实力的庄家,请你做庄贺喜五。

2014-08-25 07:08:29

近 30 年的邮市大旗是 03 小版

互动网大盘指数已达 3 200 多点,这是自互动网建立邮品指数以来的新高。在 2010 年 3 月时互动网指数曾到最高点 3 172 点,当时 03 小版全部创新高,记得羊小版达到了 545 元/版,古桥小版 800 多元/版。真是今非昔比,而今的 03 小版的价格让人嘘唏不已。

由于 03 小版天然的低量,近 30 年的邮市大旗非 03 小版莫属。在邮品市场,量始终是无法绕开的一个坎。03 小版不涨,大盘的上涨空间将无法打开,其余邮品的上涨也会失去其坚实的基础。

各文交所应该选择价低量少的 03 小版上市,目前虽然已有一部分 03 小版上了电子盘,如南交所的崆峒山小版。南交所的陨石雨小版和北交所福利特的崆峒山小版即将上市,但从已经上市的崆峒山小版看,价格仍然偏低,南交所电子盘上的崆峒山小版的价格最起码在 1 500 元/版以上才算合理,虎大版能上 1 700 元/版,崆峒山小版为什么不能上 1 500 元/版。

随着行情的深入,被扭曲的价格一定会得到纠正,投资者应该有先见之明,瞄准量少的 03 小版投资,你一定会收益多多。

2014 - 09 - 04 08:20:04

邮市投资即将创造的又一个神话

邮市投资有太多的神话,而大众能够拥有的创造几十倍、上百倍,甚至上千、上万倍投资赢利的邮品都是低价邮品。爱心错片从 1.80 元/枚到 2 734 元/枚,这 1 500 多倍的跃升过程也就是在不到 5 年的时间里完成的。爱心错片为什么能创造这么高的升幅,除了其自身所具有的无与伦比的品质以外,一个重要的原因就是低价。

贺喜五具有创造邮市又一个投资神话的潜能。贺喜五具有太多的第一,是邮市中的消耗之王,其存世量可能不足其发行量的20%。就算是一个发行量巨大的邮品,如果被除以5,所存的量必然非常可怜。虽然没有公布贺喜系列的发行量,但根据当年国家邮政的总体发行量及历年邮品发行量的比对,笔者估计,贺喜五的发行量不会超过600万枚,极端的甚至可能不足400万枚,上述数据除以5,其存世量可能不足120万枚和80万枚。以目前5元/枚的价格,投资者可以自己预测一下,贺喜五在一轮特大行情中会达到的升幅到底有多大。在1997年的特大行情中,发行量4 000多万枚的竹子小型张从1.80元/枚起步,一直涨至40多元/枚,在极短的时间内创造出上涨20多倍的投资神话。

在这轮特大行情中,贺喜五能涨至多少,最保守的估计,贺喜五会涨至100元/枚以上,如能上电子盘,贺喜五应该能超过300元/枚。

邮市投资神话创造的主体是邮市投资者,在神话客体目标已被锁定的情况下,投资者要做的就是投入投入再投入,让我们以辛勤的播种来获取丰硕的果实,拥抱神品,创造财富人生。

2014-09-08 07:42:45

邮市有一匹黑马将狂奔三千里

JP104亚洲议会是JP中最大的黑马,邮市的大黑马都有一个关键词——低价,邮市的大黑马都有一个奇特的成长过程——天量的消耗或销毁。亚洲议会是销毁之王,成为JP板块的最大黑马当之无愧。大黑马需要大资金,希望实力强大者运作大黑马,一旦在全国最大最牛的文交所南交所上市,JP104这匹大黑马将狂奔三千里。

2014-09-11 06:16:59

拥有鲤鱼 把握跳龙门的人生机遇

爱心错片和错鲤鱼龙封都是邮市中的奇葩,难分伯仲。现在由于爱心错片的庄家实力非常强大,因此上市以后的价格出现了飙升的景象,万元是一个可以实现的现实存在。错鲤鱼龙封会怎么样,要靠庄家去运作,没有实力强大的庄家运作,错鲤鱼龙封只能靠其自身价值的自然增值,这对价格的提升比较缓慢,但从另一个方面来说,这种价格的提升更有利于错鲤鱼龙封投资群体的扩大。错鲤鱼龙封是好东西,与爱心错片一样,是你一生中难以遇到的邮市珍品,请不要错过拥有的机会。笔者是当时少数几个极力向邮人推荐爱心错片之人,但当时很少有人相信笔者的话,招致了很多人的围攻和咒骂,但事实证明笔者的预测是对的。现在的错鲤鱼龙封价格相当低廉,应该坚决拥有,不要错过机会。有货的要捂住货,没货的要坚决切货,现在的高价过两天就是低价,不要犹豫,财富的拥有和失去往往就在一念之间,拥有错鲤鱼龙封,也许就是你跳龙门的人生机遇,请好好把握自己的财富人生。

2014 – 09 – 14 07:56:14

不上羊小版是南交所最大的失误

羊币、羊小版、二轮羊大版(南交所上市以套票计量)都是好东西,羊币、羊小版分别为板块龙头:羊币为生肖纪念币龙头,羊小版为生肖小版龙头。二轮生肖羊是二轮生肖中发行数量最少的邮品,发行量仅为3 800万套,一直暴涨至6 500元/版的二轮生肖龙的发行量是二轮生肖羊的近2倍,达到7 200多万套。羊币和二轮羊已在南交所上市,可怜羊小版还在羊栏里圈着呢,什么时候羊小版在南交所上市,这才是羊家族中最具暴发力的品种,真正的领头羊非羊小版莫属。南交所啊,别让人家抢了先,把羊小版给抢走了,那才叫一个怨字,会把肠子悔青的。羊小版不仅是羊家族中的大龙头,而且是整个生肖中的大龙头,发行量仅有80万版、消耗被毁20多万版、存世量不足60万版的生肖邮票你掰掰手指算算,有吗?不上羊小版,是南交所最大的失误,如被别家抢了先,是南交所最大的败笔。好资源大龙头就得抢,谁拥有了大龙头,谁就占有市场先机。实际上,现在上市的真正的好东西没有几个,好多品种原先都是市场的垃圾,投资者要的是好东西,不要垃圾。

2014 – 09 – 27 07:08:54

TP 上海浦东 B 定能绝尘万里

TP 上海浦东 B 发行量 25 万枚,是特种片中发行量较少的邮品。该片分散消耗性好,发行之初宝钢集团公司一下就要了 5 万枚发给本厂职工。在 2003 年行情中,该片曾达到 100 元/枚,此后一直下跌,最低时每枚仅 10 元左右,上海浦东 B 记录了浦东开发的历史,在 TP 中政治意义最重大。由于长期低于面值,消耗十分巨大,存世量已不多,市场流通量则更少。一旦在南交所上市,是暴发力巨大的邮品,请投资者密切关注上海浦东 B。上海浦东 B 是一匹大黑马,谁骑上它必定会绝尘万里。

2014 - 09 - 27 13:48:47

错鲤鱼龙封内卡价值几何

错鲤鱼龙封内卡,这个大家过去都不想要的东西,这两天突然价格变得疯狂起来,笔者 13 元/枚收购到了一些,而后 9 元、10 元再次收购时,却没有人再愿意供货,笔者只好撤帖。错鲤鱼龙封内卡一下子珍贵起来的主要原因是,上市时必须封和内卡一起上,仅有封没有卡是不完整的,而且没有哪个文交所连这都不懂,仅上封不上卡就不是完整的错鲤鱼龙封邮品。错鲤鱼龙封上市已成铁板钉钉,至于在哪家文交所上,还要看庄家的兴趣。

由于很多人只有封没有内卡,一旦正式上市消息传出,内卡的价格还会疯狂上涨。内卡丢弃很多,因此封多卡少已成定局,说不定哪一天卡比封贵也有可能,笔者相信,物以稀为贵的道理人人都懂。

2014 - 10 - 30 12:44:50

不要与邮市财富失之交臂

羊小版是生肖小版的龙头,又是03小版的龙头,笔者一直认为,在03小版中,最有投资价值的是羊小版。这是因为羊小版与猴小版在发行量上存在着巨大的反差,使羊小版成为生肖小版天然的大瓶颈。猴小版发行量180万版,而羊小版发行量80万版,而且猴小版完全没有破版消耗,而羊小版由于在发行之初的一二年内长期低于面值,最低时由面值的22.40元/版一直跌至15元/版,因此大量的羊小版被撕毁用于年册或信销,保守估计被撕毁的羊小版不下20万版。从存世量上说,羊小版只有猴小版的三分之一,加上明年三轮羊小版即将发行,因此羊小版很有可能在近来迅速崛起,会翻跟头地快速上涨。现在很多03小版甚至04小版中名不见经传的小版的价格都超过了羊小版,羊小版的价格已严重超低。笔者曾经说过,南交所的最大失误就是没有上市羊小版。兄弟,现在乘羊小版仍卧在地板上,赶快买进羊小版,羊小版某一天被哪个文交所相中上市,其价格不是几千元就能搞定的。潜伏永远是投资者选择经典邮品获取超额利润的不二法门。财富就在你的身边,不要与财富失之交臂。

2014-12-04 22:11:39

城市建筑小版是无法复制的瓶颈邮品资源

城市建筑小版是04小版的大瓶颈。发行量60万版,排在老二位置的国旗国徽小版发行量70万版,整整相差10万版。与03崆峒山小版的瓶颈效应相比,城市建筑小版的瓶颈效应更为显著。崆峒山小版发行量40万版,但在03小版中发行量在40多万版的品种不下十几个,因此就瓶颈效应而言,崆峒山小版无法与城市建筑小版相比。笔者强烈看好并一直推荐城市建筑小版。城市建筑小版反映的是上海城市标志性建筑——金茂大厦,上海文交所理应上市城市建筑小版,打好上海牌,因此城市建筑小版是投资者和文交所一定要抢夺的邮市资源,城市建筑小版是投资者不可多得的紧俏邮品资源，与其应有的价值相比，目前的价格还在地板上，投资城市建筑小版就是抱上金娃娃。

2014－12－07 13:43:19

生肖小版的投资机会在比价中寻找

近来，生肖小版涨势喜人，让邮市投资者领略到了什么是投资的快乐。当生肖小版的投资机遇再一次来临时，投资者以什么样的慧眼去发现最有投资价值的邮品，有人说跟庄，有人说做趋势，但笔者认为，真正赚大钱的是在比价中去寻找投资的机遇，这才是价值投资的要义，也是赵复兴先生山口理论的核心内容。笔者一直主张价值投资，价值投资是邮市投资以最小的风险获取最大利润的法宝。在生肖小版中，猪小版的投资机会凸显。猪小版发行量 280 万版，在三轮生肖小版中，发行量与牛小版并列第三，但其价格仅 79 元/版，而牛小版的价格正好是猪小版的 2 倍，为 182 元/版。发行量比猪小版大的鼠小版、虎小版、兔小版目前的价格都比猪小版高出了一大截，其中：鼠小版发行量 300 万版，价格为 91 元/版；虎小版发行量 300 万版，价格为 110 元/版，兔小版发行量 330 万版，价格为 100 元/版。因此，猪小版的价格严重超低，大幅补涨在即。根据比价效应，猪小版目前的价格最起码在 130 元左右。当投资机遇再一次来临时，投资者你该做什么？

2014－12－09 08:52:23

投资者要敬畏天地，敬畏价值投资

邮币电子化交易平台，作为我国资本市场上的一个新的投资平台，得到了广大投资者的认可，其便捷、安全的交易，改变了传统邮市交易不顺畅、不安全，以及大众难以参与的一些弊端，使钱币邮品投资进入了电子化时代。以南京文交所钱币邮票电子化交易平台为代表的中国钱币邮票交易，开创了一个收藏品交易的历史新纪元，初期的运作已获得极大的成功，许多交易制度和规则的创新，保证了电子盘的交易从小到大,从弱到强,南交所的交易已初具规模,最高交易量已达15亿元以上,再有五六个月,南交所的交易量会超过30亿元,甚至40亿元、50亿元,百亿交易量也会在不久的将来会实现。

在成功面前,所有的投资者,包括南交所的管理者在内,已经被巨大的成功和赚钱效应冲昏了头脑,似乎可以不畏天不畏地,也可以抛弃投资市场尤其是收藏品市场奉为经典的价值投资理论。这是一个十分危险的信号,南交所的管理层要重视这一问题,如果在投资实践中让这种思想盛行,就有可能将电子化交易平台的投资者引向歧路。作为南交所管理层,不能只以藏品的成长性也即赚钱效应来评判上市品种的优劣,而应坚持以价值投资为导向,引导投资者理性投资,让价值投资理念在南交所开花结果。南交所电子盘上对某些藏品的恶炒,很多投资者早已进行抵制,但由于南交所电子盘在顶层设计上存在缺陷,或在发展的前期无法避免的一些问题,在一定程度上起到鼓励恶炒某一藏品的作用。有些藏品,庄家可以不顾一切地加以炒高,甚至炒至天价,与现有的申购制度有很大的关系。如果改变申购规则,一些炒至天价的藏品就会应声而下,目前在电子盘上庄家的目的无非是两个:一是炒高后变现,这是每一个庄家和投资者的目的;二是炒高后就是无法变现,也可以通过做市值来增大申购量,这一点恰恰是在申购中获取利润的法宝,也是庄家肆无忌惮将藏品炒至天价的主要原因。

在南交所投资,似乎不需要考虑量价比,只要跟庄就能赚大钱。管理层也会以同样的态度选择上市品种。在某些管理者看来,藏品无所谓好无所谓不好,只要庄家足够强大,就是垃圾也能炒上天。因此,在选择上市邮品时,真正的精品被排除在南交所大门外。综观南交所已上市的邮品,垃圾居多,真正的精品屈指可数,这种垃圾充斥南交所的现象投资者早已见怪不怪。例如我们看到,被庄家炒至天价的JP,有几款是精品,除了诗歌节片、法律片外,在笔者看来,其余的都是垃圾,因为很多优质的JP如解放军报、长征片等都被排除在南交所大门外。邮票中像03羊小版、篆书小版等无一在南交所上市。当然,管理层可以用一句"没有人申请上市"来搪塞你,但问题是,南交所为什么能上这么多的垃圾,仅仅是有人申请吗?问题恐怕没有那么简单。

南交所电子盘现在垃圾横行,投资者没有价值投资理念,与上市藏品的封闭运行有很大的关系,如果某一天南交所电子盘不再封闭可进行多次再托管,现有的不讲价值投资的现象立马会改变。由于电子盘封闭运行,投资者只看电子盘上某一藏品的数量,而不必顾及现货市场堆积如山的东西。但随着行情的深入,场外大资金总有一天会蜂拥进入电子盘,届时放开托管是惟一的选择。随着所有藏品的放开托管，价值投资的理念终将会回归。因此，敬畏价值投资，投资者就要像敬畏天地一样。所谓人在做、天在看，头顶三尺有神灵，就是人们畏天思想的集中表现。投资者要想改变生存环境，获得投资的成功，不仅要敬畏天地，更要敬畏价值投资。

2015 - 02 - 02 17:11:18

第五编　批评与建议

文交所电子化交易平台必须产生赚钱效应,让参与者获利后成为平台的义务宣传员,从而使更多的资金进来。文交所要有长远的眼光,谋求长远的利益,不要计较眼前的利益。文交所的最大利益就是让社会资金迅速大量地进入平台,扩大交易量,而这些必须以上市邮品的赚钱效应作后盾。如果进入平台交易的人不赚钱,这个平台必然不会有希望,更遑论吸引社会资金了。

文交所对邮市行情绝对具有强大的推动力,人们往往只看到开辟了一个便利、快捷、安全的交易平台,多了一个投资渠道,能够吸引大资金进场,使邮品的大众化投资成为可能,仅此而已。但根本没有看到更深层次的东西,这就是随着某种上市邮品托管数量的增加,现货市场的流通量将越来越少,在讲究量价比的收藏和投资市场,就使某种邮品具有了价格上涨的强大动力,最后的结果一定是在赚钱效应的催生下造成价格的暴涨。

电子盘要想做大做强,在前期必须走精品之路,只有走精品之路,才能让投资者产生持续的赚钱效应。

政策风险是目前文交所的最大风险。这里的政策来自两个方面:一是国家政策的风险,这一方面的风险可以排除,只要文交所不违法乱纪,国家是不会干预的。在文化产业大开发背景下,国家对文交所做大做强应该是支持的。二是文交所自身制定政策的风险,没有人能打败你,打败你的只有你自己。

托管品的鉴定应该体现在两个方面;一是真伪的鉴定,这应该是邮品鉴定中最主要的鉴定;二是是否存在人为损害的鉴定。凡是人为损坏的均可判为不合格邮品,如折角、波浪纹、发黄、霉变等,而邮票背面的油墨,是在印刷过程中产生的自然现象,特别是雕刻版,更难以避免。过严的鉴定标准不仅会使托管者产生强烈的对立情绪,而且对文交所自身也造成了极大的负面影响,过严的鉴定标准会使托管者望而却步,在各大文交所抢夺资源大战中,会将自身置于非常不利的境地。

南京文交所应选择上涨潜力好的邮品上市

从目前已经挂牌上市和已公布上市的邮品看，南京文交所对上市邮品的选择基本上是成功的，也收到了很好的效果，这主要表现在：上市邮品不管是线上和线下，出现了价升量增交易兴旺的景象；上市邮品产生了板块联动效应，并带动了邮市大盘的连袂上涨。但在上市品种的选择上，也不是说一点问题都没有，其中最主要的问题是在选择邮品上市时，过多地考虑文交所的眼前利益，而没有从文交所长远利益出发。文交所的长远利益是做强平台，产生赚钱效应，吸引更多的投资者进入平台交易。只有做强平台，才能做大平台，没有赚钱效应，或者没有多大的赚钱效应，就难以吸引全国老百姓。平台开通以来，已有好多线上投资者对目前没有赚到多少钱表示了强烈的不满，现在情况虽有好转，但仍不乐观。

量价比是收藏市场投资时必须遵循的规律。在同一个板块同一个题材里面，存世量最少的邮品就是瓶颈，价格也应该最高。当然在选择邮品时，还必须考虑邮品的知名度。根据这一原则，笔者感到，洛神赋图的上市是成功的。洛神赋图在十大名画系列邮票中虽然不及清明上河图名气大，但因发行量比清明上河图少 130 万版、价格也低于清明上河图而具有了较强的上涨潜力。猴小版的上市就不敢恭维。首先，猴小版与鸡小版相比，在量价比上没有优势，猴小版发行量 180 万版，因在发行之初即遭暴炒，故发行量就是存世量，鸡小版发行量 200 万版，加字 20 万版，实际发行量为 180 万版，由于鸡小版曾低于面值，有少量破版，因此存世量少于猴小版，尽管猴小版占了三轮生肖小版龙头的优势，但因与其他生肖小版尤其是鸡小版的价格太悬殊而失去了其上市的优势，上市之初猴小版的价格是 227 元/版，而当时鸡小版的价格只有 69 元/版，猴小版的价格是鸡小版的 3 倍多。如果文交所选择鸡小版上市，那情景就不是现在猴小版从确定上市到挂牌这段时间里线下仅涨了不足 50%（由 227 元/版涨至 305 元/版），而是会涨 200%，甚至 300%，因为即使涨 300%，鸡小版的价格还没有达到猴小版确定上市时的价格。

在同一种邮品板块中应以量价比作为选择上市邮品的标准，即使在不同板块中，也应选择大家认同度高的量价比占优的邮品，这可从文交所选择的同为第三批上市邮品的崆峒山小版和猴小版的不同表现中得到证明。崆峒山小版发行量 40

万版，是03小版中发行量最少的邮品，在确定上市时，其价格与猴小版只相差1元，为228元/版，但近来的表现却大相径庭，猴小版仅305元/版，而崆峒山小版为360元/版，量价比的优势凸显。

由此我们可以得出结论，选择量价比占优的邮品是南京文交所必须坚持的原则，文交所必须这样做。文交所不应以眼前利益、而应以长远利益决定上市邮品及上市数量，文交所应该让参与线上交易的投资者赚大钱。只有这样，才能产生滚雪球的效应。如果文交所仅为了成交量而忽视量价比，最终将会搬起石头砸自己的脚。

文交所现在的上市邮品最低200万元市值的门槛不利于量价比占优的量少邮品的申报，可采用某些邮友建议的以发行量的百分比作为确定上市邮品的比例，以体现公平性。当然，这些交易规则的改变必须得到上级的批准，但作为文交所可以采取一些补救措施，例如可以采用由文交所主导的网上公开征集的方法。现在邮品的双向选择中所出现的一些弊端必须根除。实际上，文交所也有自己的无奈。有一次，因笔者对文交所上市猴小版而不上市鸡小版有意见，专门打电话给马总。事后才知道，当时没有人提出上市鸡小版的申请。鸡小版要上市，必须有人提出申请。

2013-11-09 09:48:17

南交所应从猴小版并不成功的上市中吸取教训

在已确定上市的5款邮品中，最不成功的要数猴小版的上市，因为在5款邮品中，猴小版确定上市之日至正式上市的涨幅最低。5款邮品中，上涨幅度从大至小排列为步辇图、洛神赋图、崆峒山小版、虎大版、猴小版，其中步辇图和洛神赋图上涨一倍左右，崆峒山小版、虎大版和猴小版确定上市时的价格差不多，但目前的价格崆峒山小版为360元/版，虎大版为330元/版，而猴小版仅为305元/版。为什么猴小版的上涨幅度最低，究其原因是因为猴小版在三轮生肖小版中的量价比不占优势。对一个已经严重超涨的邮品，即使上市也不会有很好的表现。也就是说，文交所的上市并不是万能的，上市以后邮品是涨是跌，涨幅有多大完全是由上市邮品本身的价值决定的，而邮品价值的大小会最终体现在量价比上。因此，选择量价比占优的邮品上市，是文交所聚集人气、做大做强平台的主要途径。

文交所电子化交易平台必须产生赚钱效应，让参与者获利后成为平台的义务宣传员，从而使更多的资金进来。文交所要有长远的眼光，谋求长远的利益，不要计较眼前的利益。

文交所的最大利益就是让社会资金迅速大量地进入平台，扩大交易量，而这些必须以上市邮品的赚钱效应作后盾。如果进入平台交易的人不赚钱，这个平台必然不会有希望，更遑论吸引社会资金了。因此，像申购这种锁定巨量资金的方式，对文交所平台的运作并无好处，因为它破坏了平台的正常运作，使交易量急剧减少，而且本次崆峒山小版的申购中奖率太低，这势必会挫伤未中奖申购者的积极性，这对平台的运作和今后的申购绝对是一个负面的影响。

申购本来是一件好事，希望平台不断完善申购制度，以更好地促进平台的健康运行，提高大众的参与热情。

2013－11－17 20:48:24

文交所没有必要惧怕跌

对投资资金设置限制的做法都是不明智的，也是和市场原则背道而驰的。文交所仅是一个投资平台，在这个投资平台上所体现的是投资市场的规律，涨跌就是投资市场的规律，文交所没有必要也不应该要求只涨不跌。没有跌也没有涨，但由于涨跌总是与市场的人气联系在一起，因此文交所目前所做的工作不是惧怕跌，而是检查文交所现有的一些制度和规范哪些是助跌的，哪些是助涨的，以便对症下药，使文交所的制度和规范更完善，更符合邮市投资的规律。投资人喜欢的是来去自由的市场，这个市场应该没有任何限制，是一个完全自由的市场，因此凡是限制投资人的所有的措施和行为都是不可取的。

2013－11－30 08:57:57

加快托管　暂停上市

邮市线上行情这几天非常不好,几乎是一路下跌,究其原因:一是现货市场这几天一直在调整;二是在线上交易的投资者没有赚到钱,好多人还赔钱。在此种情况下,建议文交所加快托管入库的步伐,并暂停新邮品的上市。在暂停邮品的上市方面,笔者的看法和尚大师的看法基本相同,在目前因托管入库造成资金面极为紧张的情况下,再上市新邮品显然会给线上的资金造成更大的压力,会严重危及线上交易和投资者的信心,为此建议文交所在春节以前不上市新邮品。

加快托管看似与暂停上市自相矛盾,其实不然。上市新邮品对线上资金的冲击是不言而喻的,而加快托管虽然也会使线上资金吃紧,但对现货市场绝对是一个极大的利好,尤其是对量少的上市邮品更是这样。试想,当崆峒山小版上市托管至15 万版时(事实上只有 40 万版的崆峒山小版不可能有 15 万版的量用于托管),现货市场会是一个什么样子。绝对是一版难求,价格会产生真正的暴涨。根据邮品托管费占托管邮品总市值近 5% 的价格计算,线上的交易价格应该高于现货市场的价格,否则就不会有人去托管。一旦当线上的价格接近现货市场价格,线上交易就会热闹起来,并可推动线上交易价格的上涨。这几天线上交易之所以不好,就是上市邮品的线上交易价格与现货市场的价格相差太悬殊,如步辇图邮品的现货市场的交易价格只有 43 元/枚,线上交易价格达到 55 元/枚已很离谱,难道你还能指望其当时线上交易曾经达到的最高价 67 元/枚吗?线上交易要达到 67 元/枚,现货市场的交易价格最起码达到 57 元/枚以上,否则线上就没有人敢出如此高的价格买货。因此,线上交易的价格与现货市场密切相关,妄图脱离现货市场的交易价格而凭空建立线上交易价格的想法都是天真和幼稚可笑的。

只有当上市邮品的托管数量达到一定的比例,使现货市场的流通量极为有限的时候,收藏和投资市场的物以稀为贵的铁律才会起作用,这就是笔者不看好猴小版上市而看好崆峒山小版上市的根本原因。当然由于邮品的大量托管会使某一邮品线上的盘子突然变大,会对线上交易价格形成短时的冲击。但从长远看,随着某一邮品托管量的增加,越来越多的筹码被彻底锁定,必然会使现货市场出现价格的上涨,从而推动线上交易价格上涨,形成良性循环,使线上交易价格越涨越高,这对量小的上市邮品更是如此。

因此,文交所对邮市行情绝对具有强大的推动力,其动力人们往往只看到开辟了一个便利、快捷、安全的交易平台,多了一个投资渠道,能够吸引大资金进场,使邮品的大众化投资成为可能,仅此而已。但根本没有看到更深层次的东西,这就是随着某种上市邮品托管数量的增加,现货市场的流通量将越来越少,在讲究量价比的收藏和投资市场,就使某种邮品具有了价格上涨的强大动力,最后的结果一定是在赚钱效应的催生下造成价格的暴涨。

为了便于投资者对上市邮品的托管,加快上市邮品的托管步伐,建议南交所在京沪两地尽快构建金库,以方便全国最大的邮市马甸和卢工的邮商和投资者就近托管。

2013－12－05 22:01:11

建议文交所对原包原封邮品不拆开检查

为防止如步辇图出现的线上线下交易差价巨大的问题,建议南交所对原包原封的鉴定,只鉴定真伪,即主要对原包装真伪进行鉴定,而不鉴定里面邮品的品相。也就是说,对原封原包只要认为是真品,就不应该拆封或拆包检验其品相。如果拆封拆包检查品相,这对以前的投资人是不公平的,也是对邮政的大不敬。文交所仅仅是一个投资平台,对有些本该不是自己承担的责任请不要揽在自己身上,这对自身无益,对市场也没有好处。这种对原封原包在确认是真品的情况下还要检查品相是否多此一举。

现在如步辇图原封拆检后的次品原封在现货市场上的低价销售与线上交易价格差距过大的问题已经给文交所线上交易造成了不利影响。由于线上交易的投资者不明就里,线下过低的交易价格必定会影响线上交易价格的下跌。

此一建议请文交所认真考虑,不拆封拆包进行品相的检测、只对原封原包通过外包装检查其真伪。因为投资人当时在购进原封原包时也只是通过外包装检测其真伪,而并没有也不可能对原封原包中的邮品检查其品相。

对于已经开封或开包过的邮品,在检查其真伪的同时,对品相也应进行检查,但对这种准原包准原封的品相检查,笔者也认为在品相检查的标准方面也应比散票适当降低。

还是这句话，文交所不应该做与自身责任不相符合的事情，文交所仅是一个投资平台而已。

2013-12-08 09:22:47

文交所对品相的苛求不利于行情发展

文交所是新生事物，应予支持。但对文交所在运作过程中暴露出来的一些问题，也应从爱护的角度指出来，大家的目标是一致的，都是希望文交所能推动邮市行情的发展，让邮市投资者赚钱。南京文交所钱币邮票交易中心目前存在的最大问题是没有有效的措施提振邮人信心，有些做法反而是伤了投资者的感情。仅举一例说明南交所太不把投资人当回事，而且其中的一些做法对投资者伤害太大。南交所对邮品的严格把关本来是好事，但对邮品的近乎苛求对文交所的发展壮大并无好处。笔者一直认为，对于原箱原包邮品，在确认真品的情况下，不必打开检查品相，除非是不打开也能看出存在严重的品相问题。对散版的品相要求，文交所也要在网上公布鉴定标准，不能让投资者蒙在鼓里，而由鉴定人员临时起意决定邮品的命运。鉴定人员对邮品品相的随意处置对要求鉴定的投资者是一种伤害。

邮品鉴定过程中退货不退钱的做法也让人感觉不爽。南交所所据的理由是不管鉴定是否通过，鉴定人员都付出了劳动。从这一角度讲当然投资者损失一点鉴定费也只能自认倒霉，但投资者心中的不爽难于言表，这使他们在感情上无法与文交所亲近，甚至出现有被愚弄的感觉。在目前现货市场与线上价格非常接近甚至有可能出现倒挂的情况下，对挂牌邮品的过分苛求会引起投资者的反感，不利于线上交易，更不利于现货市场的邮品向线上集中。只有加快托管，才能使上市邮品的现货越来越少，推动线下现货市场的价格上涨，并进而影响线上交易价格。

现在南交所想主导邮市价格，这个想法很好，但南交所目前对邮品品相的苛求是与自己的这一目标相违背的。当被文交所认定的所谓不合格的残次品（有些是原包）充斥现货市场时，必然会以极低的价格就市，而不明真相的投资者对文交所同样的邮品的过分高价必然不会认同，从而会拖累线上的交易价格。也就是说，对邮品品相的过分苛求对文交所没有什么好处，反而会阻碍线上交易价格的上涨。

2013-12-30 21:27:39

南交所缺乏让电子盘邮人赚钱的措施

电子盘这几天连续暴跌,有些品种的跌幅非常巨大,个别品种已跌掉20%～30%。本来大部分投资者已经解套,但这次突然的暴跌又使很多投资者再次深套。出现这种情况既有北交所上市邮品目录公布的原因,场内的一部分资金套现,在现货市场投资,更有南交所钱币邮票交易中心缺乏让邮人赚钱、活跃电子盘交易的手段。南交所钱币邮票交易中心的一些做法让投资者很失望。一是没有引进资金的有效措施,特别是宣传工作做的太差,这与北交所注重宣传的做法大相径庭。看人家北交所,宣传声势有多大,开张第一天几大较为知名的经营投资类的大报大刊都发了消息,南交所应好好向人家学习。二是死抱千分之三交易费不放,好多投资者强烈要求降低交易费,以活跃交易,但南交所为了自身的利益不降交易费,造成目前交易量急剧下降、交易不畅的状况。三是对投资者强烈呼吁的开通手机版交易的问题也迟迟不解决。所有这些令南交所电子盘对投资者的吸引力降低。

南交所封闭上市邮品托管的做法看来也不是灵丹妙药,这几天大盘的暴跌还是说明电子盘在吸引社会资金、增加交易活跃度方面存在很大问题,希望这些问题能引起管理层的重视并着手进行解决。

在北交所正常运转以后,北交所宣布的在6个月内交易费降为千分之一点五的做法对投资者将是一个巨大的吸引力,南交所如果再墨守成规,不降至与北交所相同的交易费是很难留住投资者的。

为了活跃交易,应先发制人地吸引投资者的眼球,在继续封闭已上市邮品托管的情况下,建议南交所尽快推出新邮品的上市计划。对于新上市的邮品,要优中选优,具体的选择标准应坚持低价、质优、大题材3大标准,建议可考虑上市JP中的长征、毛泽东、诗歌节、解放军报,小版中的鸡小版、羊小版、城市建筑小版等,出奇招抢先占领市场。

2014－02－27 16:01:49

南交所应拟一份上市邮品意向目录

现在南交所邮品的上市，主动权完全在邮品的大庄家手中，要凑足200万元市值，必定是大庄，请问谁手中拥有单一品种200万元市值的。当然，表面上庄家在申请挂牌后，还有文交所审批这一关。但文交所的被动、有时甚至是无奈是可以想象得到的。上市的几个邮品虽经过了文交所的精挑细捡，但给人的感觉这几个邮品都不怎么样，否则不会有这么多人对文交所的业绩用脚来投票，也不会有人对文交所冷嘲热讽。

目前的上市邮品充满着随机性，没有计划性和指导性，而且南交所钱币邮票交易中心之所以上市步履维艰也是因没有上市邮品意向目录之故。如有一个意向性目录，南交所的上市步伐就会加快。当然作为意向性目录，一次可以拟定30个邮品甚至40个邮品，在目录公布以后，拥有此种邮品的投资者就可到文交所托管，在托管量达到200万元市值后，即可挂牌进行交易。这样做最起码有以下这些好处：一是可以统筹考虑，使邮品上市具有计划性；二是可避免上市前邮品的暴涨，让一部分利润留给线上交易的投资者，这一次北交所同时公布30个邮品上市，被确定上市的邮品价格虽有上涨，但还是比较平稳，如果这次北交所只宣布3个邮品上市，那市场肯定是另一番景象，上市前的暴涨是透支上市投资者利润的行为，作为文交所应极力避免；三是体现了公平性和大众参与性，提前公布上市邮品的意向目录、并以征集方式完成托管，体现了参与的群众性、透明性和公平性。

2014-03-03 21:26:57

南交所电子盘遭受重创后将一筹莫展

南交所的管理者不虚心接爱投资者的建议，邮品上市步伐缓慢，失去了大好时机，这次暴跌对电子盘是一次重创，没有好的对策和利好措施，一时很难复原。原本电子盘老大的位置将不保，将拱手让给北交所。你看北交所多牛，一次上市30

种邮品，而南交所几个月来只上市 5 种邮品，还玩封闭托管的把戏，白白浪费了大好时机。

2014 - 03 - 04 16:33:43

封闭托管是极愚蠢的做法

电子盘已经暴跌如此，有些品种已经接近现货市场价格（加上鉴定费、托管费，以及考虑淘汰率），此时应该放开托管，让手上有邮票的邮人将货托管。放开托管以后，可促进现货市场价格的上涨。某一邮品大量托管，必定会减少现货市场的流通量，从而促使现货市场价格上涨，进而形成良性循环，推动线上和线下价格的上涨。南交所封闭托管的直接后果：一是造成现货市场价格的下跌，因为当时上市品种确定以后，现货市场大涨而特涨，上市邮品本身的价格已虚高，但由于托管支撑着这一虚高的价格，停止托管以后，现货市场的价格必然会下跌。二是电子盘在封闭托管后的初期是大涨而特涨，但电子盘的大涨必然与正在下跌中的现货市场的价格形成巨大的反差，使参与电子盘交易的投资者因风险增加而变得战战兢兢。放开托管以后对已上市的邮品是有百利而无一害，一旦放开托管，现货市场的价格就会上涨，从而会最终推动电子盘价格的上涨，由于电子盘价格的上涨有现货市场价格做基础和后盾，投资者不仅认可电子盘的价格，而且对这一实实在在的价格有充分的信心。因此，封闭电子盘是一个愚蠢的做法，它并不保护所有参与电子盘交易的投资者，仅仅保护了申请上市的大庄家，投资者对南交所用脚投票也就在所难免。

放开托管以后，对现在价格还高高在上的邮品如虎大版，洛神赋图的价格冲击很大，必然会暴跌，因为到今天为止，虎大版高出现货市场价格近 50%，洛神赋图约高出 30% 多，而步辇图等品种已等于现货市场的价格甚至出现价格倒挂。因此，笔者一直在警告投资者，不要火中取栗，一旦放开托管，最为暴跌的邮品一定是与现货市场价格差距最大的邮品。

2014 - 03 - 04 18:54:01

南交所应该对表现很差的邮品和金银币救市

南交所电子盘太不给力，尤其是步辇图，现价 49 元/枚都不到，令很多投资者失望。再这样下去，大家都不到电子盘玩了，看南交所怎么办。现货市场是一天一个价，而电子盘一直下跌，最倒霉的是步辇图和金银币的投资者，当初这些钱如投向现货市场，不论买什么都可以赚 30% ~40%，而今因为投资步辇图和金银币，不赚钱还亏钱。没有赚钱效应，电子盘绝对玩不下去。因此，对这些让投资者亏钱的邮品和金银币，南交所应该动用后备资金进行救市。

2014 -03 -13 16:22:32

上市托管邮品过于苛求品相是对市场的严重伤害

对电子盘托管邮品过于苛求品相的行为，好多有识之士曾大声疾呼，如刘宏龙就曾发帖，认为邮票作为有价证券，品相只是其中的一个因素，但不是主要因素，有价证券的主要因素是其本身所包含的价格（即面值）。南交所和北交所对邮品品相已经到了苛求的程度，这对整个邮市行情没有任何好处，会对市场造成极大的危害。现在邮市的品相经过现货市场买货人的挑选，至托管时，有些托管者又对自己的邮品再挑选一遍。但不管你怎么挑选，至托管时总有邮品被淘汰。对此，有些托管者搞笑说，为了证明鉴定人有水平，就是鸡蛋也要挑出几根骨头来。

笔者认这，托管品的鉴定应该体现在两个方面；一是真伪的鉴定，这应该是邮品鉴定中最主要的鉴定；二是是否存在人为损害的鉴定。现在文交所的鉴定已经到了苛求的程度。笔者曾去南交所托管，对于原封的小型张原包的小版张也要拆封拆包鉴定。有这个必要吗？笔者认为，对于原封原包的东西，只鉴定真伪即可，只要外包装完好无损，完全没有必要拆包鉴定。因为如果外包装完好无损，也没有人为损害现象，即使发现里面的邮品有瑕疵，也不应淘汰，因为这不是保管人的人为损坏，而是邮品在出厂时就存在的瑕疵。在邮品的鉴定中，将不是人为损害的出厂时就存在的油墨污迹等作为不合格邮品就是对品相的苛求，因为这种鉴定已超出了人为损害的鉴定范围。另外，老邮票因时间的原因会发黄，这是很正常的现象，如果也像新邮票一样要求其品相，这也是苛求，老邮票如果没有颜色方面的变化，人家还真的不敢买，如果老邮票品相像新品一样，倒有可能被人怀疑是假票。

总之，除了真伪鉴定外，邮品品相的鉴定应严格限制在人为损害这一范围内，超出这个范围的鉴定就是对品相的苛求。现在出现的一个声音是，严格的品相鉴定可以让投资者放心投资。笔者认为，这种说法有待商榷，只要是好品，投资者又有什么不放心的，因为你到现货市场买到的就是这种好品。现在电子盘托管品的要求是绝品，绝品与好品是不同档次的邮品，于是就出现了这种情况，现货市场上的好品在托管时最起码被淘汰 30%，步辇图的淘汰率要远远超过这个数。由于托管时对品相的苛求，加上鉴定费挂牌费，使电子盘的托管品比现货市场的成本高出 20% 以上，有些甚至达到 30%。造成的直接恶果是，电子盘的邮品价格与现货市场严重脱节，使不明就里的投资者根本不敢去电子盘投资，或是在投资电子盘时，对电子盘的高价战战兢兢，这对电子盘的发展不仅无益而且有害。在现货市场，价格超低的被淘汰邮品的大量存在，造成了电子盘与现货市场的价格进一步拉开。

在一次大行情中，如果过分地讲究品相，就会阻碍行情的发展。曾经听邮商说过，在大行情中，人们注重的是买得到买不到货，而对邮品的品相变得相对麻木，只有行情不好时，买货人会特别苛求品相。在现货市场，行情一好，谁还有时间让你挑品相，一般买东西都像抢一样。现在倒好，在现货市场买货，也是拼命地挑品相，笔者今天帮同事到市场上去买邮票，要是在平时，笔者会相信自己信任的邮商，不会一版版地挑品相，现在倒好，笔者 1 000 版邮品挑了几个小时。生怕拿去托管时很多被淘汰掉，笔者真不知道这到底是有利于邮市发展还是阻碍邮市发展。

一直听有经验的人说，过分挑品相，邮市不会有大行情，如果一个邮品过分讲究品相，这个邮品就会玩死。电子盘对邮品品相的苛求，不会对邮市行情有什么好处，苛求品相者，请慎行。

2014 - 03 - 20 20:18:24

北交所将于明天实施的重大利好迫使南交所出招

北交所近日宣布的重大利好有两条:一是将交易费由原来的千分之三优惠为万分之三,交易费一下降低了 90%,是原来交易费的十分之一,也就是说,在北交所交易,一万元钱只收交易费三元钱;二是由 T+1 改为 T+0。

北交所这两条重大利好的推出,一方面是缘于北交所电子化平台交易不活跃的实际考虑,但更重要的是缘于北交所抢占市场、争做电子盘老大的坚强决心。前期的电子盘,管理层所着眼的不是为了要赚多少钱,而是要抢占市场,在这方面南交所的管理层就没有北交所高瞻远瞩。因此,南交所虽然目前身踞电子盘的老大地位,但有些事做得确实让人不敢恭维,例如在开拓市场方面,在吸引投资者方面。但南交所也并非是一无是处,交易平台软件就做得比北交所好。北交所的那个电子平台,简实就是一个破玩意儿,让人看了很是恶心。但北交所在宣传和吸引投资者方面所采取的措施,南交所无法与其争锋,也许用不了多长时间,南交所就要将电子盘老大的地位拱手相让了。

北交所将于明天实施的重大利好措施,将使南交所面临绝境。有投资者不断呼吁南交所降低交易费用,在北交所的强大压力下,看南交所如何出招?南交所如不出招,必定会流失大量的投资者,这是南交所管理层所不愿看到的。何去何从,投资者将拭目以待。

2014-03-27 20:52:33

南交所你何时降交易费?

南交所的天价交易费已经吸尽了邮人的血汗,千分之三的交易费压得投资者喘不过气来。看看参与电子盘交易的邮人有几个赚钱的,可以说绝大多数都是亏钱的。赚钱的只有原始筹码的拥有者(或称托管者)。而参与电子盘交易的投资者不赚钱,如何能够吸引投资者?投资者在电子盘上输钱以后,就是一个反宣传者,是阻止社会资金进入电子盘的强大力量,只要第一批参与者输钱,这电子盘休想做大。步辇图在50元/枚左右进场的投资者已经亏了多少钱,量石先生你算过吗?南交所在绝大多数投资者亏损惨重的情况下,还顽固地坚守千分之三的交易费不放,让人感到很寒心。要吸引投资者参与交易,必须把交易费降下来,不要对投资者敲骨吸髓。

2014-04-14 22:16:43

投资人强烈要求南交所降低交易税

连续10多天来,南交所的电子盘是一片绿色,在大盘暴跌的情况下,南交所还死抱着千分之三交易税不放。网名为"投资者"的邮友在帖子《关于强烈建议南京文交所降低交易佣金的民意调查》中说:"手续费本身就是投资者付出的成本,强烈建议降费能够让投资者直接得到好处,而促进交易活跃,吸引更多的场外人员参与进来。特发此贴,同意降低佣金的跟帖。"结果跟帖者十分踊跃,大家一致要求南交所降低交易税,这是民心所想,希望南交所不要违背投资人的意愿,否则,投资者完全有理由拒绝在南交所电子盘上交易。

降低交易税,让大盘休养生息是近阶段投资人最强烈的要求,南交所如果一意孤行,必然会被投资人彻底抛弃,在南交所电子盘跌跌不休的情况下,南交所管理层除了不顾投资者死活仍然死抱千分之三不放外,根本没有提振大盘的措施。今天交易量极度萎缩,降低交易税后,也许会给大盘一丝生机。

南交所管理者将电子盘上的投资者悉数猎杀,电子盘已成为亏损投资者的心灵巨痛,在这种情况下,电子盘还能吸引投资者吗,不让电子盘上的投资者赚钱,南交所你能做大吗?

2014-04-18 15:37:33

亏钱的投资者是一个强大的反宣传者

南交所,你天天打电话让投资者注册交易有用吗?没有赚钱效应,进来的投资者都亏钱,你还好意思让人家进来。在市道不好的情况下,你还坚持千分之三交易的高额交易成本,这不是对投资者敲骨吸髓吗?这几天交易量极度萎缩,昨天的交易量只有1 700多万元,真是让人无语。南交所不降交易费,投资者逼其就范的办法只有一个,就是拒绝交易,一起来抵制高额交易费。没有赚钱效应,即使你天天打电话让人注册交易也是没有用场的,因为亏钱的投资者就是一个能量很大的反宣传者,足以抵消你所有的宣传。

2014－04－20 07:27:17

强烈要求南交所面对现实降低交易费

量石先生在4月22日的综述中把成交量萎缩归结为两个因素。笔者认为,还应加上第三个因素,这就是过高的交易费,压缩了投资者做差价的可能和积极性。如步辇图,按照千分之三交易成本,一个来回就要千分之六。(因不能保证当天卖出以后一定有机会买入,或买入以后一定有机会卖出,一个来回只收单向交易千分之三是不靠谱的。)也就是说对于40多元的步辇图来说,投资者要做差价,振幅必须在0.30元以上,才能保证做差价的投资者赚钱,如果降为千分之一,振幅达到0.10元左右就能保证做差价的投资者赚钱,这给投资者带来多少交易机会。南交所为了自已的私利,根本不顾交易极度萎缩的事实,还维持千分之三的交易费。提高交易的活跃度、扩大交易量的根本措施就是降低交易费。相信量石先生也明白这一点,只是因顾忌不敢说罢了。强烈要求将交易费降至千分之一。

2014－04－22 22:07:16

何以拯救南交所

这一段时间以来,南交所电子盘的投资者都非常郁闷,资金大量缩水,连续的下跌已使南交所电子盘投资者损失惨重。可以说,除了拿邮品托管的投资者,参与电子盘交易的投资者几乎全部严重亏损。今天电子盘又大幅下跌,让投资者雪上加霜。尽管如此,但南交所电子盘上邮品的价格除了步辇图和丝绸六比较接近现货价格外,仍然大大高于现货市场,有些品种的价格最起码高于现货市场50%以上。一方面是目前电子盘的价格已使投资者损失惨重,另一方面是目前的价格仍然高于现货市场很多。这是南交所封闭运行的必然恶果,南交所已处在十分危险的境地,明白的投资者已开始不顾一切地甩货走人,南交所的资金出逃已无法阻止。

面对此种情况,南交所管理层还不思悔改,顽固地坚持千分之三交易费,使交易量极度萎缩。今天下午南交所开始对放开托管一事进行辟谣,但这有用吗?人们不禁要问,何以才能拯救南交所。

局外人其实很明白,放开托管和降低交易费是拯救南交所的必由之路。长痛不如短痛,只有放开托管,才能最终解决南交所的危机,继续封闭,南交所的危机永远解决不了,要利用目前电子盘价格较低的有利时机,放开托管,使电子盘的价格与现货市场接轨。

降低交易费,将千分之三降为千分之一,以提高交易的活跃度,增加投资者做差价的机会,减少投资者的交易成本。投资者已经损失惨重,没有理由还要让投资者付出如此高昂的成本。

2014－04－25 19:36:21

文交所的上市邮品也要走精品之路

文交所的电子化交易平台出现以后,邮品的量似乎不再重要,文交所的管理层不是在品种上进行好中选优,而是急功近利,他们想在短期内做大电子盘,而不是做强电子盘,使投资者产生赚钱效应,以滚雪球的方式逐渐扩大交易群体。从南交所上市的几个邮品看,量少精品的表现一般都很坚挺,像崆峒山小版的表现就很突出,一直在高位运行,而且价格没有出现大起大落的情况,在运作过程中,庄家和参与的散户都很坦然,因为崆峒山小版的发行量只有 40 万版,市场能够流通的量最多 15 万版,因而无法形成对电子盘的冲击。

有人说,上量大的邮品,可以提高交易量,为文交所增加交易额,其实这是一个误区,我们从上市邮品的交易量中可以看到,决定上市邮品交易量的并非是上市邮品本身的量,而是上市邮品的活跃度和赚钱效应。崆峒山小版在前一段电子盘交易严重萎缩的情况下,曾创下日成交量 700 多万元的天量交易,而一些量大的邮品在此期间内日成交量却不足 50 万元。

量少的崆峒山小版为什么在电子盘全盘尽墨的情况下能保持一枝独秀,一个重要的原因就是量少可控。电子盘要想做大做强,在前期必须走精品之路,只有走精品之路,才能让投资者产生持续的赚钱效应。南交所在电子盘运作上的最大失误有 3 条:一是入市的交易门槛太高,200 万元的入市门槛本身就将量少精品拒之门外,因为绝大多数的量少精品特别是低价精品要凑足 200 万元市值并非易事,而一些量大的邮品 200 万元是小菜一碟,根本不是难事;二是托管期太短,上市两个月的托管期能托管多少,加上上市邮品的量本身很大,被托管的量仅是其中的一小部分,因此无法做到电子盘的价格引领现货市场价格。也就是说,电子盘价格与现货市场严重脱节,无法起到引领和决定现货市场价格的作用,因此在南交所上市的邮品,在现货市场基本上是上市一个死一个;三是交易费太高,投资者的交易成本太过沉重,直接影响了投资者交易的积极性,交易费太高,投资者无法做差价,这对市场造成的直接后果就是交易量长期徘徊在低水平区域。

精品战略是收藏品投资者无法逾越的一道坎,电子化平台也必须遵循这一投资规则,量大邮品的上市已经拖累了电子盘。笔者建议:南交所一是要降低入市市值标准,将 200 万元降至 50 万元,多上市一些 0304 小版中量少价低的品种;二是开辟新的战场,将 JP 和 JF 作为上市的首选邮品,虽然单个品种的市值都不大,但在上市的前期,也要选择量少价低的 JP 和 JF,其中的缩量 JP 和 JF,特别是量在 100 万枚以内的品种应该作为上市的首选品种。

2014 - 04 - 26 09:05:01

南交所对邮品上市和托管乱象丛生毫无章法

南交所对邮品的上市毫无计划性，托管更是让人摸不着头脑，南交所规定的上市邮品托管期为2个月，请问2个月内上市邮品能托管几次，如果2个月内第一次托管后再无托管，那么所谓的托管期2个月不是一句屁话吗？例如丝绸六，托管期2个月马上就要过去了，但后续一次都没有托管。请南交所管理层不要玩文字游戏，应该明确规定一个上市邮品能托管几次，让投资者做到心中有数，而不是规定托管期限。如规定托管期限也可，但必须做到投资者在期限内随时都能托管，而不是如现在的有名无实的所谓托管。

只有安民告示，善待投资者，投资者才有可能善待电子盘，如将投资者当阿斗，投资者就一定会用脚投票。

2014－05－17 19:29:27

有限放开托管　让投资者理性投资

封闭电子盘的做法，是与文交所建立的宗旨背道而驰的，文交所建立的宗旨是为了搞活邮币卡市场，吸引社会资金进入，为邮币市场提供快捷的投资通道。目前电子盘封闭运作的做法已经对邮市造成了严重的恶果：一是邮品上市一个现货市场就死一个，洛神赋图是这样，步辇图和丝绸六更是这样；二是电子盘价格与现货市场严重脱节，其危害邮市隐性和显性的风险日益严重，社会资金无意进入电子盘。我们不能因为北交所操盘的失败而归罪于放开托管，北交所失败的原因并非在放开托管，而是由多方面原因造成的，其中交易软件的不成熟是其致命伤。当然。放开托管并非是全部放开，而是有限放开，即每一种上市邮品至少提供历时半年、10次以上的托管机会，以最大限度地收集筹码，使线上筹码占市场流通量的60%甚至80%以上，从而形成上市邮品电子盘价格与市场价接近，让广大电子盘投资者放心投资、理性投资、安全投资。

2014－05－26 22:14:57

给南交所上市邮品开秘方

目前是文交所开办的前期。在前期由于大部分的托管者都是变现者,因此前期文交所赚钱效应不明显,难以吸引社会资金进入文交所,这是正常现象,南交所不必对此计较太多。南交所现在要做的惟一工作是抢夺市场有限的优质资源。南交所上次列出的计划已上市了不少品种,应有第二批上市计划。本人对钱币没有研究,因此仅对南交所的上市邮品开秘方。下面的邮品应列入第二批上市计划。邮资片中的长征、解放军报、亚洲议会(消耗最大的邮资片)、二炮、小岗村、JP152;邮票中的大小飞船、篆书小版、羊小版、古桥小版、杨柳青小版、城市建筑小版、国旗国徽小版、猪小版、狗大版、鸡小版、鼠小版;小型张中的君子兰以及价低且量在 1 000 万枚左右的型张;贺年片中的错鲤鱼龙封等。

2014 - 06 - 27 07:36:45

向南交所强烈推荐十大最牛邮品

各大文交所开始抢筹码,南交所明显加快了托管上市的速度,现在文交所的托管邮品不是一二个,而是三四个、四五个一起上,这次北京福丽特文交所更是一口气托管了二十多个品种。邮市就这点筹码,其中的优质筹码屈指可数,你不抢,别人自然会抢。各大文交所目前没有赚钱效应不要紧,但如果没有好的邮品以及将尽可能多的筹码数量掌握在自己手中,那就很危险了。没有筹码,无法做大不说,更没有发展的后劲。

南交所要保持电子盘的老大地位,必须抓紧托管,尽可能多地占有邮品的优质筹码。为此,向南交所强烈推荐目前还未上盘的最牛邮品。

一、羊小版。托管上市理由:生肖小版的龙头,是生肖小版系列的瓶颈,存世量 60 万版,目前价格与其自身的价值相比极为低廉。谁抓住了羊小版,谁就是执生肖小版系列牛耳之人,居牛品第一。

二、篆书小版。托管上市理由：书法小版的龙头，发行量46万版，是书法小版和03小版系列的瓶颈，与紧随其后发行的发行量80万版的隶书小版相差34万版，与发行量同为150万版的草书、行书、楷书小版相差104万版。谁抓住了篆书小版，谁就是执书法小版系列牛耳之人，居牛品第二。

三、鸡小版。托管上市理由：与三轮猴小版发行量相差20万版，但鸡小版加字20万版，并且曾有少部分撕毁，存世量少于猴小版，鸡小版与猴小版是三轮生肖小版的双龙头，但现货市场鸡小版仅为60元，而猴小版已达200元，在电子盘上猴小版已达270元，因此鸡小版与猴小版在量价比方面占有非常明显的优势。谁抓住了鸡小版，谁就是执生肖小版系列牛耳之人，居牛品第三。

四、城市建筑小版。托管上市理由：是04小版的瓶颈，发行量仅60万版，而发行量居于04小版第二位的国旗国徽小版为70万版，比城市建筑小版增加了10万版，因而成为04小版的大瓶颈。如果说发行量40万版的崆峒山小版是03小版的瓶颈，那么城市建筑小版的瓶颈作用比崆峒山小版大得多，这是因为03小版40万版多一点的邮品不下十几个，因此崆峒山小版的瓶颈效应不明显，而城市建筑小版具有强烈的瓶颈效应。谁抓住了城市建筑小版，谁就是执04小版系列牛耳之人，居牛品第四。

五、大飞船和小飞船。托管上市理由：我国第二套异型邮票，航天系列是一个可与生肖系列媲美的大题材，而大小飞船设计精美，让人爱不释手，以前曾有过出色的表现，量不大，收藏群体广。谁抓住了大小飞船，谁就是执航天系列牛耳之人，居牛品第五。

六、错鲤鱼龙封。托管上市理由：与爱心错片有异曲同工之妙，但价格极度低廉，在强调量价比的邮市中占有无与伦比的优势，但因存世量只有10万枚，目前无法达到南交所200万元市值的托管门槛，期待南交所对量少价低邮品适当降低托管门槛。谁抓住了错鲤鱼龙封，谁就是执贺年片系列低价错品牛耳之人，居牛品第六。

七、JP152。托管上市理由：发行量50万枚，不仅是缩量片中的大瓶颈，而且在整个JP中，发行量位居第三，居整个JP系列棱形的下端，也是倒三角形的顶端，其山口效应不言而喻，JP152是一个极大题材的邮品，可适合各种题材的开发。谁抓住了JP152，谁就是执JP系列牛耳之人，居牛品第七。

八、长征片。托管上市理由：发行量106万枚，是缩量JP第一方阵中的邮品，红色题材中的极大题材，设计精美、大气，在JP中惟一呈现毛泽东书法风采的邮品。谁抓住了长征片，谁就是执JP红色题材牛耳之人，居牛品第八。

九、亚洲议会(JP104)。托管上市理由:销毁最多的邮资片,其存世量可能大大低于第一方阵甚至第二方阵的JP缩量片,目前价格极为低廉。谁抓住了亚洲议会,谁就是执JP销毁系列的牛耳之人,居牛品第九。

十、解放军报。托管上市理由:发行量149万枚,加字50万枚,因军旗上缺少“八一”两字被判定为错片,在前期有很好的表现,在一段时间内价格曾高于长征片。谁抓住了解放军报,谁就是执JP错片低价邮品牛耳之人,居牛品第十。

肯定还有更好邮品,请邮友补充。

2014-06-29 09:18:06

向南交所献计一二

南交所的上市标准是200万元市值起步,这一门槛设计有其积极意义,但由于封片市值小,如果按照200万元的市值标准,南交所将失去好多精品封片的上市机会。笔者上次向南交所推荐的10大牛品中,封片被提到5个品种,即错鲤鱼龙封、JP132长征、JP135解放军报、JP104亚洲议会、JP152中国工程物理院成立50周年。解放军报和长征片已让北交所(金马甲)捷足先登。对于这两个好品种让北交所抢先上市,令人唏嘘。实际上。本次在市场收购解放军报和长征片的邮商大多在南方邮市,按理说南京得地理之便,结果反而让别人占了先。这完全不是投资者舍近求远去北京托管,而是南交所的入市门槛太高。如不改变邮资片的入市门槛,南交所只能上市一些量大的邮资片。大家知道,在投资市场强调的是物以稀为贵,一旦精品邮资片掌握在别家文交所之手,就很难做好邮资片这一块。为此建议南交所降低邮资片的入市门槛,将这一门槛降低至50万元,以便与其他文交所展开竞争。

JP104目前价低,是公认的销毁之王,总发行量为350万枚,经过几次大销毁,存世量已极为有限,被市场称为绿宝石。南交所可选择将其作为征集上市品种。JP152中国工程物理院成立50周年以50万枚的发行量在整个JP系列中排名第三,现在的市场价51元/枚根本没有达到其应有的价格,南交所可将其作为JP系列的龙头邮品进行打造,如果上市门槛降低至50万元,征集根本不是问题,有10箱即可超过上市门槛。

解放军报和长征片是好东西,南交所可与北交所争夺资源,只要南交所降低入市门槛,这两个品种50万元的量不难凑齐。

可在上海和北京两地成立代办托管点,以方便投资者托管,吸引大量散户在南交所开户。由于托管要到南京,拥有某一上市邮品的广大散户到南京托管的很少,如果能在北京和上海增设代办点,吸引散户将货物托管南交所,对南交所吸引资金入场肯定有好处。如果方便投资者托管,手上有10版20版的投资者因为要托管也不得不开户,投资者的开户数就会激增,这些开户的投资者如果托管的邮品能赚钱(从目前情况看,托管的邮品一定会赚钱)他们就会拥资进入市场,而且还可以影响其身边人投资南交所,这应该说是一件天大的好事。现在由于托管一定要到南京,某一个上市邮品手上东西不多的投资者,往往采用出售的方法卖给收货者,这样就把投资南交所的潜在的投资人彻底赶跑,这对南交所绝对是一个重大损失。

上述只是个人的初步想法,还很不成熟,希望大家为了南交所的明天更美好多作补充。

2014-07-14 18:08:28

邮品投资的一个重要命题

"研究邮票文化内涵者不理解投机者的内涵?投机者更不明白邮票文化是怎么回事?但是他们还打着文化大旗去炒做邮票?邮票市场两种意识形态在激烈碰撞中……其实最好的办法是将文化思维和资本运做有效地统一起来,用资本概念去炒做有文化内涵的邮票品种更为合理,而不是哪个有量就炒哪个,邮票市场需要有文化内涵的主力去打造品牌市场而不是土豪式的财主用资金堆积起来的垃圾市场"。卢工著名邮商王亮先生的一段话实际上提出了一个重要命题,即如何使邮品的文化内涵与资本运作有机地结合起来,使文化产业的开发更具成效。自电子盘诞生以来,从南交所到北交所、南方交易所、江苏交易所,上市的邮品里有几个是大众真正认可的具有文化内涵的邮品。除少数几个邮品外,基本上都是垃圾题材垃圾邮品。造成这种情况的主要原因:一是文交所急功近利,没有在品种上对上市邮品进行精选,没有上市邮品的征集计划,基本上是来什么就上什么,造成垃圾邮品都上电子盘,真正具有文化内涵的邮品由于分散性好,收藏者众,反而没有量提供给文交所上市;二是入市门槛太高,如南交所规定200万元的入市门槛,但量少价低的邮品投资者很少能有200万元的，而垃圾邮品由于本身流通性差，砸在庄家手里无法出局，文交所上市正好是一次机会，造成上市的大多是边缘邮品和垃圾邮品。

2014－07－16 09:18:23

建议文交所对上市封片不要封盘

封片因上市而大幅上涨，事实上每种封片的盘子都很小，以长征片为例，现价14 000元/箱，发行量1 060箱，最大市值为1 484万元，实际可上市的市值不足千万元。长征片的市值是目前邮资片中较大的，一般邮资片目前能够上市的总市值不会超过500万元，极端的可能只有200万元左右。如此小的市值，文交所不必担心某一邮资片放开上市对线上价格的拖累，相反，封片放开上市有利于形成线上线下的联动效应，使线上的价格真实地反映线下现货市场的价格，以改变原来因封盘造成线上和线下价格形成的巨大价差、使投资者望而却步的现象。在电子盘的初期，封盘对于市值较大的邮品是必要的，它起到了保护线上价格不受现货市场冲击的作用，但同时带来的负面影响也十分恶劣，造成了电子盘与现货市场价格的巨大差异，难以吸引资金进入电子盘。封片放开托管后，会彻底改变线上价格和线下价格相差悬殊的情况，使二者的价差保持在一个相对合理的水平。如果要降低某一个封片的总市值对各大文交所造成的压力，还可以对某一个封片采用竞相上市的方式，即同一个封片可在二三个文交所甚至四五个文交所上市，以分割和减少其总市值。

2014－07－18 07:45:59

为南交所邮品的征集上市喝彩

7月24日，南交所顺应民意，公布了107种邮品的征集上市目录，开创了自南交所成立以来最大规模的邮品征集行动。南交所对上市邮品的公开征集，改变了以前主力或庄家来什么品种文交所就上市什么品种的被动消极局面,开始以一种积极的姿态,引导和选择精品上市,并加强了热门品种上市的力度。在本次征集邮品中,JP 有 35 个品种,基本上囊括了 JP 中值得上市的品种。

在本次的征集目录上既有销毁之王 JP104 亚洲议会,也有 JP 的缩量之王 JP152 工程物理院成立 50 周年;既有北交所已经托管的大热门品种如 JP132 长征、JP135 解放军报和 JP139 徐霞客,也有一些量虽稍大但价格很低的 JP。南交所本次对 JP 的大量征集,必将对 JP 行情的深入发展具有重大影响,并在更大范围和更高层次上展开对邮币资源特别是对 JP 资源的争夺战。

占有尽可能多的优质筹码是各大文交所的当务之急,相信南交所的邮品征集行动会产生连锁反应,在接下来更为猛烈的筹码争夺战中,谁对资源的获得有创意措施,有大动作,谁就占有优势,占有先机。因此,邮市投资者应该为南交所本次顺应民意的邮品征集行动喝彩。

2014 - 07 - 26 18:10:15

上市量少品种　实现线上定价

目前每个文交所的炒作味道很浓,线上价格与现货市场价格相差悬殊,这也是很多人不看好文交所的一个重要原因。线上与现货市场相差几倍的价格确实让投资者心有余悸,这也难怪有人提出批评和质疑。其实,这一问题不难解决,这就是选择量少精品上市,将定价权由现货市场转至文交所电子化交易平台。

现在各家文交所均采用限制托管的做法,这一做法虽然在文交所开办的初期是必要的,但我们同时也要看到,限制托管就是将一大批散户拒之门外,这对资金的引入和引导大众参与文交所投资是不利的。当然这是没有办法的办法,如不限制托管,必然使线上价格大幅下跌,使线上投资者的利益受损。能否寻找出一种既不限制托管,又能保证线上投资者利益的品种,实现由现货市场定价向文交所线上交易定价转换,办法只有一个,就是上市量少精品。由于量少精品数量有限,本来市场货源就不多,文交所上市这些品种,必然会使本来偏紧的货源变得更为稀少,每一次托管对现货市场都是一次大扫荡,都会促进现货市场价格的上涨。在反复的托管中使现货市场的货源枯竭,以最终实现定价权的转换。

回顾目前线上的一些量少精品，我们会发现，这些品种的价格基本不受再托管的影响，在一个正常的价格区间波动，而且现货市场的价格与线上价格比较接近，比较有代表性的品种如崆峒山小版，线上的价格与现货市场的价格就比较合理，随着多家交易所上市崆峒山小版，相信崆峒山小版最后会实现定价权的转换。爱心错片目前线上的价格与现货市场相差十分悬殊，但只要经过二三次托管，相信现货市场的价格会大幅飙升，最后的定价权也会转到文交所的线上交易平台。

只有文交所的上市品种线上的数量达到存世量的百分之七八十，才能实现定价权由现货市场向文交所线上交易的转换。对于量少品种来说，达到存世量的百分之七八十很容易做到，而对于量大品种，达到存世量的百分之七八十简直是天方夜谭。因此，上市量大品种就无法放开托管，也无法实现定价权向文交所线上交易的转换。

2014－08－15 21:30:16

南交所在制定交易政策时一定要慎之又慎

南交所电子盘之所以如此红火，除了南交所是电子盘老大外，一个更为重要的原因是南交所对电子盘交易规则的创新，目前几乎所有邮币交易所都在照搬照抄南交所。其中某一藏品电子盘价格达到市场均价 3.25 倍持有这一藏品的线上投资者可按比例再托管是最为成功的，既解决了再托管可平抑价格的问题，又保护了投资者的利益。

投资者来南交所而不去其他交易所投资一定有其政策方面的优势。换一句话说，南交所一旦失去这种优势，投资者就会立马走人，因为投资者来交易所是来赚钱的，哪个交易所容易赚钱一定去哪个交易所。因此，南交所的管理者要有危机意识。在不占地理优势的南交所，要想领先于全国的文交所，吸引投资者，在提供优质服务的同时，唯一的办法就是给投资者提供较低的交易费用、安全的交易软件、制定出符合市场实际的交易政策。

交易政策的制定，关乎投资人的切身利益，必须慎之又慎，不能朝令夕改。当然，由于交易政策中的交易规则处在不断摸索中，修改也是必要的，但不能改得面目全非，交易政策需要稳定，否则只会引起投资者的反感和抵触情绪，这对吸引投资者投资南交所是极为不利的。

政策的风险是目前文交所的最大风险，这里的政策来自两个方面：一是国家政策的风险，这一方面的风险可以排除，只要文交所不违法乱纪，国家是不会干预的，在文化产业大开发背景下，国家对文交所做大做强应该是支持的；二是文交所自身制定政策的风险，没有人能打败你，打败你的只有你自己。全国的文交所已形成了群雄逐鹿的局面，稍有不慎，就会败北。

始终保持交易政策的优势才是南交所管理层的头等大事，交易所的收入来自于交易量，只有交易量上去了，即使交易税收低一点，也能保证交易所赚大钱。

再托管政策是南交所制定的一个成功政策，笔者曾向南交所管理层当面提出过建议，对于量少的品种，如爱心错片，不必拘泥于钱上投资者按比例托管，因为爱心错片本身的量很少，存世量不会超过 15 万枚，为了让全国持有此片的收藏者和投资者进入南交所电子盘，应该放开托管。这样会使爱心错片走得更稳健，更有利于长期走牛和钱上钱下价格的联动。昨天南交所的公告实际上已经明确了再次托管的邮品如果价格仍然超过现货市场均价 3.25 倍将会放开托管的信息，这对像爱心错片这种量少的线上品种绝对是一个福音。南交所管理者的本意是平抑爱心错片的价格，但由于爱心错片场外符合托管要求的量可能不足 3 万枚，一旦全部托管，以后如果爱心错片涨得再高，南交所已失去用开启再次托管来平抑过高价格的手段，只能听凭爱心错片价格的上涨。因此，笔者看到这一公告的第一反应是爱心错片真的会大涨，坚决锁仓，再也不卖爱心错片。爱心错片的放开托管虽然是笔者一直所希望的，但这一交易政策的制定对于南交所来说，尽管是无奈之举，但在笔者看来，绝对是一个交易政策制定中的败笔，对爱心错片价格的上涨，绝对是火上浇油的一个举动。

忠言逆耳，如有不当，请多包涵。

2014－09－03 08:04:51

必须制止悲观绝望情绪蔓延　重振投资者信心

电子盘的暴跌使市场充满着悲观绝望情绪。拜读了多篇邮评文章，很少有重振投资者信心的，只是一味地告诫投资者调整远未结束。其实，投资机遇已又一次展现在投资者面前。

南交所的放开托管只是一个预期利空,因为目前放开托管的仅有爱心错片等少数几个量少品种,绝大多数并未进行,而且南交所这次近10个品种的延期托管,除了人力方面的原因外,可能也与市场的猛烈下跌有关。由于投资者的过激反应,使预期利空被提前无限放大,造成了市场的大幅下跌。本轮大跌使投资者损失惨重,对此,笔者相信管理层也不想看到这种情况,但事实已经存在,过多的指责已无济于事,现在应该是各方合力重振投资者信心的时候了。

对于一个政策的解读,必须要以有利于市场的长期发展、有利于投资者的长远利益考虑,而不能只顾眼前的利益。因此,笔者坚持认为,放开托管只是短期利空,长期则是一个天大的利好,尤其对量少精品更是如此。

实际上,市场超理性的疯狂上涨已经将投资者置于了死地,因此暴跌迟早要来,没有放开托管政策,暴跌也一样会来,只是时间延后而已,而后来的暴跌对市场的危害更大。投资者没有必要过多地指责南交所管理层,南交所一直在提示风险,试问,有谁将风险提示当回事。市场的暴涨一而再、再而三地催生了投资者有违理性的狂热,这种暴涨的格局和狂热的投资情绪如不制止一定会毁了整个市场。因此,投资者应该庆幸南交所管理层的及时出手,将投资心态摆正,重新考虑如何抄底的问题。

随着市场的非理性下跌,投资机遇已再一次出现,不管放开托管也好,电子盘价格仍然高于市场价格也罢,电子盘容量有限与市场资金量巨大的矛盾仍然未变,变的只是我们的投资心态,因此重振投资者信心对于市场来说非常重要,也有充分的依据和基础,希望各方形成合力,多做有利于重振市场信心之事,而不是谩骂、指责。有些投资人的素质有待提高,这些低素质的投资者可以读一读东方鹤先生昨天发表的帖子。其实,在投资市场,赚与亏都是缘份。投资是投资者自己的决策,邮市的投资者都不是小孩,赢了钱你也不会送给别人,因此亏了钱也怨不得别人。

随着预期利空的提前过度释放,市场将进入理性发展阶段,本轮申购资金的解冻是重振投资者信心的契机,希望各方好好把握。机遇又一次展现在投资者面前,下星期必会给抄底的投资者带来丰厚的回报。

2014 - 09 - 21 16:57:45

期待南交所的新托管政策再次带领大盘上涨

南交所的新托管公告讨论稿已挂出，变封闭托管为有条件的放开托管，所设置的涨幅条件仍为市场平均价的3.25倍，而且再托管的线上交易条件更为苛刻，再托管到全部能上市交易需要9个月时间，这对线上投资者具有很好的保护作用。期待南交所的这一措施对大盘下跌能有遏止作用，并能再一次带动大盘整体上涨。

虽然本次申购资金仅有10多亿元，但在新托管讨论稿利好政策的推动下，仍可有效遏止大盘下跌，大盘的底部就在眼前。

2014－09－22 20:28:22

南交所连出的3项利好将有效遏止大盘下跌

由于政策风险导致的南交所大盘的狂跌，明天将告一段落。今天晚上，南交所管理层一口气连出了3项利好，这3项利好包括托管新政策、当日同一品种回转交易（即买入后卖出或卖出后买入）手续费单向收取，以及开通在线申请托管系统，让投资者实实在在地感受到了南交所管理层救市的决心和诚意。这3项利好将会有效增强投资者的信心，遏止大盘的惯性下跌。大盘一旦止住跌，随之而来的将是报复性的大反弹。大盘正在积聚上涨的能量，投资人信心一旦恢复，大盘的上涨也就开始了。最近几天，大盘将会有精彩的表演，让我们拭目以待。

2014－09－22 22:23:35

暴跌后的反思和应采取的措施

电子盘的暴跌已连续近一个星期，大多数邮品的价格都被腰斩，市场风声鹤唳，惨不忍睹。这一次包括南交所在内的邮币文交所均元气大伤，恐怕疗伤几个月都缓不过劲来。这次的暴跌所导致的严重后果完全出乎大家的意外，痛定思痛，对导致暴跌的原因进行反思，以总结经验教训，有效防止类似事件的再次发生。

(1)投资者的反思。在电子盘疯狂上涨期间，市场积累的风险已经很大，但投资者在赚钱效应的驱使下，无视风险，还在拼命买进，加剧了风险的积聚。

(2)监管者的反思。邮市跌了十几年，涨一点也正常，看似涨幅大了一点，但实际上是价值的合理回归，不值得大惊小怪，监管者只对违法乱纪行为进行监管，对市场正常的经营行为最好不要指手划脚，有些想法初衷虽好，但如果操之过急，会适得其反。

(3)管理层的反思。南交所管理层是全国文交所中最为出色的团队，全国的文交所从软件到交易政策都在复制南交所，南交所作为全国邮币电子盘的老大，一举一动都会影响邮市的涨跌。因此，希望南交所管理层挺直腰干，只要交易过程中不违法乱纪，任何做大做强市场的行为均是正当的商业经营活动，不必惟命是从。往往在压力下做出的决策只会对市场造成伤害。

暴跌已经对投资者造成了严重的伤害，但市场仍然在暴跌。因此，为了保护投资者的利益，南交所管理层必须马上出台一些实际的利好，以有效制止市场的猛烈下跌，特提出如下建议：

(1)针对资金外逃情况，马上出台降低交易费的政策，恢复暴跌前的交易费单向卖出收取千分之三、买进免交易税的政策，甚至可以将交易费降至单向卖出的千分一点五。降低交易费历来是市场最大的利好，希望南交所最大限度地利用好这一撬动邮市涨跌的杠杆。

(2)在一个月内停止托管和再托管，待市场恢复元气后再行托管和再托管。

(3)保持制度的连续性和权威性，不轻易改变交易规则和政策。因为对于投资者来说，最大的风险是政策风险。虽然监管层的政策干预，南交所管理层无法抗拒，但南交所自己制定的政策，必须避免由于政策改变对投资者带来的风险。

对于此次危机，相信南交所管理层一定会想出办法进行化解。要做大做强市场，必须使第一批投资者赚大钱，否则不可能做大做强市场，投资者的宣传比你做100个广告更为有效。有赚钱效应，资金不请自来，这一点相信南交所管理层已经尝到了赚钱效应带来的大量资金蜂拥进入的甜头。没有赚钱效应，即使你喊破嗓子，投资者也会不屑一顾。因此，保护第一批投资者的利益是南交所管理层的责任，这一责任重于泰山，也是做大做强南交所必须要负起的责任。最最可怜的是在最高位入市的投资者，至今资金已损失过半，如不及时采取措施，对市场的后遗症将相当大，如果让这部分投资者割肉出局，对南交所将是一部强大的反面宣传机器，今后会是阻止资金进入南交所的强大的反作用力。

2014－09－24 19:57:17

请南交所放缓上市的速度

自上次大跌后，南交所连发的4项救市措施已初见成效，但由于上次跌的太猛，信心的恢复需要时间，在此种情况下，南交所近来加快上市节奏的做法不利于大盘的休养生息，现在的大盘还非常羸弱，一有风吹草动，大盘还将有较大的向下调整的空间。大盘如果仍然止不住跌势，这绝不是南交所管理层想看到的。因此，建议南交所放缓上市的速度，现在过快的上市速度已对市场造成了伤害和负面影响。放缓上市并不是不抢夺资源，抢夺资源主要靠托管。随着文交所的发展，在抢夺资源上必须改变以前的思维习惯，不要捡到篮里就是菜，要抢夺好资源，即大众普遍收藏和投资的量少邮品，特别是同一系列中具有山口效应的邮品。因此，南交所应加强精品的托管步伐，真正将好资源抢在自己手里，为以后大盘强劲上涨过程中加快上市作资源上的准备。

2014－09－29 10:33:22

南交所可考虑上市首日不设涨跌停板

现在上市的品种10多天打不开涨停板，投资者很有意见，而且长期封在涨停板上，想买的却买不到，投资者干着急，长期下去，势必会影响投资情绪，有些投资者因长期买不到，就将资金撤离后再也不进电子盘。造成长期打不开涨停板的并非都是庄家恶炒的原因，有些则是市场本身造成的。如山东风光本片，当时被南交所封杀，想想庄家也很怨，本身现货市场价格就高于电子盘价格很多，你叫庄家怎么打开，庄家也要计算成本，也要想尽可能地多赚钱。

山东风光本片的现象绝不是个案，现成就有类似的例子，贵妃醉酒片基准价1 380元/枚，至其上市时，现货市场已到8 000多元/枚，需要多少个涨停才能打开,木棉花五拼图是最有可能步山东风光本片后尘的一个品种,木棉花五拼图上市基准价为46元/套,还没有上市,现货市场的价格已达350多元/套,几乎是上市基准价的8倍,按照现有的涨跌幅限制,要多少个涨停板才能打开。鉴此,笔者建议,上市首日不设涨跌停板,让其涨跌一步到位,上市第二个交易日开始再设涨跌10%的限制,以有利于投资者能及早完成投资心愿。

当然交易规则的改变隐藏着政策风险,而且交易规则的改变需要监管层的同意,要层层审批。因此,大家要给南交所管理层时间,大家都为南交所好。只有南交所兴旺发达,大家才会赚钱。

2014-09-29 22:35:01

建议南交所在上海和北京设置托管点

今天有邮友发表了《南交所的托管经历》一文,笔者也有类似的托管经历,相信来南交所托管过的投资者,特别是9月17日来南交所托管过爱心错片的投资者一定感慨万分。南交所托管的问题必须解决,托管要保证上午到达的投资者晚上能回家。这不仅是为了维护南交所的形象,更是投资者的强烈愿望。试想很多投资者都是单位请了假来南交所托管的,每个人都很忙,如果在南交所一耗就是两天,真是会受不了的。为了减轻南交所托管的压力,可考虑在上海和北京设置托管点。目前北交所福丽特在上海设置了托管点。北交所福丽特在上海设置的托管点服务态度非常好,有宾至如归的感觉,在托管点负责人傅群芳女士的精心组织下,北交所福丽特上海托管点的工作很有成效,很好地完成了北交所福丽特交给的托管任务,使离上海较近的一些南方城市的投资者可以就近托管,在抢夺邮币资源中为北交所福丽特立下了汗马功劳。傅君芳女士只是北交所福丽特在上海的经纪人,但她很好地担负起了为北交所福丽特抢夺市场资源的重任。

北交所福丽特能办到的事,相信南交所也一定能办到。是到该解决这一问题的时候了。这一问题不解决,投资者怨声载道不说,对南交所抢占市场资源也非常不利。南交所目前是电子盘的老大,但老大地位的保持必须在抢夺有限资源上要有新招。以前是别人学南交所,现在不妨南交所也学学别人。应该说,南交所的影响力及在上海的人脉关系一定胜过北交所福丽特。因此,可指定上海的经纪人或是目前在南交所帮助鉴定钱币邮品的上海卢工市场的专家，如王亮等人作为上海托管点的负责人，具体经办上海托管点的事务，北京托管点的负责人也可按此方法指定。

当然，建立托管点要有一个过程，远水也难解近渴。为了解决目前投资者托管难、托管时间过长的问题，建议南交所认真计算每一时段的托管量，合理安排，以保证投资者能尽早回家。另外，增加鉴定专家人数，减少鉴定环节，在必要的情况下，可以采用多劳多得的办法，以鉴定的数量来确定鉴定人员的报酬，以提高鉴定人员的积极性，加快鉴定速度。

2014－10－05 09:04:10

南交所要总结这次下跌的经验教训

本轮下跌，对所有参与南交所交易的投资者来说，简直是一场噩梦。连续的跌停让投资者损失惨重，很多投资者的资金缩水一半以上。涨跌本来是投资市场的常态，有涨必有跌，有跌也必有涨，但像这样的跌法，让人不寒而栗，严重地挫伤了投资者的投资积极性。这是一个严重的教训，南交所必须从这次下跌中总结经验教训。这次大跌，既有大盘自然回调的内在原因，更有人为的因素，这就是南交所的调控失误。当然，这种调控失误，责任不能完全归咎于管理层，监管层也有不可推卸的责任，在监管层的压力下，南交所管理层不合时宜地作出了放开托管的决定，加上此前对大盘的连续组合拳打压，使大盘难以承受如此的沉重打压而连续大幅下跌。

今天虽然大盘在解冻申购资金的回流下全线涨停，但大盘上涨趋势并未确定，需要各方呵护，电子盘再也经受不起如此沉重的打击。要使大盘走稳走好，还是离不了“引资”两个字。这两个字说起来容易，但做起来难。资金能不能进来，关键在于有没有赚钱效应，只要有赚钱效应，资金不请自来，没有赚钱效应，资金请也请不来。南交所应该总结本轮大跌前市场火爆的真正原因。笔者总结了 3 条：一是价值回归，市场压抑了 17 年之久，大幅上涨甚至飙升用不着大惊小怪；二是政策对头，单向收取交易税，再托管等的一系列政策有效地保护了线上的投资者；三是初期电子盘本身的容量较小，在强大的社会资金涌入下，电子盘不涨也难。随着电子盘容量的日益扩大和价值的不断回归，当时电子盘红火的景象以后很难再重现。因此，南交所管理层不必担心因行情火爆招致被监管的尴尬境地。在3个因素中，南交所以后大有用武之地的恐怕只有政策对头这一条了。

所谓政策对头，就是所制定的政策必须有利于吸引资金，必须保护线上投资者的利益，必须有利于电子盘的做大做强，在考虑庄家利益的同时，必须让广大的散户投资者得益。为了实现上述目的，特提出以下4项建议：

(1)降低交易税。南交所应该让利于投资者，昨天南方交易所已经公告交易税单向收费千分之二，南方交易所能做到，作为日交易量比南方交易所大很多的南交所没有理由不让利于投资者，因此将交易税降至单向收费千分之二是南交所做大做强电子盘的当务之急。

(2)降低申购频率。为了提高中签率，可考虑增加申购品种，一次申购的品种可扩大至10至20个，而将频率降低至一个月最多申购两次，以保证解冻的申购资金最大限度地进入电子盘交易。如果申购次数过频，打新的资金只要打新就能保证其收益，就不会有资金进入电子盘。例如9月29日解冻的资金为什么没有形成推动电子盘上涨的动力，主要是10月8日的连续申购导致的，国庆长假导致两次申购只间隔了一个交易日，这是管理层关于申购的一次重大失误，这一失误加剧了大盘的连续大跌。

(3)提高市值的申购比例。目前50%:50%的申购分配比例不利于保护线上投资者的利益，应将市值的申购分配比例提高至70%至80%，让一部分热衷于打新的资金进入电子盘。

(4)公开征集上市精品。对于一些量少精品，因为没有庄家提出申请而无法上市，南交所可采用公开征集上市的办法(不是原来南交所搞的所谓征集计划)，即规定时间提交申请，如果所提交的申请超过南交所邮票200万元市值、邮资片100万元市值准于上市，进行具体的托管事宜，如果没有达到规定的市值，取消本次托管并继续征集，待征集达到规定数量后再考虑托管。真正的精品是不需要庄家的，没有庄家可能走得更稳健。公开征集上市精品是抢夺有限资源的需要，南交所一定要有自己的创意，不能再让庄家牵着鼻子走了。目前南交所上市的品种中有好东西，如十八大评选张、崆峒山小版、陨石雨小版、三轮猴小版、爱心错片、诗歌节片、法律大全，以及缩普的几个品种，但也有很多东西是垃圾，是因为庄家手上有东西而上市的，现在上市的很多JP无论是量还是题材都与JP147和JP152，以及小岗村片、长征片、解放军报无法相比，而上述的这些优质的JP却没有一个在南交所上市。羊小版和篆书小版是公认的好东西，是邮市精品中的精品，但却无法上市。

这就充分说明现在的上市政策存在着严重的问题，补救的办法就是对一部分精品进行公开征集。

2014－10－10 20:26:38

面对北交所福丽特的公开征集托管 南交所怎么办?

北交所自笔者的帖子《南交所在本轮大幅下跌中应吸取惨痛教训》发表后，根据笔者有关公开征集上市托管、抢夺市场有限精品资源的建议，已率先公开征集上市邮品并托管，北交所福丽特在抢夺市场资源中已领先于南交所，南交所怎么办，是继续让庄家牵着鼻子走，上一些市场的垃圾品种还是上精品，是南交所管理层该采取行动的时候了。希望南交所管理层在抢夺市场精品资源方面有所行动，真的可以学学北交所福丽特。见北交所福丽特2014第070号《关于公开征集一轮生肖鸡票等挂牌品种的公告》。

2014－10－13 22:48:26

南交所的交易系统问题必须解决

今天的交易让人又无奈又愤怒，眼睁睁地看着市场暴跌却无法操作。南交所交易系统发生故障不是一回二回了，这种情况对投资者尤其是中小投资者的伤害极大，是投资者不能容忍的。类似的问题不要再发生了，设备该更新的更新，不要用服务器出故障来搪塞和敷衍投资者，交易所应该有备用服务器，投资者贡献的交易费中有一部分就是应该用来更新和添置设备的。为了以良好的服务吸引投资者，南交所必须立即解决交易系统存在的种种问题。投资者之所以来南交所而不去其他交易所投资，一个重要的原因除了南交所有人气以外，南交所的交易软件操作方便，能提供透明的多方面的服务，而现在却在交易软件上出问题，这不能不引起南交所管理层的高度重视。如添置设备一时有困难,在出现类似问题时,应立即停止交易,并用公告形式告知投资者,等系统恢复正常后再进行交易。

2014 - 10 - 29 16:46:15

南交所摆脱困境之策

连续的大跌已将南交所的人气跌没了,加上有人一直在忽悠投资者转投它处,使南交所面临空前的困境。上交所邮币卡电子化交易平台即将开市运行,这对南交所是一个巨大的压力。上交所占有地利优势,而且有邮政作坚强后盾,是南交所的劲敌。化解之策就是想办法重聚人气,以最大限度吸引投资者,以制度的完善和创新重新塑造南交所电子盘的龙头老大形象。为此,特提出如下建议:

一、降低交易费。降低交易费会使南交所的收入下降,但降低交易费后交易量会大幅上升,而且会迅速地重聚人气,会给南交所带来潜在的利益。只要大盘上涨了,交易量上升了,人气上来了,还愁交易费收入下降吗。降低交易费会迅速地重聚人气,因为交易费的降低使投资者的交易成本降低,这对投资者来说,是实实在在的利益,而且是看得见摸得着的利益。建议将交易费降至单向收费千分之一点五。也就是在现在的基础上降低50%。

二、交易制度和决策规范化,取信于民。对泄密事件要一查到底,不管是什么人,只要泄露交易所机密,轻者处分、重者追究刑事责任。对重大的交易政策的改变必须事先广泛征求投资者的意见,而不是少数人拍脑袋想怎么搞就怎么搞,这一次申购比例的调整在听取投资者意见方面已经开了好头,希望南交所再接再厉,真心实意地将投资者当作衣食父母,以重获投资者的信任。

三、降低托管门槛,最大限度地吸引投资者。搞原箱原刀托管,实际上是把一大批潜在的投资者排除在外。只有一枚一版起托,才能广泛吸引投资者参与投资。一枚一版起托,确实会影响托管的效益,但能最大限度地吸引投资者。只要对吸引投资者有好处,再烦的事南交所也应该不厌其烦地去做。

四、加大引资的力度。实行基金制度、组建企业家投资集团,在广泛吸引散户投资者的同时,打造电子盘投资的航空母舰。

五、最大限度地保护中小投资者的利益。从政策的制定到执行,都要将散户的利益放在首位,以切实保护中小投资者的利益。其实散户的利益和庄家大户的利益并不对立,因此保护中小投资者的利益就是保护庄家大户的利益。只有散户的利益得到了保证,南交所才会红红火火,只有南交所红火了有人气了,庄家大户才会大赚特赚。因此,中小散户和庄家大户的利益貌似对立,实质是统一的。

六、南交所对大盘的涨跌要有预见性并做好预案。对大盘的上涨和下跌,南交所高层应有预见性,并做好防范的预案,要对突发事件迅速地作出反应。对于正常的涨涨跌跌,没有干预的必要,但对连续的暴跌暴涨,南交所必须迅速作出反应,以制止此种情况向深度发展。

南交所要视投资者为衣食父母,投资者也要视南交所为投资乐园。在南交所这个投资者的乐园中,每个投资者都是这个大家庭中的一员,只有这样,投资者才能由原先的猎杀关系变为互相扶持、共同致富的关系。当然,投资市场永远很残酷,投资者永远都是猎杀者。但在一个稳定上涨的市场中,可以将这种因猎杀关系而造成的负面影响降至最低。

2014 - 11 - 13 17:29:16

各大文交所邮品鉴定标准管见

文交所在邮品托管入库时都要对邮品进行鉴定,这一做法保证了线上投资人的利益,使大家放心投资,绝大多数托管人对这一做法是拥护的,也是支持的。但在鉴定标准的认定上,各大文交所与投资者总会发生这样那样的矛盾,托管者普遍认为鉴定标准太严,有的文交所甚至到了吹毛求疵的程度。对此,托管人的意见较大。而且这种苛刻的鉴定标准已影响现货市场的买卖,对线下行情的发展产生了严重的负面影响。前几天,上海文交所在托管现场就发生了令托管者很不愉快的一幕。负责鉴定的所谓专家将凡是邮票背面有油墨的都判为不合格邮品,引起了托管者的强烈不满。

邮品鉴定应该有一个统一的标准,笔者一直认为,何为鉴定不合格邮品,应以人为损坏为标准,凡是人为损坏的均可判为不合格邮品,如折角、波浪纹、发黄、霉变等,而邮票背面的油墨,是在印刷过程中产生的自然现象,特别是雕刻版,更难以避免。邮政在发行过程中都作为合格邮品发行,文交所为什么将印刷过程中产生的瑕疵邮品判为不合格邮品呢？过严的鉴定标准不仅会使托管者产生强烈的对立情绪，而且对文交所自身也造成了极大的负面影响，过严的鉴定标准会使托管者望而却步，在各大文交所抢夺资源大战中，会将自身置于非常不利的境地。

过严和过宽的鉴定标准都会对文交所自身和投资者造成极大的伤害，因此邮品的鉴定标准问题不是一个小问题，各大文交所应该广而告之，明确公布鉴定标准，以使托管者和鉴定者双方都能做到心中有数，在出现纠纷时可作为评判的标准。笔者认为，人为损坏是邮品鉴定的唯一标准，除此，邮品鉴定不应有其他的标准，印刷过程中出现的瑕疵，包括印刷油墨以及印刷原纸的问题都不应作为淘汰的理由。只有这样，才能既保护托管者的利益，也保护电子盘线上投资人的利益。

2014 - 11 - 16 09:15:01

建议南交所马上采取系列救市措施

南交所钱币邮票电子盘的连续大跌已经严重地打击了投资者的信心，今天的放量大跌，说明资金大量出逃，如不及时有效地采取救市措施，后果不堪设想。南交所应该反思最近包括停止申购在内的一系列做法。事实证明，停止申购可能是南交所决策的最大失误。南交所决策层停止申购的本意可能是想给市场一次休养生息的机会，但事与愿违，在上交所开办，其他文交所不断小批量申购的情况下，南交所停止申购的决策使南交所越来越没有人气。也就是说，由于南交所无法在短期内使价格大幅上涨，停止申购后对投资者的吸引力大大降低，在不断的下跌中，资金出逃的速度越来越快，价格重心越来越下移。针对目前的严峻局面，建议南交所在融资、吸引投资者，以及保护中小投资者利益方面出台一系列利好政策，以挽救大盘于危难之中。

一、降低交易税，将交易税降至单向收费千分之二甚至更低。现在在绝大多数投资者已亏损累累的情况下，南交所的交易税仍为千分之三已没有道理，而且其他的交易所也都在纷纷降低交易税。降低交易税不仅可以减少投资者的交易成本，而且会立竿见影地增加市场活跃度，提升投资者的信心。

二、立即组织小批量申购，建议可以学学上海交易所、南方交易所的做法，可以一个星期组织一次申购，每次申购就二三个品种。为了避免申购时对大盘的冲击，提高市值的申购比例,可提高至 90% 甚至 100%。只有提高市值的申购比例,才能保证在申购期间大盘不仅不跌,而且还有可能上涨。因为要想多申购,必须增仓。变申购时的减仓为增仓,有利于大盘平稳运行。申购是必须要进行的,没有申购,南交所的吸引力一定会降低,而且停止申购,使南交所抢夺资源的行动失去了坚实的基础,托管的东西长期不上市,对投资者尤其是庄家也是不公平的,在其他文交所上市速度不断加快的情况下,南交所对投资者的吸引力必定会大大降低。也就是说,投资者有货不一定要到你南交所托管。

三、提高第一批托管者的奉献比例,邮资片可由原来的 30% 提高至 50%,邮票可由原来的 15% 提高至 30%,使用于申购的数量有一个明显的增加。

四、增大对庄家和再托管者的锁仓力度,对超过持筹比例 10% 的投资人,锁仓其总量的 50%,分段锁仓,最长的锁仓时间为两年。

五、提高上市首日的涨跌幅,可由首日的 30% 改为连续 5 天的 30%,以加快开板速度。

六、对持仓量达到该品种 20% 的投资人,规定在第 5 个交易日必须交易其能够用于交易总量的 30%。

七、上市品种的基准价一般不允许高于市场价,也不得低于市场价的 50%,如上市当日发觉基准价过高或过低,南交所有权调整基准价,所产生的费用(包括鉴定费和托管费的增加或减少)不再向托管者收取或退回。

八、加快融资速度,可采取灵活的政策吸引基金进入电子盘,现在正在进行的抵押贷款太复杂,可采用更为便捷的抵押方法,调动投资者的积极性和可操作性。

九、加快发展一级代理、二级代理甚至三级代理的速度,对于二三级代理,不设任何门槛,以迅速增加南交所的开户数和投资人数。

十、增强对大盘风险的快速反应能力,对大盘可能出现的风险要有预案,不要等大盘不可收拾了才有反应。这既是对投资者负责,也是对文交所自身负责。

以上 10 条建议,肯定有遗漏,请投资者补充。这 10 条建议的基本想法是既要保护中小投资者的利益,也要保护庄家大户的利益,要使他们感到,只有到南交所上市,才能赚到大钱,南交所如果能做到这一点,即使对庄家的条件苛刻一点,庄家大户也会乐于来南交所投资。

2014 - 11 - 28 20:12:10

中南和南京两大文交所应统一申购时间避免彼此伤害

南交所钱币邮票电子盘的此次大跌，虽然有市场本身调整的要求，但其中的一个重要原因是中南文交所邮票交易中心申购造成的。作为强强联合的两大文交所，中南的很多会员都是南交所的投资者，加上两市同用工行卡，使资金出入很方便，从而在事实上造成两市形同一市。中南的申购会最大程度地殃及南交所（中南因为有10%的市值申购，现只有7个藏品，市值有限，因而申购时足以保证大盘不跌反涨）。

钱币邮票各电子盘进行申购的目的无非是让拥有原始筹码的投资者贡献一部分货源以低价的形式转让给投资者，让投资者获得实际的利益达到吸引投资者进入市场的目的。而目前每次的申购资金虽然非常庞大，而真正进入电子盘的却微乎其微，这就说明绝大部分的资金只申购不投资。市场上拥资上百万元甚至上千万元的纯粹申购者，一年下来也有几十万元甚至上百万元的收入，这些纯粹申购人所获得的超额利润是以电子盘投资者市场风险的增大为代价的，因此现有的申购制度和模式已违背了设计者的初衷，没有达到引资进入电子盘的目的。

由于全国的各大文交所各自为战无法进行统一行动，因此申购中的乱象不可能根除，但作为总经理和市场总监兼职的南京和中南两大文交所完全可以进行统一的申购行动，以避免在其中的一家文交所申购时伤害另一家文交所，而且统一申购也能减少两市实际的申购次数，让热衷于打新的一部分资金进入电子盘。笔者仅是一个小小的散户，但昨天南交所的大跌让笔者的资金蒸发了几十万元。电子盘要在平稳中发展，就必须避免政策失误而造成的大起大落。由于南交所的盘子大，因此这次中南申购对南交所造成的危害还不是很大，下次南交所申购，给中南造成的伤害肯定比这次大得多。

为了避免两市的大起大落，保证让申购资金最大限度地进入电子盘，建议两市减少现金申购中奖比例，笔者建议将市值和现金申购中奖比例由原来的70：30调整为80：20，同时建议两市统一申购时间。

2015－03－29 08:42:06

第六编　邮市行情分析与预测

邮市做空者获利的时代已经过去。笔者乐观估计,大的做空行为在两年内会基本绝迹。此后邮市平台会重蹈股市的覆辙,进入空方市场。但在目前阶段甚至四五年之内,邮市交易平台绝对是多方市场。在中国,只有先知先觉者赚钱,任何市场总是先期进入的人赚钱,其中的道理需要人们去悟。

发生大行情必须要有3个基础:一是政策基础,政府政策支持是行情发展的前提,文化产业大开发是本轮邮市行情发生和发展的政策基础;二是资金基础,几乎所有的大行情都是靠资金堆出来的,没有钱永远不会有行情,这轮邮市行情的发展有点特别,以前的行情都是股市与邮市联动,而本轮行情股市却一蹶不振,加上房市行将全面暴跌,资金会像潮水一样地流入邮市这一投资洼地;三是群众基础,建立与时代发展相适应的投资平台,可以吸引千百万投资者进入邮市。要吸引资金进入邮市,除了赚钱效应外,还必须要有快捷的投资通道,如果没有便捷的投资通道,不解决大资金出入的通道问题,也难以做大邮市行情。

在电子化平台的交易模式不断得到社会认可的情况下,大资金将于今年年底至明年上半年涌入电子化交易平台和邮市,一旦有大资金进入,赚钱效应立马会显现,这是因为邮市的容积太小,一点资金就会掀起滔天大浪。在赚钱效应的示范下,越来越多的社会资金进入电子盘,届时邮市想不暴涨也难。

在前几次行情中,纪念邮资片是邮市行情最后上涨的一个板块,现在由于电子化交易平台的出现,必然会对纪念邮资片的价格和行情走势产生重大的影响,由于上市品种对邮市行情相关板块的带动有巨大作用,在文交所上市纪念邮资片以后,必然会带动该板块的上涨,因此原来意义上的上涨先后次序将被改变。也就是说,纪念邮资片在即将到来的本轮邮市特大行情中,不再作为最后起爆的板块。

凡是看笔者帖子并相信者,在这波行情中是赚足了钱。这种捡钱行情以后不再有,因此不要轻易下车。笔者还是那句话,在一轮大行情中,被套不可怕,套都是黄金套,只输时间不输钱,终有解套时,而被淘汰出局才是最痛苦的。

4 000 点是邮市的下一个目标

邮市指数3 000点已轻松跃过，邮市将进入3 000点时代，2011年2月17日指数曾站上3 117点高位，此后是一路下跌，而今年的3 000点已被邮人踩在脚下，而且有望向4 000点进军。为什么？这就是南京文交所钱币邮票交易中心给邮市发的红包。有了南京文交所钱币邮票交易中心，有人再想做空邮市，只能是死路一条。

以前邮市但凡有点起色，恶意做空成为常态，其中借货做空邮市是邮市最大的毒瘤，也是邮市行情最大的障碍和阻力，为此许多有实力的做多庄家都败走麦城，让人扼腕痛惜。南京文交所邮品的股市化交易，彻底地改变了这种状况。从几个已经上市的邮品来看，线上交易对线下交易的引领作用得到了充分的体现，现在上市的几个邮品，线上交易的价格比线下高近10%，即使除去文交所的托管费和鉴定费等大约5%的费用，如果有人在市场上收货将货托管文交所，其间还有5%的利润。因此，随着文交所上市邮品的增加和上市邮品随时可托管成为常态，一部分邮商将成为南京文交所的代理，他们将直接在市场收货并托管，其中的5%的收益就是代理的利润。

在这种情况下，线下对已上市邮品的打压和恶意做空将会使做空者死得非常难看，因为你的打压再也左右不了市场，而且你低价抛出的货物会被南京文交所的代理悉数笑纳，线下的价格越低收货的代理获得的利润越大，收货也就越积极。这种肉包子打狗的事只要做几次，在吃到苦头以后相信再不会有人去做这种傻事了。因此，南京文交所钱币邮票交易中心的出现会彻底扭转市场恶意做空的现象。

有人可能会说，可以到南京文交所钱币邮票交易平台上去做空。如是这样，做空者死得就更为难看，所据的理由有三：一是没有人会与趋势作对，如有人作对，除非是不想活了；二是平台的参与者众多，交易又非常便捷，采用的又是T+0交易规则，如果有人敢在平台上做空，失去的一定是金钱和筹码；三是大量资金加入平台交易，使原本在线下交易时代几百万元甚至几十万元就算巨资的交易，变得不足挂齿，平台上的交易一个帐号一天进出千万元都有可能。目前平台一天的交易量还不足2 000万元，但这种情况很快就会改变，平台一天的交易量在年内就有可能突破 5 000 万元,在不久的将来,可能会突破 100 亿元,因此做空势力会变得非常弱势,而且会承担很大的风险。

邮市做空者获利的时代已经过去,笔者乐观估计,大的做空行为在两年内会基本绝迹。此后邮市平台会重蹈股市的覆辙,进入空方市场。但在目前阶段甚至四五年之内,邮市交易平台绝对是多方市场。在中国,只有先知先觉者赚钱,任何市场总是先期进入的人赚钱,其中的道理需要人们去悟。

2013 - 11 - 13 11:18:40

近来邮市行情纠结的原因分析

在邮市指数触及 3 000 点以后,近半个月来的邮市基本上以下跌调整为主,至今天邮市指数已下跌近 200 点。造成邮市一路下跌的主要原因:一是近来邮市资金面略显紧张,前一段时间的炒新让邮市失血过多,今年的炒新接连不断,频繁炒作让人应接不暇,加上年底的邮票预订,需要大量资金,邮市每年到这一时期,都不会有很好的表现,下跌应是主基调,今年也不例外;二是邮市在一个多月中上涨了近 800 点,但调整一直不充分,使邮市堆积了很多的获利筹码,不充分、不彻底调整的后果是上涨无力,调整时间延长。因此,目前的邮市应有一次幅度超过 300 点的调整,也即使邮市强力调整至 2 700 点左右,以吸引场外资金在低位进入邮市,拓展邮市更大的上涨空间。

估计邮市指数不会调整至 2 700 点,随着邮市预订的结束,邮市将会调头向上。因为老订户的预订日期为 11 月 15 日至 11 月 30 日,新订户的预订日期为 12 月 1 日至 12 月 15 日。实际的预定日期也可能在 12 月 1 日即告结束,这是因为新邮的预订数量每年都极为有限,很多城市在新邮预订第一天即可订完。也就是说,在 12 月上旬邮市资金紧张的情况即可缓解。邮市资金压力缓解与调整幅度基本到位的双重作用将形成上涨的合力,推动邮市猛烈上涨。

今年的邮市不同于往年,上涨趋势现已很明显,因此当前邮市调整是买货的最后机会,过了这个村就没有那个店了。估计邮市指数调整至 2 750 点后会调头向上。调整越深越要不遗余力地坚决买货。邮市下跌越深,上涨越烈。

2013 - 11 - 28 19:19:22

已调整到位的邮市即将大反攻

在邮市指数跌至2 750点附近时,大反攻随时会展开。这是今年最后的一次买货机会,半个月的下跌,大反攻不要3天就会全部收复失地。因此,请珍惜你现在手中的筹码,邮市毕竟已显示出上涨的趋势,请不要把筹码丢在真正的地板上。造成本轮下跌的内外因素将全部解除,邮市在最近二三天内随时会展开大反攻。

2013－11－29 15:27:17

3 000点绝不是本轮邮市行情的顶

本轮邮市指数在触及3 000点以后,一路狂跌,至今天已跌至2724点。在邮市一路下跌过程中,很多投资者给跌怕了,也跌得对邮市没有信心了,于是出现了各种各样的疑问,其中最主要的疑问是,这轮行情就此结束了吗？3 000点是不是就是本轮行情的顶？邮市已经几次欲上又下,因此产生这样的疑问实属正常。这几天空方势力不仅把邮市指数打压得毫无反抗能力,而且大造舆论,大有邮市就此一败涂地、决无东山再起之日。

从各方面情况看,邮市的3 000点绝不是本轮行情的顶,从2 200点左右邮市一口气上涨至3 000点,这800点的上涨过程中几乎没有调整过。我们知道,邮市的上涨是用资金堆出来的,因此这800点的上涨表明邮市涌入了大量的资金,这些场外资金进场的目的是为邮市作贡献的吗？可以毫不夸张地说,如果邮市就此下跌,不重回3 000点以上,输得最惨的应该就是这部分资金,因为在邮市一路下跌的过程中,进场的资金根本没有多少出逃的机会。据此,笔者判断,这次疯狂下跌,有可能是主力借邮市需要调整之机,故意杀跌邮市,在邮市深挖一个大坑,让意志不坚定的投资者出局,为以后的拉升扫清道路。

随着邮市的巨幅下跌,多空分歧越来越大,“拜报”网友今天在帖子中发誓说,如果邮市指数不再重回3 000点,宁愿将键盘和鼠标全部吃下去。这说明看好邮市的还大有人在。邮市不会就此一蹶不振，本轮下跌是邮市上涨途中的正常下跌，不过是被放大了的一次下跌，其实邮市指数就是跌至 2 600 点也没有什么大不了的，因为跌去 400 点也只是跌去了本次上涨的二分之一，邮人完全没有必要如此悲观，更何况难以跌掉 400 点。

邮市指数曾经到过的 3 000 点仅是邮市列车在前进途中的一个站点而已，邮市更高目标不是指数的 3 000 点，而是 8 000 点，9 000 点，甚至 10 000 点。投资邮市 10 多年来，自 1997 年行情至今，邮市还从未发生过像今天这样一口气上涨 800 点的狂飙突进的现象。本轮行情到底有多大，一切的预言在得到时间证实之前都会显得十分可笑，让我们静静等待邮市终极行情的到来，让我们静静等待邮市指数 10 000 点的光顾。

2013－12－01 11:22:13

2014 年是邮政改革的元年吗?

2013 年年底，由于中央对公款消费邮品的严厉禁止，使中国邮市陷入了空前的危机之中，自中央通知发布以来，邮市价格直线下跌，直接受害的不仅是 2013 年的贺年封片，还有 2013 年的年票。随着新票的全线猛烈下跌，必然会危及次邮甚至老邮。可以说，目前还不是最困难的时候，最困难的时候应该是在 2014 年的 1 月至 2 月。因为现在市场兑现的是个人预订的年册，公司的货还没有出来，或者说还没有大面积倾销。但邮政也要吃饭，因此向市场倾销邮品是意料之中的事情。

人算不如天算，本来今年 10 月由于南京文交所钱币邮票电子化交易平台的建立，使邮市开始一路飘红，当大家期盼邮市好收成的时候想不到风云突变，中央大政方针的威力真是太大了。因此，做投资一定要关注国家政策的走向，这一次算是给邮人上了一堂生动的政策课。

国家反腐力度的加强是一件好事，是值得庆贺的。但具体到个人和集团的利益，则某一政策的提出和实施，总有一部分人的利益受损。这次国家的强力反腐，邮市投资者的损失不小，但损失最大、日子最难过的还是邮政。在中央的强力反腐下，邮政靠开发礼品册创收的好日子已经结束了，2014 年，邮政将进入前所未有的最艰难的年份。邮政也已经感受到空前的压力，因此前几天对生肖马的销售作出承诺,要求各销售点增加销售数量。

但这种承诺离《邮政法》所规定的新邮在6个月内敞开销售并在销售结束后全部销毁还有很大的距离。邮政是有法不依,弄得全国的邮民怨声载道。现在中央的高调反腐让邮政预感到末日的来临,再充大爷必定死无葬身之地。在一片风声鹤唳中,也许邮政才真正感到危机为何物,才真正认识到邮民才是他们的衣食父母。

因此,坏事可以变成好事,也许2014年才是邮政洗心革面进行彻底改革的元年,尽管邮政对这样的改革是不乐意的,但在国家政策的倒逼下,邮政不改革能行吗?请邮人等着看邮政的好戏。这出好戏可能会有两种结果:一种是邮政拒不改革,那它一定会死得很难看;另一种是邮政按邮政法办事,所有的新邮6个月内在全国邮政窗口敞开供应,并严格做到6个月后销毁,使邮市重获生机。何去何从,已容不得邮政再像以前那样地欺骗邮人。

邮市还有惨烈的一跌,但邮市不会就此消亡,不管邮政改革还是不改革,邮市还会继续存在下去并最终会走向繁荣。邮政拒绝改革的结果只能改变邮市行情的进程,但无法改变其最终的走向,作为邮市投资者,一定要有这个信心。

谨以此文作为对即将到来的2014年邮市的展望。

2013-12-30 16:45:45

大瓶颈不涨　邮市滞涨

本轮邮市行情与去年10月份的邮市行情表现不一样。去年10月份,开始上涨的是市场的大瓶颈邮票——0304小版,而今年0304小版完全不涨,2013年小版却拼命涨。因此,市场上对行情的争论很大,看法不一,这从天宇的报道中我们可以看出不看好邮市的大有人在,包括一大部分邮商。为什么会出现此种情况,本人感到主要是邮市的大瓶颈0304小版没有上涨。我们看到本轮行情中表现最为出彩的是2013年的新邮,这让人在心里会打一个大大的问号,即本轮行情到底会走多远?如果邮市的大瓶颈不涨,只涨2013年的新邮,想必行情不会走得很远,而且新邮一涨,邮政会很高兴,而市场不得不提防邮政出货。事实上,这几天邮政又开始向市场倾销新邮,炒新邮总让人有一种心里不踏实的感觉。

记得去年 10 月份的行情指数一口气涨了 800 多点，而且中间完全没有停顿。要是中央没有公款购买礼品的禁令，去年 10 月份的行情就有可能形成反转行情。而今年的行情在表现形式上明显比去年 10 月份的行情无论是力度还是广度都逊色不少。表现在力度上，行情涨涨停停，完全没有去年 10 月份那种雷霆万钧的气势，最近几天又表现为严重的滞涨。表现在广度上，去年 10 月份是全面开花，特别是 0304 小版这一大瓶颈的上涨，为其他板块的上涨打开了空间。而今年由于大瓶颈 0304 小版不涨，其他邮品的上涨空间有限。只要大瓶颈 0304 小版不涨，其他板块的上涨不仅空间有限，而且还充满了风险。特别是 2013 年新邮的上涨，给参与者的只有风险，邮政库房里成千上万的库存只要邮政愿意会随时扑向市场，扑向投资者。

0304 小版这一大瓶颈不涨，其他板块的上涨就缺乏底气，也没有多少上涨空间，邮市行情出现滞涨也就成为必然的结果。

当然，笔者还是看好今年的行情，笔者老早就说过，今年的行情是电子化交易平台带动的，只要电子盘不停地将邮品上市，不停地开设新的电子化交易平台，邮市行情就会不断走向深入。但目前大瓶颈不涨的现状必须引起市场投资者的注意，也希望市场主力引起重视，目前应该调动一部分资金运作 0304 小版，以打开其他板块的上涨空间，并且在上涨行情中还应坚决反对炒新。2013 年的新邮最终是要吃人的，这一点必须成为所有市场参与者的共识。

2014 - 02 - 26 16:01:42

坚信自己所坚信的

邮市今年一定会有大行情，而且一定有特大行情。我们知道，发生大行情必须要有 3 个基础：一是政策基础，政府政策支持是行情发展的前提，文化产业大开发是本轮邮市行情发生和发展的政策基础；二是资金基础，几乎所有的大行情都是靠资金堆出来的，没有钱永远不会有行情，这轮邮市行情的发展有点特别，以前的行情都是股市与邮市联动，而本轮行情股市却一蹶不振，加上房市行将全面暴跌，资金会像潮水一样地流入邮市这一投资洼地；三是群众基础，建立与时代发展相适应的投资平台，可以吸引千百万投资者进入邮市。要吸引资金进入邮市，除了赚钱效应外，还必须要有快捷的投资通道，如果没有便捷的投资通道，不解决大资金出入的通道问题,也难以做大邮市行情。

今年的邮市行情,上述的3个基础全部具备,因此邮市没有理由不发生特大行情。前一段时间,我们看到了邮市的稳步推高和资金的跑步进场。初步预见,在指数被一口气推高800多点的同时,入场资金最起码有10多个亿。有人只要邮市一跌,就会灰心丧气。近几天邮市出现了种种奇谈怪论,在有些人眼里,邮市似乎马上要完蛋。

大概所有的行情只能涨不能跌,只要一跌总是有人拼命喊空。上涨800多点就是调整400点都很正常,目前邮市的连续暴跌指数也只是下跌了不到300点。这有什么大惊小怪的。如果投资者一遇到挫折,就不相信自己原来所坚信的,一定不会有好的投资结果,因为在任何一个市场,都是要靠智慧和坚守才能获得财富。在能获取暴利的邮市,它比任何投资市场都更诡异,庄家为了获取超额利润,总是拼命玩弄花招,其中的一个花招就是:在主升浪开始之前,必定会全力打压邮市,让不坚定者下车,以甩掉包袱,轻装上阵。而且在主升浪前打压邮市,庄家除了可以获取更多的廉价筹码外,还可以让没有上车的投资者上车,而这部分新上车的投资者,其投资成本要比行情刚开始时上车的投资者高出了一大截,从而保证给庄家拉升行情预留了足够的运作空间。设想一下,如果庄家一直拉升至行情顶点(在现实市场中是绝对不可能出现之事),邮市行情会出现什么样的结局,不外乎3种:一是行情无法走高,堆积的获利盘不能及时消化,行情无法走远;二是行情的时间会很短,因为行情中间没有下跌,投资者不会很多,而且后续资金就会跟不上,没有给投资者提供上车机会,行情怎么会发展;三是行情无法做大,由于没有给更多的投资者提供上车的机会,参与者不可能很多,没有千百万大众参加的行情,除了行情无法延续外,更无法做大。

在明白了上述道理后,我们应该庆幸这次邮市的适时调整,因为只有在行情进行的适当阶段作出必要的调整,行情才会持续、稳步、有力度地向前发展。

笔者一直在说,只要有文交所不停地出现,有邮品不断地上市,今年邮市的行情就不会熄火。文交所的开设和邮品的不断上市,对于邮市行情来说,是强大的发动机,因此只要邮市的发动机在不停地高速运转,邮市行情就会快马加鞭般地向前发展。

坚信自己本来所坚信的,不要被邮市的空方洗脑,紧握筹码,坚定地等到邮市行情全面辉煌的那一天。

2014-03-21 22:51:20

资金会在什么时候涌入文交所？

资金蜂拥进入文交所之日就是电子盘品种大涨之时，那末资金什么时候才能进入文交所呢？要回答这个问题，必须从文交所这一新生事物对邮市的影响、当前邮市的困境，以及资本本身的逐利性进行分析。

文交所对邮市的作用是不言而喻的，这是国家层面上为落实文化产业大开发战略而建立的一个运作平台，因此这一平台只许成功不许失败。从运作初期看，基本是成功的。首先，运作模式日益正规，特别是南交所，交易平台给投资者带来邮品交易的快捷、安全保障，一天的资金进出量均在3 000万元以上，这是以前任何一种邮品交易方式所无法比拟的。其次，赚钱效应开始显现，笔者在文交所开办之前大力宣传的两句话"拥有上市邮品的投资者就是拥有了原始股。""第一批参加邮品电子盘交易的投资者就是我国的第一批股民。"不管是拥有原始股还是第一批股民都在股市获取了巨大的利润。在这两句话中，第一句话在邮品的电子盘交易过程中已经实现，而第二句话目前虽未实现，因为目前参加电子盘交易的邮市投资者大多数是亏损的，但相信在不远的将来就会实现。最后，邮市投资者的信心得到了鼓舞，美好的邮市投资前景正在吸引投资者进入邮市，虽然场外投资者的反应不是很明显，但场内投资者已积极行动起来，充当上市托管邮品搬运工的人是越来越多。

但作为一个新生事物，还需要摸索，不可能一蹴而就。由于邮市的长期低迷，很多投资者一套就是十几年，因此在上市邮品巨大的利润面前，托管的庄家尤其是散户大多采取套利落袋为安的方式，使文交所在运作过程中无法让首批投资者产生赚钱效应。没有了赚钱效应，就不可能吸引社会资金进入平台，这是一个恶性循环。但文交所已经度过了最艰难的时期，随着现货市场的日渐走好，文交所托管者的信心也正在恢复，而且邮市的投资洼地效应正在向社会扩散，即使暂时没有赚钱效应，只要是低价有投资价值的东西，社会资金也会蜂拥进入。

笔者估计，在电子化平台的交易模式不断得到社会认可的情况下，大资金将于今年年底至明年上半年涌入电子化交易平台和邮市，一旦有大资金进入，赚钱效应立马会显现，这是因为邮市的容积太小，一点资金就会掀起滔天大浪。在赚钱效应的示范下，越来越多的社会资金进入电子盘，届时邮市想不暴涨也难。

笔者曾向邮人笑谈,说我们这些热衷于邮品托管者只能赚小钱,而邮市的楞头青,也就是不懂邮票的人可能会赚大钱。不信,邮市定在二三年时间里会证明笔者预言的正确性。

2014-06-30 13:00:31

纪念邮资片上涨空间会有多大

对于邮市投资者来说,价格是最敏感的话题。在掀开纪念邮资片这一敏感话题时,让我们回忆一下前几次大行情中纪念邮资片的火爆场景。在前几次大行情中,纪念邮资片始终居于邮品涨幅榜的首位,是邮市的一大奇观,1997 的第三次邮市大行情,更将这一邮市的奇观推向登峰造极的地步。在 1997 年行情中,纪念邮资片中最垃圾的品种,从 0.20 元/枚起步,经过短短的几个月,达到了令人不可思议的 10 元/枚,当时市场上彻底消灭了 1 万元/箱以下的纪念邮资片。时间过去了 17 年,当时的 1 万元与现在的 1 万元已不可同日而语。按照目前的工资和生活消费水平,在即将到来的大行情中,纪念邮资片有可能消灭 4 万元/箱以下的品种,也就是说,40 元/枚以下的纪念邮资片到行情高潮时应该被彻底消灭,这也许是天方夜谭,但已经发生过的事情不得不使人对其充满期待。

每个投资市场诞生并暴起行情是天时、地利、人和共同作用的结果,邮市作为一个真正可让大众放心参与、公平竞争的市场是始于 2013 年 10 月 21 日南交所建立的邮币电子化交易平台,电子化交易平台的建立使邮市迈入了一个全新的领域,它不仅会打破纪念邮资片暴起之时就是行情结束之日的魔咒,而且打造了一个具有天时、地利、人和优势的邮品交易平台。

在前几次行情中,纪念邮资片是邮市行情最后上涨的一个板块,在其他板块赚了很多钱的投资者纷纷将钱砸向纪念邮资片板块,加上这一板块市值和发行量有限,交易筹码大多又是以箱为单位,因而造成了大幅上涨,在赚钱效应驱使下,涌入的资金越来越多,最后成就了纪念邮资片中最垃圾的品种普遍上涨 50 倍的奇观。

反观目前纪念邮资片的价格,真正处于地板价,虽然投资者再也看不到 0.20 元/枚的纪念邮资片,但按照价格比,当时的 0.20 元应该值现在的 1 元钱吧,邮政的几次大销毁使邮资片的存世量大幅减少,特别是后期的缩量邮资片,发行量被普遍减少到 200 万枚以下,有些品种更是被减少至 100 万枚以下,极端品种像 JP152

更是减到了 50 万枚。因此,综合考虑各种因素,目前 2 元左右的纪念邮资片,其价格与 1997 年 0.20 元的纪念邮资片等值。

目前纪念邮资片的价格虽有上涨,但仍很低廉,邮市还没有完全消灭 2 元以下的纪念邮资片。在本轮行情中如果能够消灭 40 元以下的纪念邮资片,仍有 20 倍的上涨空间。邮评大师黄兴跃先生曾经在几年前对纪念邮资片在第四次邮市特大行情中的价格作过预测,如果笔者没有记错的话,其预测的最低价格是 15 元/枚,一般纪念邮资片的预测价格都在 100 元/枚以上,长征片和解放军报的价格每枚在二三百元之间,JP147 和 JP152 的价格为 450 ~ 500 元/枚。现在由于电子化交易平台的出现,必然会对纪念邮资片的价格和行情走势产生重大的影响,由于上市品种对邮市行情相关板块的带动有巨大作用,在文交所上市纪念邮资片以后,必然会带动该板块的上涨,因此原来意义上的上涨先后次序将被改变。也就是说,纪念邮资片在即将到来的本轮邮市特大行情中,不再作为最后起爆的板块。

纪念邮资片的上涨已经开始,但这几天的上涨仅仅是纪念邮资片的价值回归,纪念邮资片近期消灭 3 元以下的品种应该易如反掌。目前,纪念邮资片的收购价普遍太低,有些人在压价收购,这些压价收购的投资者市场给他们的回报是颗粒无收。笔者曾在一个跟帖中说,现在卖出纪念邮资片的都是傻子,半年以后再来看纪念邮资片的价格,他们一定会把肠子悔青。并说,解放军报就是现在 2 万元一箱有人收,笔者也不一定卖给他。

纪念邮资片必定有巨大的上涨空间,就是达不到笔者预测的消灭 40 元一枚的目标,也一定会达到第三次邮市大行情所创造的 10 元一枚的价格。对于解放军报、长征片等第二缩量方阵中的优质资源,百元以上应该不是梦,在保管了几年甚至十几年以后,在美好上涨前景显现以后,你还会廉价卖掉这些珍贵的筹码吗?

2014 - 07 - 12 10:09:47

今天电子盘继续大涨　多个品种将封涨停

继昨天大涨以后,今天电子盘将继续大涨,将有多个品种涨停。场外资金的巨量涌入是电子盘大涨的重要原因,这几天是捡钱行情,人生难得有这种唾手可得大量钱财的机会,买进即赚进是近来电子盘尤其是南交所电子盘交易的特征。这种捡钱行情还将持续很多天,场外资金一天不停止进场的步伐,电子盘的上涨不可能停下,即使庄家采取行动进行打压,也无济于事。本月 27 日卖家抛出的所有筹码均被场外资金悉数笑纳,让人初次领教了场外资金的强大威力。南交所的每一次申购只会推动线上价格的上涨,巨量的申购资金无望在低价获得新上市品种的情况下,只能涌向电子盘上的其他品种。因此,每一次申购资金的解冻都会冲击和扫荡电子盘,从而推动电子盘价格的猛烈上涨。

2014－08－30 06:41:01

大盘调整是短暂的　大涨在即

今天大盘大涨后下午突然调整,让投资者有点措手不及。本次上涨过于疯狂,大盘的调整可能是南交所管理层所希望看到的。今天的大盘有点复制 8 月 27 日(上星期三)的走势,先大涨后大跌,只不过 8 月 27 日仍然收复失地,而今天却没有收复失地。今天大盘的调整对南交所来说,是健康的也是必须的。

今天成交量创了新高,上午在大涨过程中,成交量将近 2 亿元,说明资金不惧高价,大量涌入。下午的回调虽然成交量有所减少,但在下跌过程中,仍然有接盘。也许今天的下跌并非坏事,对于大盘来说,洗洗一定会更健康,更安全。电子盘的行情不可能就此结束,还是那句话,只要有资金涌入,每次下跌都是机会,小跌小机会,大跌大机会,不跌只有风险没有机会。

今天的下跌不可能遏止资金的进入,只能延缓资金进入的步伐。当大跌的阴影慢慢淡化,人们的投资热情重新恢复以后,电子盘还将继续上涨。大盘最多调整三四个交易日,也许明后天大盘又重拾升势。

大盘的上涨是不以人的意志为转移的,在资金的推动下,上涨是必然趋势。但今天的下跌也对投资者上了深刻的一课,这就是既要注意风险,也要谨防被洗出局。在这轮史无前例的邮市特大行情中,被洗出局可能比被套住更痛苦,后果更严重,因为套住是暂时的,在大行情中没有解不了的套,而被洗出局可能造成终身遗憾。

投资者要特别关注今天大盘下跌中抗跌的品种,在邮品中,只有诗歌节片和爱心错片这两个邮品仍然飘红,让投资者领略了强势品种的风采。根据强者恒强的规律，后市这两个邮品将会领先于大盘上涨。诗歌节片和爱心错片已成为大盘上涨的急先锋，这两个品种的涨跌是大盘涨跌的风向标。

2014 - 09 - 1 18:35:37

大跌阴影消散后的电子盘将会迎来连续大涨

如果说昨天的下跌出乎人们的意料，今天的大涨更出乎人们的意外。其实，本次大盘的风云突变是 8 月 27 日的翻版，只不过本次翻的力度更大，大多数邮品由昨天的跌停到今天的涨停，让人其实不敢相信，这是场外资金急于入市的威力。

今天的大涨将大跌的阴影一扫而光，大跌阴影消散后的电子盘将会迎来四五天的连续大涨，投资者不要惧怕电子盘的高价。电子盘投资，不能用习惯性思维。昨天成功出逃的投资人如果今天没有及时买进，成功出逃的成果将消失殆尽，如果明天在低价(估计无法做到)补不回货，将会遭受很大损失。

现在是全仓杀入的最好时机，昨天的大跌，使风险得到了有效释放，因此电子盘在本周应该不会大幅振荡。

2014 - 09 - 02 16:21:49

南交所电子盘的上涨已不需要理由

从上周一开始，评论综述中不断有评论者提醒要注意风险，结果有一大批投资者早早地下了车。这种评论害苦了很多投资者。笔者连续发帖，一直要求投资者全仓杀入，看本人帖子且相信者在这一波行情中一定赚了不少钱。笔者一直在说，电子盘投资要有新思维，并坚持认为，被洗出局比被套更可怕，因为在一轮特大行情中，套是黄金套，肯定能解套，而被洗出局，结局无非有两个：一是就此与大行情无缘；二是高位追进而被深套。其实，大盘上涨不需要理由，强大的入场资金是电子盘上涨的最大理由，只要入场资金不停止快速进场的步伐，大盘就不会深幅调整。今天申购者在准备申购资金(当然也不排除有少部分申购资金在明天通过抛出筹码准备）的情况下，大盘还在上行，这就充分证明大盘已经不惧申购前的抛筹。

申购资金解冻后大盘会再次疯狂上涨，15 亿元左右的申购资金将成为大盘的洪水猛兽，强力推动下星期大盘的高速前行。

大盘的风险很早就已经出现，但在强大的场外资金推动下，大盘却无法停下上涨的脚步，这就是今天的电子盘不能用常规思维操盘的主要原因。试想，15 亿元左右的申购资金最起码要等一个星期，有些甚至要等 10 天半月才能买到新品，你是申购资金的拥有者，你会一直傻等下去吗？回答是绝不会。因此，购买能够买到的品种必然是你的明智选择，在最起码有五六亿资金的扫荡下，你还怀疑大盘不上涨吗？

2014－09－03 22:53:24

大涨后的南交所还将继续大涨

今天对于南交所上市的邮品来说，是上涨最为疯狂的一天，上市的 13 个邮品，除了山东风光本片被停盘以外，12 个邮品有 11 个涨停，另一个涨幅为 9.97%，也接近涨停。

明天随着申购资金的解冻，大盘还将迅猛上涨，巨量的申购资金在无法买到新品的情况下，将会横扫电子盘上的所有品种，因此明天将又是大涨的一天。笔者估计，从明天开始，此后的 3 个交易日内，南交所电子盘必然大涨而特涨。

凡是看笔者帖子并相信者，在这波行情中是赚足了钱。这种捡钱行情以后不再有，因此不要轻易下车。笔者还是那句话，在一轮大行情中，被套不可怕，套都是黄金套，只输时间不输钱，终有解套时，而被淘汰出局才是最痛苦的。

2014－09－05 16:25:08

超越 97　重塑辉煌

邮市自 1997 年第三次特大行情至今,在沉寂了整整 17 年以后,终于如火山一样地喷发而出,展现了邮市狂飙突进的神武雄风,让许多投资者目瞪口呆,也令场外投资者的目光都聚焦于邮市。

本轮行情作为第四次邮市特大行情将被载入史册。回顾本轮行情的形成过程,完全是因文交所电子盘触发而启动的。文交所电子化交易平台的建立,为文化产业大开发战略、全民参与邮市投资寻找到了一条便捷、安全的通道。

本轮行情的形成和发展不同于以往的 3 次大行情:一是参与群体广泛,电子化交易平台引进了股市交易的技术和手段,理论上说,可以吸引如股市投资者那样庞大的投资群体,因此潜在的可加入的投资者不计其数;二是电子化交易平台和现货市场互为推手,共同推进价格的上涨,较多的情况是电子化交易平台通过不断托管来推高、引导现货市场的价格,而现货市场的价格又进一步推动电子盘价格的上涨;三是个体参与者所拥资金十分可观,几十万元只是小散一个,并且有基金之类的投资群体参与其间,强大的资金不断推动行情上涨。

本轮行情到底有多大,真的难以预测,但超越 97 年应该是没有悬念的。今天指数已突破 4 000 点,达到了 4 100 多点,现货市场连续几天指数 200 多点的上涨令人叹为观止,几乎所有文交所的电子盘都是红色的海洋,绝大多数的上线邮品直逼涨停让人看到了资金的威力。

要说风险,二三周以前电子盘超涨现象就已相当严重,但在资金的巨大洪流面前,电子盘没有停下上涨的脚步,反而走的更坚定,更快速;在巨大的资金洪流面前,理性的投资者都纷纷出局,纷纷被淘汰,一切技术走势分析都无法指导人们投资,因为相信技术分析的投资者,在巨大的超涨和超买面前早已出局淘汰;在巨大的资金洪流面前,价值投资和分析已失去作用,买到即赚到已成为这轮行情的最大特点。也就是说,只要敢买,傻瓜也能赚钱。

资金是这轮行情的强大动力,而电子盘是这轮行情的主要推手,两者共同作用,以重塑邮市的辉煌。下跌市场不言底,上涨市场不言顶,在新型的投资市场和平台面前,投资者必须抛弃习惯性思维,以敢想敢干的精神,不断创造投资神话,实现自己的财富人生。超越97,重塑辉煌,这是投资者的心愿,也是这轮行情的目标。

2014-09-11 23:35:14

南交所的组合重拳难以阻挡行情的上涨

最近南交所连续对行情施以重拳打压,在昨天公告对某些藏品放开托管和可能采取停止交易措施的情况下,今天又公告恢复买卖各千分之三的交易税。如果说,昨天的公告对大盘仅仅具有半天的威慑——南交所电子盘只跌了不到半天时间,上午就开始翻红,今天的公告对星期一的交易更不起作用。按照申购前的一般规律,大盘会走得相对弱一点,但今天的大盘在昨天文交所公告的利空效应和申购前资金回抽两种利空叠加的情况下,电子盘上邮品的指数仍然顽强地上涨,说明南交所电子盘具有顽强的抗打击能力。星期一的大盘不会因恢复交易税千分之三的利空而下跌,这是因为,星期一是申购日,场外有一部分资金会打提前量开始拼命买进邮品进行潜伏,而且每一次申购资金解冻后都会疯狂扫荡电子盘,促使电子盘的价格疯狂上涨将是今后五至六个交易日的大概率事件。

其实,电子盘乃至整个现货市场的疯狂上涨是由其更深层次的原因造成的,并不是我们所看到的表面现象,包括南交所在内的管理层甚至政府的管理部门,惧怕心理似乎乱了方寸,表现在行动上只知道一味地出利空政策压制行情——这是治表的方法,而不去研究治本的方法。笔者认为,一味地压制行情的发展,对邮市投资者也是不公平的,沉寂17年之久的邮市,让投资者黑发等成了白发,投资者刚有一点收获,就有人说你得到的太多了。这好比庄稼要收获的时候,突然有人阻止收割一样,这对坚守邮市的投资者难道是公平的吗?一味地压制行情的发展,对整个电子盘也是不利的。试想一下,南交所压制大盘的利空总有出尽的一天,当再也没有手段压制大盘的时候,管理层想过没有,你还拿什么来抑制行情的上涨,难道真的非要用关门的极端手段来抑制行情吗?因此,南交所管理层在抑制行情、让行情回归理性上涨的过程中也不能操之过急,否则,不仅对投资者、市场,而且对南交所本身绝不会有丝毫的好处。

当前电子盘疯狂上涨的深层次原因是巨大的场外资金蜂拥进入与电子盘容量

极其有限的矛盾造成的,因此管理者抑制电子盘过速上涨的最好办法是迅速扩大电子盘的容量,加快上市的速度和力度,同时要减少每天开户的数量。为此,笔者建议终止交易的经纪人制度。如果说,在电子盘建立之初引进经纪人制度有利于做大做强电子盘,那末在今天,经纪人制度不仅分走了本来属于文交所的一部分利润,而且对电子盘已经有害无益,因为南交所的管理层目前最担忧的并非有没有行情,而是惧怕行情的不可收拾,这从近来的一系列组合重拳打击中已经看得很清楚,既然如此,经纪人制度就应该终止。

一味地出组合重拳打击邮市,其实南交所也面临着极大的风险,这里还是一个如何恰到好处地把握的问题,一旦打击过头,电子盘将会一跌不回,因为全国的文交所有很多家,此处不留爷,自有留爷处,人气一旦散去,再想聚拢将比登天还难。因此,必须慎之又慎,南交所连续出重拳的做法是否出手太狠,是否也要顾及将重拳用完以后还用什么拳去打击邮市。肺腑之言,因为笔者是南交所的忠实投资者,也是南交所利益的宣传者和忠实维护者。

2014-09-13 22:45:18

放开托管　短期利空　长期利好

——写在南交所放开托管以后

9月17日上午,由于申购资金的解冻,南交所电子盘有很多品种涨停,但下午受放开托管消息的影响,南交所电子盘开始红变绿,至下午收盘,大多数品种都被跌停,至今天,大多数品种已连续3天跌停。笔者认为,这既是对前期市场封闭托管高风险的一次大释放,也是投资者对这一貌似利空消息的过度反映。实际上,放开托管,是南交所管理层的一个极其英明、极具魄力的举动,体现了南交所管理层的智慧、魄力,以及南交所本身所具有的实力。

南交所电子盘由放开托管到封闭托管,再到向所有的投资人放开托管,虽一波三折,但这是南交所成长过程中必然要走的道路。如果说,此前的封闭托管是南交所管理层为了使市场产生赚钱效应吸引投资者而采取的无奈之举,那么,这一次的放开托管则是南交所管理层顺应市场发展规律,使其更好更健康成长的积极措施,是一个保证电子盘不断发展壮大、保护投资人利益的长期利好。

放开托管的政策确实给目前的电子盘造成了不小的冲击,但这是一个暂时现象。造成电子盘上品种价格急剧下挫的主要原因,除了原先市场上的很多品种价格确实过高以外,投资者对这一利空消息的过度放大也是一个重要原因。一旦当投资者醒悟过来,上涨也就开始了。

放开托管是短期利空,长期利好。短期的利空效应和市场的过度反映,这几天投资者已感同身受,在这里笔者不多说,下面重点分析一下为什么说这是一个长期的利好政策。

首先,在封闭托管的情况下,电子盘和现货市场形成了两张皮,电子盘与现货市场严重脱节的价格使其无法与现货市场产生联动效应,因而电子盘无法对整个现货市场产生价格引领作用,而且过高的电子盘价格使投资者望而却步,最起码不敢放心大胆地进行投资,在这种情况下,一有风吹草动,投资者都会拼命出逃,因此暴跌是迟早的事。

其次,大资金在进入一个市场前,首先考虑的是资金的安全性问题,风险高的市场是难以吸引像基金类这样的大资金的。只有释放市场风险才能吸引更多的资金进入市场。

第三,放开托管对量大的品种的冲击可能会大一些,对量少的品种的冲击几乎可以忽略不计,这些量少品种本来就没有多少量,放不放开托管对价格的影响并不直接,而且放开托管以后,所有的货都在电子盘上,投资时更不要考虑现货市场对电子盘价格的冲击,因此更有利于电子盘价格的提升,而且电子盘上价格涨得再高,管理者除了停盘以外,已没有任何手段(如通过再托管)来平抑其价格。如爱心错片以及即将上市的木棉花五拼图、十八大评选张等都是量少精品,这些品种放开托管只能加速其价格的上涨。

明天又是申购日,这一次的申购时逢南交所电子盘大幅下挫之时,大批资金必然会瞄准申购这一良机,笔者估计,这一次参与申购的资金将在30亿元左右,这一巨大的资金必然会再一次扫荡和冲击电子盘,笔者估计,最迟在下星期二,南交所的电子盘将变成红盘。

2014-09-19 13:17:42

大盘怎么跌下去的还得怎么涨上来

由于政策风险而导致的电子盘的疯狂下跌已于昨天得到了有效遏止，南交所的 4 大利好将昨天的大盘死死地封在涨停板上，综指涨停，钱币指数涨停，邮票指数涨停，这是自南交所电子盘开盘以来从未有过的奇观，让投资者领略到了什么是政策威力的风采。这一奇观还会延续，大盘怎么跌下去的定能怎么涨上来。

本轮非理性的下跌导火索是政策风险，但推波助澜者是少数的恶庄和一部分跟风杀跌的投资者，每天死死地将货封在跌停板上，好多投资者都在地板价割肉出逃。当时的庆幸现在却是巨大的损失，在大盘上涨过程中，这些投资者将无法在抛出价位补回筹码。孰是可怜，但可怜之人必有可恨之处，市场从来不同情弱者，投资者不要给这部分人以补货的机会。

上涨是近阶段大盘的主基调，较为乐观的估计，大盘会连续四五个涨停才会放缓上涨的步伐，现在有一部分评论者是某一投资群体的喉舌，为了妄图补回砸出去的筹码，唱空大盘，这种与趋势相违背的所谓邮评，投资者可以一笑了之。上涨趋势一旦形成，连神仙都难以改变。上涨上涨再上涨，一直涨至创出新高，这就是大盘的趋势；买进买进再买进，一直买至身无分文，这就是投资者的操作策略。大家可以尽情地享受上涨带来的快乐。

2014－09－26 07:27:53

利好不断　南交所电子盘会在春节前给所有投资人送上一个大红包

南交所本轮行情的启动虽然有其行情发展的自身规律，自去年 9 月 18 日行情暴跌以来，南交所电子盘连续调整了近 3 个半月的时间，绝大多数的藏品已跌无可跌，有些藏品已严重超跌。但真正的原因是南交所管理层适时地发布了启动并推动行情发展的一系列利好消息。最近一段时间，南交所管理层不断地发布利好消息，继降低交易税，以及战略投资人承诺按约定条件不卖出被锁定藏品的公告以后，今天南交所管理层又连发两条利好消息：消息之一是南交所与南京市金陵文化科技小额贷款有限公司结成战略合作伙伴关系；消息之二是建国钞百连冻结20万张获山东亿盛投资管理有限公司一亿五千万元人民币授信。这些利好消息对推动南交所行情向纵深发展起到了关键作用。

相信南交所还会有更大的动作来推动行情发展。因此，今年春节前，南交所铁定要给所有的投资人一个大红包。行情上涨趋势一旦形成，就不会轻易改变，在不断蜂拥进入的场外资金的推动下，行情会一步步走高，赚钱效应将会对投资者产生巨大的吸引力，从而会有更多的资金进入电子盘。良性循环一旦形成，任何力量都无法改变，一直会将行情引向颠峰，并再重新孕育一轮新的行情，这就是千金难买牛回头的道理。因此，对本轮行情，投资人要有充分的信心，要坚定地捂好手中的筹码。

南交所坚持要给所有的投资人发一个大大的红包，投资者不能因自身的原因错过了领受这个大红包的机遇。在南交所利好不断的刺激下，博傻行情终将会出现。既然南交所管理层有信心让电子盘红盘30天，投资者就不能太胆小而错失赚钱的良机。人生赚大钱的机会本来就不多，上帝给每个人赚100万元的机会不会超过10次，只有少部分人抓住了机会而成为富人，而绝大多数的人都失去了机会。赚钱的机会对每个人都是公平的，就看你能否抓住机遇。

当然红盘30天并非是天天红盘，这其中不排除有调整，但在行情趋势形成的情况下，加上南交所管理者的决心和具体的政策措施，红盘30天的目标一定会实现，让我们与南交所携起手来，共同推动行情的发展。南交所春节前给每位投资者的大红包是给有胆气的投资者的。

2015－01－07 20:33:23

买进买进还是买进　南交所博傻行情进行时

南交所这几天的行情，可以用两个字概括："猛""爽"。猛是从行情涨势而言的，爽是从投资者心情而言的。这次行情全面启动，来势异常凶猛，令许多投资者措手不及。新年伊始，行情还处于不温不火之中，但随后几天，行情开始汹涌澎湃，至今天更是出现了少有的博傻行情。所谓博傻行情，即你不管买什么都会赚钱，少买少赚，大买大赚，不买不赚。今天几乎全钱涨停，但成交量没有放出，全天成交仅 4.1 亿元，这是好现象，虽然各邮品涨停的买盘很多，但卖出者却廖廖无几，说明持有者严重惜售。笔者认为，只要这几天不放出巨量，投资者可继续持有邮品，手头有余钱的投资者可买进买进再买进。在目前阶段，卖出永远是错误的，买进永远是正确的。笔者所说的巨量是每天成交量超过 14 亿以上，只要成交量少于此数，上涨的行情就不会改变。

14 亿元成交量与有人所说的 10 亿元不是同一个等级，笔者也搞不懂有人说达到 10 亿元成交量行情就会改变趋势的根据何在？笔者的成交量不超过 14 亿元仍可持有的说法是有根据的。大家一定记得南交所 9.18 行情当天的成交放出巨量，达 14 亿元多。本来行情还会发展，巨量以后还应有巨量，但当时由于南交所监管层不支持行情暴涨，在监管层的压力下，南交所管理层连续出台了打压行情的一系列利空政策，结果将行情硬生生地扼杀在前进途中，才出现了长达三个半月的调整。现在南交所从管理层到监管层都比去年 9 月份要成熟的多，再也不会出台打压行情的利空政策，相反，会继续出台有利于行情发展的利好政策。推动行情向纵深发展，给每个投资者春节前发个大红包已成为南交所管理层的当务之急。想想也是，只有将春节前这波行情做起来，才能利用春节期间亲朋好友聚首的机会，将南交所电子盘赚钱效应的宣传达到最大化。不仅南交所，可以说是整个全国的电子盘都需要有这样的一波行情。

由于是博傻行情，根本不需要花心思去考虑买什么，只要买进就赚钱，而且每个品种最终都会涨停，让投资者个个眉开眼笑。这样的行情不常有，因此投资者的心情岂止是一个“爽”字了得。投资者的爽，还有一个很重要的原因，就是目前的形势已不可与去年 9 月份同日而语，南交所监管层和管理层已由惧怕行情变为希望行情如火如荼地展开，因为南交所管理层太在意太需要这波行情了。

一个猛字一个爽字概括了这次行情的全部特点和意义。投资者要认清这次行情的发展趋势，准确把握行情节奏，实现利润最大化，收益最大化。在目前阶段，实现利润最大化收益最大化的只有一个字，那就是买。在博傻行情中，惟有不断地买进买进再买进，持有持有坚定地持有，才是投资者的正确选择。笔者估计，博傻行情还会持续三四天，此后才会进入正常的行情阶段，也就是涨跌互现，涨涨跌跌的阶段，但即使涨跌互现，也一定是涨得多跌得少，行情发展的总趋势在一轮行情结束前是不会改变的。

最后用一句话来概括：好不容易做起来的一波行情不会半途而废，草草收场，绝大多数品种创出新高应该是这波行情应有的结果。虽然行情已进行了几天，博傻行情也正在进行中，但投资者的很多品种都还深度套牢，笔者的投资品种中还有深套40%以上的。因此，现时谈行情的转向为时尚早。

2015-01-08 21:04:29

回调不惧　南交所的大红包现在只是小红包

笔者曾在一个星期前发过一个帖子《利好不断 南交所电子盘会在春节前给所有投资人送上一个大红包》。自笔者帖子发出以后，南交所电子盘猛烈上涨，有些品种达到了翻倍涨幅。春节前的这轮行情绝对是大行情，南交所要送的绝对是一个特大红包。这几天，南交所电子盘开始调整，这是上涨过程中的休息，是一种非常正常的现象，涨多了需要调整，调整更有利于后期行情的发展。笔者所说的南交所红盘30天，至今红盘已有近10天。也就是说，至春节前，南交所至少还有20天的红盘机会。红盘近10天，南交所只给所有的投资者送了一个小红包，离大红包还有很大的距离。如果南交所只给投资者送个小红包，显然投资者不会满意，也不是南交所管理层的本意，更不是行情运作的目标。因此，这轮好不容易发动的行情不会就此打住，行情会继续向前发展，后面的行情会更大。

在一轮行情中，一般会经过3个阶段，即：启动期；运行期；疯狂期。启动期一般所有品种都会上涨，这是对上一轮超跌的报复性反弹，有时会出现所有的品种全部涨停，在南交所最初几天的行情中，投资者已经看到了所有品种全部红盘甚至所有品种差不多全部涨停的景象；运行期的行情会涨跌互现，甚至会出现深幅调整的情况；而疯狂期则是连续的巨幅拉升，所有品种都大涨特涨。现在的行情正处于启动期结束后的运行期，也即刚进入行情的中期，离行情结束还早呢。如果投资者在行情的运行期被大幅震荡吓破了胆，那就注定在这轮行情中只能得个小红包，甚至连小红包都拿不到。南交所已给你准备了一个特大红包，就看你有没有胆气，敢不敢拿这个红包了。因此，投资者应该坚定信心，不惧运行期的调整，将南交所行情进行到底。

2015-01-15 19:48:50

南交所电子盘春节前继续上涨是势所必然

明天申购资金涌入大盘势所必然，就是明天庄家故意压盘，下星期也会大涨，试想，在这样一种上涨趋势下，谁不想多赚钱。想多赚钱靠什么，靠优质筹码，没有筹码，赚钱是一句空话。有人说，下跌也可赚钱，做 T+0 啊。下跌也可赚钱，只有一等一的高手才会做到，而对于大多数投资者来说，下跌必然会造成账面的亏损。因此，下跌不是投资者所希望的，在南交所年底送大红包的形势下，大盘没有理由不涨。离春节还有一个多星期，南交所的大红包到底大不大，春节后还有没有戏，就看这最后的七八个交易日。如果大盘在这七八个交易日不涨，南交所年底送的大红包还是不够大，投资者可能会失望，这对南交所管理层希望投资者利用春节期间亲朋好友聚会宣传电子盘的本意相左。如果笔者是南交所管理者，笔者一定会推出更多的利好促使大盘全线飘红，以最大限度地聚集人气，实现不花钱的大广告。大广告必须做，只有投资者的赚钱效应才是最好的广告，投资者要相信南交所管理层的能力和智慧。因此，春节前大盘继续上涨是势所必然。

2015-02-06 18:46:26

第七编　电子盘风云人物际会

马总首创的经纪会员模式，保证了南交所钱币邮票交易中心及以后的中南文交所邮票交易中心投资者的迅速集聚和扩张，也最终破解了电子盘投资没有赚钱效应的难题，使南交所钱币邮票电子化交易平台迅速崛起，成为领跑于全国各大文交所电子盘的龙头老大。南交所钱币邮票交易中心在开业不到一年半的时间里，发展会员达12万之众，交易额不断地创出新高，最高一天的交易额已突破15亿元，每天10亿元交易额已成常态，预计2015年将会创造日成交50亿元的行业新纪录。作为一个新兴市场，钱币邮票的电子化交易仅仅是开始，随着行情的发展，竞争将会更激烈、更残酷。因此，钱币邮票电子盘历史的精彩篇章还需要马总等人继续去书写。

徐军董事长是南交所钱币邮票电子化交易平台三大支柱之一，其主打的品种"三轮虎大版""陨石雨小版""法律片""八艺节片""城市运动会片"和"杨林农业片"等上涨倍率让市场瞩目，其中的三轮虎大版成为南交所电子盘的标杆藏品，创造了电子盘天方夜谭式的投资神话。为了实现邮市财富的梦想，徐军董事长不断地追梦，不断地挑战自己。他凭着自己的坚持和执著由地摊商一跃成为全国知名的礼品开发的大企业家，而当礼品开发顺风顺水之时，又斥巨资投资邮市，这是邮市情结使然，也是他敏锐洞察力和超凡理财能力的集中体现。

可以毫不夸张地说，没有孔总，钱币邮票电子化交易模式的推广可能只是一句空话，也许至今仍然停留在纸上。在可以预见的将来，钱币邮票电子化交易模式的创新无人可以超越。在南交所钱币邮票电子盘的红绿交替中，孔总正在与南交所的其他管理者一道，用创意、用智慧、用好的交易模式努力争取红多绿少，给投资者努力创造一个公平公正的电子盘交易环境。虽然投资市场充满着竞争、猎杀和血腥，但尊重价值规律的好的交易模式能把这种竞争、猎杀和血腥的危害性降至最低，作为南京和中南文交所钱币邮票交易中心的总经理，孔爱民先生任重而道远。

作为中国最早的股票期货市场的投资人和操盘手，为钱币邮票的股市化交易具备了丰富的股市运作的专业知识；作为长期浸润于邮市、写过多篇高质量邮文并对邮市行情进行科学预测、具体运作贵妃醉酒彩金币和双龙钞的战略投资人，汪新淮先生不仅具有邮市的实战经验，而且还具有一般投资者所无法拥有的丰富的钱币邮票知识，以及对邮市及其藏品走向的独到的认知。所有这一切，使汪新淮先生具备了将钱币邮票与股市操作的手法和理念融合、实现股市化交易的全部能力，奠定了成为中国钱币邮票电子化交易之父的基础。从汪董的谈话中，我们可以体会出一个心存高远、怀抱天下者的雄心。钱币邮票的电子化交易是成就汪董人生价值的伟业，希望中国钱币邮票电子化交易之父为电子化交易平台建设、为文化产业大开发作出更大的贡献。

王福斌先生是最早支持钱币邮票电子化交易的实力投资者，早在2012年就创建了南京文交所钱币邮票QQ群，2013年在南交所钱币邮票交易中心成立之初、当时很多人不看好电子盘交易、无人愿意送邮品上市的情况下，他却慷慨相助，不仅将自己全部的“洛神赋图”版票上市，还四处筹措货源，为南交所钱币邮票交易中心第一批藏品的成功申购上市立下了汗马功劳，是名副其实的钱币邮票电子化交易的拓荒者。一个成功的拓荒者不仅需要智慧和独到的眼光，还需要毅力和实力，总结王福斌式的盈利模式，就是邮识是核心竞争力，资本是自主创新的实力，营销是创新的驱动力，而维系顾客关系则是获得财富的生命线。

鹏程万里傲瀚穹　电子盘上写春秋

——记南京和中南两大文交所钱币邮票交易中心市场总监马鹏程

由南京文交所钱币邮票交易中心首创、全国各大文交所纷纷争相仿效的钱币邮票电子盘股市化交易，谱写了我国乃至世界钱币邮票交易史上的新篇章，她彻底改变了传统市场交易不安全、不方便、不快捷，以及大众难以参与的历史，使交易顺畅、安全、即时，实现了钱币邮票收藏和交易的去专业化，让千百万投资者参与交易。南京文交所钱币邮票交易中心市场总监马鹏程先生就是在电子盘上改写这一交易历史的邮市先驱者之一，因此被媒体誉为“中国钱币邮票互联网电子盘交易推广第一人”。正如他的名字一样，对于邮市，马总有鲲鹏展翅的雄心和志向，立于方外而居于高远。

马鹏程总监下过乡，当过工人，也曾自办企业担任过董事长兼总经理，但所有这些工作和经历都是为他日后进入邮市作铺垫，命运注定他与邮市产生交集，并为中国邮市的股市化交易作出自己的贡献。马鹏程自小爱好收藏邮票，80年代开始把邮票收藏和投资结合起来，也成为杭州、上海小有名气的邮商，曾拥有一轮生肖除猴以外的许多整包邮品。

2000年以后，马总开始涉足钱币收藏，在上海卢工邮市从事钱币、邮票的收藏与投资。期间，担任《北京信息早报》《南京晚报》《扬子晚报》《大江南收藏》《中国集币在线》和《中国投资资讯网》等多家报纸或网站的金银币、邮票专栏特约撰稿人，发表数百篇钱币邮票专业文章，并接受《北京信息早报》和《大江南收藏》等多家媒体专访。自2011年起，担任上海量石文化投资公司副总经理，后改任江苏中金文化发展公司、江苏金翰麒电子商务公司市场总监，开始推动钱币邮票互联网电子盘交易，并相继与南京文交所和湖南日报报业集团旗下联合利国文化产权交易所成功合作，参与成立了南京文交所钱币邮票交易中心和中南邮票交易中心，马鹏程先生担任南京文交所钱币邮票交易中心和中南邮票交易中心的市场总监。

邮币卡电子盘交易，这是集文化、金融和互联网三者优势于一体的国家政策大力扶持的新兴文化金融产业，将这一产业做大做强，使之造福人民，造福国家，是马总推动钱币邮票互联网电子盘交易的初衷，也是他电子盘上写春秋的奋斗目标。但在这一目标的实现过程中，并不是一帆风顺的，充满着曲折和艰辛。

在南交所钱币邮票电子盘交易平台运作的最初几个月，参与电子盘交易的投资者大都是亏钱的，作为一个新兴市场，这种情况的出现是很不正常的。造成这一情况的一个主要原因，就是市场没有赚钱效应，而没有赚钱效应的市场，是无法向社会迅速推广的，也是不可能做大做强的。作为市场总监，马总感到了沉重的压力，但面对困难，马总毫不气馁，而是志存高远，决心从做好市场推广工作着手，将南京文交所钱币邮票交易中心打造成全国同行业的龙头老大。

在破解市场推广工作付出大、见效慢这一难题的过程中，马鹏程先生借鉴股市证券公司模式，首创了电子盘的经纪会员制，并向全国推广，取得了巨大成功，成为全国各大文交所钱币邮票交易中心争相效仿的市场推广模式。马总十分重视经纪会员的建设工作，将经纪会员看作是南交所电子盘的衣食父母。事实也正是这样，要迅速发展投资者，必须依靠经纪会员。而一个优秀的经纪会员，必须精通业务，具备社交沟通能力。为了打造南交所的经纪人会员团队，马总以向经纪会员提供优质服务为宗旨，树立了“培训会”“推广会”两大标杆，并将其作为经纪会员制度运作模式的辅助和补充，从而极大地丰富和完善了经纪会员制度的运作模式。

所谓的培训会是指专门为经纪会员量身定做的业务培训，针对性强，因此经过培训的经纪会员业务能力迅速增强，业绩自然也有了明显的提高。所谓的推广会是指在经纪会员对营销模式有了深刻领悟以后，凭借电子化交易平台的公信力、权威性，以及赚钱效应对当地客户进行的业务推广活动。推广会更能直接为交易所争取投资人，推广效果十分显著。

马总首创的经纪会员模式，保证了南交所钱币邮票交易中心及以后的中南文交所邮票交易中心投资者的迅速集聚和扩张，也最终破解了电子盘投资没有赚钱效应的难题，使南交所钱币邮票电子化交易平台迅速崛起，成为领跑于全国各大文交所电子盘的龙头老大。南交所钱币邮票交易中心在开业不到一年半的时间里，发展会员达 12 万之众，交易额不断地创出新高，最高一天的交易额已突破 15 亿元，每天 10 亿元交易额已成常态，预计 2015 年将会创造日成交 50 亿元的行业新纪录。

在南交所经纪会员成功模式的示范下，由马总兼任市场总监、与南交所强强联手的中南邮票交易中心，依托湖南日报报业集团强大的资源优势与平台优势，从一开始就站在一个较高的起点上，从组建平台到正式挂牌交易的短短几个月内，创造了同行业数个全国第一：首先是中南邮票交易中心自成立至挂牌申购首日，开户会员达近 2 万人,并以每天 600 多人的速度增长,创交易首日会员数全国同行业第一;其次是第一次挂牌交易的 7 个藏品,申购资金达 38.12 亿元,创全国同行业首发申购资金量全国第一;第三是 2 月 28 日首次开板,交易量近一亿元(9 717 万元),在挂牌交易不到半个月时间里交易量能达到近一亿元,在全国同行业中首屈一指。目前,中南正以深圳速度往前奔跑,相信不久后一定会名列前茅。

作为一个新兴市场,钱币邮票的电子化交易仅仅是开始,随着行情的发展,竞争将会更激烈、更残酷。因此,钱币邮票电子盘历史的精彩篇章还需要马总等人继续去书写。

2015 - 03 - 20 22:23:15

实现邮市财富梦想的践行者

——记南交所钱币邮票电子化交易平台战略投资人徐军

徐军先生是全国礼品开发知名企业——山东君发集团董事长,身兼多种职务并获多种荣誉,其中带“国”字头的兼职就有好几个,他是“中华全国工商业联合会礼品业商会”副会长,“中国礼品产业研究院”副院长,“中华砚文化发展联合会”副会长。在其获得的十几种荣誉中,有两种荣誉特别显眼:一是 2008 年被评为“影响沂蒙十大诚信企业家”称号;二是 2009 年获得“中国优秀民营企业家”称号。

徐军先生生于山东临沂兰陵县(原苍山县),是典型的山东人,他虽并非是人们想象中的山东大汉,给笔者初次的印象是貌不惊人,但他大气、诚实和执著的品格绝对是一个真正的山东人。徐军先生乐善好施,十年如一日,每年从公司赢利中拿出三分之一,资助 1 000 多个贫困学生和 1 000 多户贫困老人。

徐军董事长的创业从摆地摊开始,最早涉足的行业是邮市,一生最心仪的市场也是邮市,他对邮市始终有一种追逐财富的梦想。从 2001 年开始,为了支持家乡经济发展,他毅然决定将一直热爱的钱币邮票事业交给员工管理,自己则回家乡投资创业开设礼品店,由于当时从北京钱币邮票市场带回的资金十分有限,因此其最初的店面只有十几个平方米,员工也仅有一名,经过多年的艰难创业,山东君发集团终于发展成为中国礼品行业的航空母舰,仅办公场地就有一万多平方米。从 2003 年开始,他从企业赢利中挤出一大部分资金买邮票,每年要买一二千万元。这种对邮票和邮市难以割舍之情在 2010 年终于演变为公司的战略调整行动,是年

8月31日，临沂市首家“邮票钱币投资有限公司”和“北京君发邮票钱币投资有限公司”这两家山东君发集团旗下的分公司同日隆重开业。2013年，恰逢南京文交所钱币邮票交易中心成立，这与徐军董事长的邮市财富梦不谋而合，他敏锐地意识到，真正践行邮市财富梦的机会已经来临。因此，他积极投入并大力支持南京钱币邮票电子化交易平台建设，是年11月，成为南京文交所钱币邮票交易中心的第四家综合经纪会员，从而开启了一个徐系邮品不断创造投资神话的邮市电子盘财富梦时代。

徐军董事长是南交所钱币邮票电子化交易平台三大支柱之一，其主打的品种“三轮虎大版”“陨石雨小版”“法律片”“八艺节片”“城市运动会片”和“杨凌农业片”等上涨倍率让市场瞩目，其中的三轮虎大版成为南交所电子盘的标杆藏品，创造了电子盘天方夜谭式的投资神话。

为了实现邮市财富的梦想，徐军董事长不断地追梦，不断地挑战自己。他凭着自己的坚持和执著由地摊商一跃成为全国知名的礼品开发的大企业家，而当礼品开发顺风顺水之时，又斥巨资投资邮市，这是邮市情结使然，也是他敏锐洞察力和超凡理财能力的集中体现。邮市作为最为暴利的资本市场，已为邮市的前三次大行情所证实。作为长期浸润于邮市的投资者，徐军董事长对邮市、对邮市投资有着更深刻的认识。因此，他对市场的敏感使其一开始就关注并支持南交所钱币邮票交易中心的成立，并迅速调集资金进行投资。其急风骤雨、大开大合的操盘手法是市场一绝，令投资者称奇。前一段时间，追随徐军先生的投资者几乎个个大赚特赚，其主打的投资品种被邮市投资者亲切地称为徐系品种。

长风破浪会有时，直挂云帆济沧海。面对因文交所电子盘的创办而引发的第四次邮市特大行情，徐军董事长豪情满怀，他坚信邮市财富的梦想终将成为现实，践行者终将成为邮市财富的拥有者。

2015－03－23 09:22:00

钱币邮票电子化交易模式的缔造者和推广者

——记南京和中南文交所钱币邮票交易中心总经理孔爱民

孔爱民总经理为人十分低调，笔者曾数次打电话要求采访，但他总是谦逊地说，他本人没有什么好写的，对于邮票和钱币，他是一个门外汉，并要求笔者多多宣传南交所的其他人。“实际上,孔总是一个最值得宣传的人,他对南交所钱币邮票电子化交易模式的很多创意被后来者争相模仿,是中国至今最成功的电子盘的缔造者,可以毫不夸张地说,没有孔总,钱币邮票电子化交易模式的推广可能只是一句空话,也许至今仍然停留在纸上。在可以预见的将来,钱币邮票电子化交易模式的创新无人可以超越。”南交所钱币邮票交易中心的一位高管向笔者如是说。

孔总原是国企的一名处级干部,曾担任多家上市公司的董事长或总经理,是中国最早的股票期货交易参与者之一。他虽然对钱币邮票不是很精通,但对股市的交易模式有专门的研究,有着深刻和独到的认知。正是在如何将钱币和邮票的交易与股票交易模式的融合上,孔总提出了一系列具有创造性的设想,从而使南交所在钱币邮票的交易模式创新方面始终领先于全国各大文交所。

为了表彰孔爱民总经理在钱币邮票电子化交易模式创造和推广方面的杰出贡献,他被广大邮品收藏者和投资者评为“2014 年中华邮坛十大风云人物“。这一殊荣孔总当之无愧。

颁奖词对孔总作了如下的描述:“当套牢盘将小散几乎一网打尽的时候,有一个人忧心如焚;当崩盘论甚嚣尘上的时候,他则自信地一笑。

“怎样制约资本的贪婪?如何保护资金的安全?怎样化解竞争对手的纷争?如何让零和游戏在南交所不再上演?摆在孔爱民面前的每个问题、重重考验和道道难关,其实就是所有来这个市场的投资者心中的梦魇——从 1997 年至 2014 年。

“板块塑造 + 品牌先行 + 赚钱效应 + 危机预警 + 资金进场 + 开户速率。市场竞争但不恶性,激烈对抗但遵守游戏规则,矛盾重重但有化解良方,人为努力但更尊重价值规律……。

“在中国市场经济最原始、市场竞争最野蛮、从业人员素质比较低下、商业环境几经极度恶化的这个地方,南交所要面对的是小生产者的汪洋大海,孔爱民则要刻意避免、十分小心和努力营造的是——红盘中的绿、绿的红、红出精彩和丰富丰硕的红……”。

在南交所钱币邮票电子盘的红绿交替中,孔总正在与南交所的其他管理者一道,用创意、用智慧、用好的交易模式努力争取红多绿少,给投资者努力创造一个公平公正的电子盘交易环境。虽然投资市场充满着竞争、猎杀和血腥,但尊重价值规律的好的交易模式能把这种竞争、猎杀和血腥的危害性降至最低,作为南京和中南文交所钱币邮票交易中心的总经理,孔爱民先生任重而道远。

2015 - 03 - 25 12:24:22

心存高远　怀抱天下

——记南京文交所钱币邮票交易中心副董事长汪新淮

“新”与“心”，“淮”与“怀”，皆同音。因此，汪新淮先生的名字，使人自然会想起“心存高远”“怀抱天下”这两个词语。这个志向高远、心系天下，具有远大抱负的好名字，注定汪新淮先生要干一番大事业。

这番大事业就是钱币邮票的电子化交易，它是国家文化产业大开发战略的一个重要组成部分。所谓时势造英雄，生逢其时的汪新淮先生通过自己的努力摘得了“中国钱币邮票电子化交易之父”的桂冠。

汪新淮先生是江苏徐州人，曾做过保险工作，担任过期货公司操盘手，也曾干过职业邮商的工作，是上海卢工邮币卡市场“贵妃醉酒彩金币”和“双龙钞”的战略投资人，被钱币收藏界称为“中国金银币界最权威的集理论和实战于一体的大师级人物”。汪新淮先生曾经在《中国集币在线》担任过嘉宾，就中国现代金银币市场的现状、存在问题和发展前景作了细致入微的分析，准确预见了彩色金币板块的发展潜力和整个金银币市场的发展前景，其绝大部分预测在事后都得到了应验。2010 年至 2011 年他担任新纪元期货公司上海营业部市场总监，后改任江苏中金文化发展有限公司董事长。2011 年他与孔爱民、马鹏程等人开始组团筹备创建钱币邮票电子化交易平台，至 2013 年 8 月与南京文交所合作成立南京文交所钱币邮票交易中心，担任副董事长。

汪新淮先生是钱币邮票电子化交易的创始人，被市场誉为“中国钱币邮票电子化交易之父”。虽然最初提出钱币邮票电子化交易的并不是汪董，包括邮坛大师王仁亮先生在内，曾有多人就钱币邮票如何上市、如何进行股市化交易提出了最初的设想，但是把这一设想付诸实施、并作为一项事业来做、最终做成功的是汪新淮先生。因此，中国钱币邮票电子化交易之父这一称号王新淮先生受之无愧。

人要做成一项事业，尤其是做成像钱币邮票股市化交易这样一种在世界范围内没有先例的事业，如果不具备做成这项事业的人生积淀(包括丰富的从业知识、宽广的胸怀、远大的抱负)是绝无成功可能的，汪新淮先生之所以成为中国钱币邮票电子化交易之父，除了其高远的志向、远大的抱负，以及舍我其谁的事业心和责任心以外，还与他同时具备股市交易和钱币邮票的专门知识有关。我们从上述汪新淮先生的工作经历中就能看到，作为中国最早的股票期货市场的投资人和操盘手，为钱币邮票的股市化交易具备了丰富的股市运作的专业知识；作为长期浸润于邮市、写过多篇高质量邮文并对邮市行情进行科学预测、具体运作贵妃醉酒彩金币和双龙钞的战略投资人，汪新淮先生不仅具有邮市的实战经验，而且还具有一般投资者所无法拥有的丰富的钱币邮票知识，以及对邮市及其藏品走向的独到的认知。所有这一切，使汪新淮先生具备了将钱币邮票与股市操作的手法和理念融合、实现股市化交易的全部能力，奠定了成为中国钱币邮票电子化交易之父的基础。

在电话采访中，汪董就如何保持交易所、战略投资者、经纪人、散户投资者这一生态圈的平衡谈了诸多的考虑和设想，汪董把钱币邮票交易平台形象地比喻为大自然的生态圈，在这一生态圈里面，有大动物狮子和老虎，有鳄鱼，更有很多小动物，保持生态圈物种的多样性和多层次性是生态圈得以平衡的首要条件，而生态圈的结构越复杂、层次越多，则越安全。在南交所钱币邮票电子化交易平台上，要保证广大散户有机会赚钱，战略投资者、经纪人、交易所都能赚钱，使赚钱成为参与者的一种常态，任何一方独大的赚钱行为都是有害的，必须尽全力避免。对钱币邮票电子化交易的发展前景，汪董也非常看好，他向笔者展现了一幅美好的投资前景。据有关数据显示：中国钱币邮品现货的总市值约为 5 万亿元，1997 年的参与群体（包括收藏者和投资者）就有 2 000 万人，现在全国钱币邮票电子化交易平台上的总市值大约为 200 多亿元，参与人数不到 40 万，因此电子盘的发展空间极其巨大，而且钱币邮票的电子化交易会跨出国门，向世界各地的华人居住区推广。

从汪董的谈话中，我们可以体会出一个心存高远、怀抱天下者的雄心。钱币邮票的电子化交易是成就汪董人生价值的伟业，希望中国钱币邮票电子化交易之父为电子化交易平台建设、为文化产业大开发作出更大的贡献。

2015 - 03 - 27 21:07:48

钱币邮票电子化交易的拓荒者

——记南京文交所钱币邮票交易中心投资人协会主席、实力投资人王福斌

王福斌先生是最早支持钱币邮票电子化交易的实力投资者，早在2012年就创建了南京文交所钱币邮票QQ群，2013年在南交所钱币邮票交易中心成立之初、当时很多人不看好电子盘交易、无人愿意送邮品上市的情况下，他却慷慨相助，不仅将自己全部的“洛神赋图”版票上市，还四处筹措货源，为南交所钱币邮票交易中心第一批藏品的成功申购上市立下了汗马功劳，是名副其实的钱币邮票电子化交易的拓荒者。为了褒奖王福斌先生对南交所乃至整个钱币邮票电子化交易拓荒者式的杰出贡献，被授予“2014年中华邮坛十大风云人物”荣誉称号，并在2015年1月18日当选南京文交所钱币邮票交易中心投资人协会主席。

王福斌先生是金融方面的专家，具有20年的工商银行从业经验，从1989年开始，就涉足邮市，业余从事邮票现货投资交易。在王先生邮品投资生涯中，最让人称道的是2009年对爱心错片的成功运作和发掘。爱心错片是一款大错片，它集奇、特、精、稀、美于一身，但当时市场上有很多人，包括一些所谓资深的邮评专家并不看好此片，责难、反对之声不绝于耳，但王先生慧眼识宝，毅然斥巨资投资爱心错片，并在爱心错片的普及方面进行拓荒式的长期运作，先后多次出资印制精美的爱心错片礼品册奉送给爱心错片的收藏者，使爱心错片的知名度迅速提升，价值也得到成功发掘，其价格一再飙升，创造了当时在低迷邮市环境下的投资神话，并在2014年使其在南京文交所钱币邮票电子盘上成功上市，成为电子盘的封片龙头邮品，上市之初连续涨升，曾创下4 200多元/枚这一南交所电子盘最初的投资升值神话，让投资者津津乐道。

除了将洛神赋图作为南交所钱币邮票电子化交易平台的第一款上市邮品以及推动爱心错片成功上市以外，王福斌先生还作为战略投资者拥有唐诗小版张、集邮日型张、渔庄秋霁图型张、亚洲杯邮资片、东北亚投资片和舟山桃花岛片等邮品，居南交所钱币邮票电子盘三大支柱之首，目前线上持仓约4亿元。

王福斌先生是标准的东北大汉。在南交所钱币邮票电子盘三巨头（王福斌、

付书安和徐军）中，笔者与王福斌先生的联系和认识最早，因爱心错片之故，笔者早在2009年就与王先生经常进行电话联系，但见面是在爱心错片首次托管现场，其中的一些细节在本书的《爱心错片托管记》中曾作过专门的描述。王福斌先生给人总的印象是睿智，具有大企业家的风度，目光远大，思维超前。正因为具备这些品质，使王先生在文交所电子盘出现之初就全力耕耘，进行拓荒式的发掘和开垦。

一个成功的拓荒者不仅需要智慧和独到的眼光，还需要毅力和实力，总结王福斌式的盈利模式，就是邮识是核心竞争力，资本是自主创新的实力，营销是创新的驱动力，而维系顾客关系则是获得财富的生命线。

在与王先生的电话采访中，当问及他对南交所钱币邮票电子盘前景的看法时，明确告诉笔者，他长期看好邮币卡电子盘投资模式，认为这是一种互联网环境下的由文化收藏品和金融双轮驱动的新的资本运作模式，并将目前的电子盘交易比喻为快要成熟的青苹果，坚信青苹果成熟的季节即将到来，投资者大获丰收的喜悦已为期不远。王先生预言：在青苹果时代谁拥有更多的优质筹码，到苹果成熟的时候谁就是最大的赢家。

2015－03－30 12：55：00

后 记

出版此书的目的是要让投资者真正认识钱币邮票电子化交易平台，认清邮市是一次大的赚钱机会。正如笔者在书中所说的那样，钱币邮票的电子化交易是一个新兴的投资市场，我们不能用习惯性思维、用传统眼光去考虑和看待这一市场，而应打破常规、用创新思维和超常的眼光去认识和看待这一市场。文化产业大开发战略作为我国“十二五”规划的一个重要内容，成为我国的基本国策，而钱币邮票的电子化交易正是在文化产业大开发的大背景下发生和发展起来的，因而生逢其时。

一个人一生中赚大钱的机会不会很多，我们是赶上了好时机，参与钱币邮票电子化交易的投资者想不发财都难。这是一个财富迅速集聚的时代，而钱币邮票的电子化交易平台就是一个聚宝盘，从现在开始的二三年时间里，电子盘的交易应该是比较安全的，期间可能有调整，甚至可能会出现深幅回调，但用笔者的一句话来说，即使被套也是黄金套。因此，不要怕套，应该大胆地进行投资，毕竟目前参与钱币邮票交易的会员人数不足40万，因而这一市场的成长性非常好，上涨空间巨大。只要是成长性好的市场，就会有很多赚钱的机会。

此书的写作刚开始仅是一个设想，春节前在与南交所钱币邮票交易中心市场总监马鹏程先生的电话交谈中说起此事，想不到马总连声说好，并要求笔者尽快撰写和出版。为了尽快出版此书，笔者大年三十就开始写作《绪论》部分，为赶时间，除夕连中央电视台的春节联欢晚会都没顾得上看。由于此书是由以前在各大邮票网站上笔者所发表的帖子归纳、汇总、整理而成的，除第七编“电子盘风云人物际会”外，材料都是现成的，因此编纂和写作均非常顺利。

在写作此书的过程中，得到了马鹏程总监的全力支持，书中的第七编就是在马总的关心下写作成功的。今年3月13日清晨，马总不顾旅途劳累，专程风尘仆仆地来到笔者所在的学校，为笔者提供写作对象的写作素材及联系电话，并提供写作思路。由于这几个写作对象不是电子盘高管就是资深投资者，都是大忙人，为了能顺利进行采访，马总多次出面帮作者进行联系。可以说，没有马总的关心和被采访人的配合，就无法完成第七编的写作任务。此书的出版还得到了东华大学出版社的大力支持，中国银行间市场交易商协会金币市场专业委员会委员、中国集币在线董事长俞吉伟先生为本书写了热情洋溢的序言,《上海电力学院学报》编辑部的胡小萍老师承担了本书的文字编辑加工工作,在此一并表示感谢。

囿于著者的水平以及实录形式,加上整理、写作的时间过于仓促,书中难免会存在一些错误和不妥之处,笔者真诚地希望读者一一予以指正,以便在再版时可以弥补于万一。在成书的过程中,笔者也发现有些说法不妥,有些预测与市场现状存在一定的反差,但由于是市场实录,必须保持原汁原味和真实性,因此只对其中的错别字和文句不通的地方进行了修改,而在内容上则未作任何改动,即使当时的预测被事后证明是错的,也只能作为一个预测、认识的全过程而予以保留。

邮市投资者的财富人生在电子盘出现的这一刻就被铸就,这是一个生成和创造财富的时代,而属于文化产业的钱币邮票的收藏投资市场,是一个财富涌流的所在,也是一个资金任性的场所,对于这样一个成长性特别好的市场,投资者没有理由惧怕。邮市特大行情正以不可逆转之势向我们奔腾呼啸而来,让我们拥抱行情,拥抱财富。

谨以此书献给参加钱币邮票电子化交易、在邮市淘金的我国第一批投资者及其后来者。

吴寿林
2015 年 4 月 13 日于上海

作者吴寿林,笔名吞寸木,现为中南文交所邮票交易中心经纪人,经纪人代理号为z006803。中南开户需要工行卡或建行卡或招商银行卡。在百度中搜索“中南邮票交易中心”,再点击“中南邮票交易中心—官网”,即下面有一版邮票的那个网站(注意:凡是在“中南邮票交易中心”前面或后面加有文字的网站都是个人或某个团体设置好的网站,无法在“授权服务机构代码”中填写您想要填写的经纪人代理号。因此,百度搜索后出来的几个网站中必须选择“中南邮票交易中心—官网”,否则就无法填写z006803)。在屏幕右边有一个“我要开户”的方框,点击进去后在“授权服务机构代码”的方框中填写“z006803”,然后点击右边的“申请开户”。注意:下面方框中的地区和授权服务机构均不需要选择,直接点击最上面的“申请开户”即可。凡是在本人号段下成功开户并进行交易者,本人将赠送价值200元以上的邮品。手机13371896555,QQ群号103491720,凡在本人号段下开户的会员均可加入,加入时务必在“验证信息”栏填写实名和中南账号,以便识别和确认。